ÉTICA APLICADA

SAÚDE

ÉTICA APLICADA

SAÚDE

COORDENAÇÃO
MARIA DO CÉU PATRÃO NEVES
JORGE SOARES

70

Título original:
Ética Aplicada: Saúde

Revisão: Cátia Loureiro

Capa: FBA

Depósito Legal n.º 447583/18

Biblioteca Nacional de Portugal – Catalogação na Publicação

ÉTICA APLICADA

Ética aplicada: saúde / coord. Maria do Céu Patrão
Neves, Jorge Soares. – (Ética aplicada; 10)
ISBN 978-972-44-1955-8

I – PATRÃO NEVES, Maria do Céu
II – SOARES, Jorge

CDU 17

Paginação:
EDIÇÕES ALMEDINA, S.A.

Impressão e acabamento:
PENTAEDRO, LDA.

para
EDIÇÕES 70

1.ª edição: Outubro de 2018

EDIÇÕES 70, uma chancela de Edições Almedina, S.A.
Avenida Engenheiro Arantes e Oliveira, n.º 11 – 3.º C – 1900-221 Lisboa / Portugal
e-mail: geral@edicoes70.pt

www.edicoes70.pt

Índice

II
DESAFIOS ÉTICOS AO LONGO DO CICLO DA VIDA

O paciente como pessoa

Maria do Céu Patrão Neves
Jorge Soares

O Paciente como Pessoa (*The Patient as Person: Exploration in Medical Ethics*) é uma obra de 1970, da autoria do teólogo e filósofo norte-americano Paul Ramsey. Formalmente, esta obra tem um lugar de destaque na história da relação entre prática clínica e acção ética, enquanto reflexão de um não-médico sobre ética médica. Neste sentido, é percursora da abertura da deontologia médica, elaborada por médicos para médicos (autorregulatória), para uma ética aplicada à medicina e à prestação de cuidados de saúde, em que todos os potenciais destinatários ou afectados por esta actividade, todos os cidadãos, podem e devem reflectir sobre a eticidade das normas de acção profissional que, afinal, se lhes destinam e neles encontram a sua razão de ser (heterorregulatória).

Porém, o título desta obra deixa adivinhar que o seu lugar na história não é apenas simbólico, mas arrasta consigo a exigência de um novo comportamento entre os diferentes intervenientes na prestação de cuidados de saúde, entre profissionais e pacientes, no estabelecimento de um novo relacionamento sob o signo da ética: o truísmo de que o paciente também é uma pessoa impõe o seu reconhecimento como tal, o que, por sua vez, reclama a busca da simetria da relação.

E o termo «paciente» (do latim *patiens*) não é aqui um puro anglicismo, mas uma opção deliberada pela atenção a quem sofre, padece, ao receptor ou destinatário dos cuidados de saúde; invocando não apenas a paciência de quem se resigna, mas também a coragem de quem resiste. É o paciente que, na segunda metade do século XX, assume também o seu papel activo na preservação da saúde, na prevenção e controlo da doença, na opção sobre tratamentos, na decisão acerca da sua vida. O «paciente» é agora «pessoa», o que o contempla também como centro de actos, sujeito de vontade, de poder de decisão.

É a pessoa, doente ou não, o paciente que se dirige aos centros de cuidados de saúde e aos seus cuidadores, sempre na expectativa da realização ou do reforço de um bem, a saúde, de uma vida saudável como proto-valor, isto é, como valor que permite a afirmação de todos os demais. Ele não é um mero «utente» ou utilizador de serviços, exercidos pelos seus profissionais, numa relação funcionalizada; e não é certamente um «cliente» ou consumidor dos produtos de uma instituição, providenciados pelos seus funcionários, numa mera relação contratual comercial. O cuidar, na sua acepção mais ampla de promoção do bem-estar, a assistência clínica que cura quando pode mas cuida sempre, não se confunde com qualquer outra função social, tal como a vida saudável não se confunde com qualquer outro bem.

Esta vivência da acção clínica como cuidado holístico não é uma novidade dos nossos tempos, mas uma realidade ancestral, a carecer hoje de ser revisitada. Com efeito, independentemente da evolução dos conhecimentos médicos ocorrida ao longo dos tempos (hoje os recursos técnico-científicos são ímpares), e da melhoria da eficácia do atendimento clínico (hoje o investimento em modelos de organização e gestão é máximo), a assistência clínica sempre procurou ser humanizada, no sentido em que se foca totalmente na pessoa doente, integral, e na promoção do seu bem-estar –

características identitárias da Medicina desde Hipócrates. O médico do passado dispunha de poucos conhecimentos científicos em comparação com o médico do presente, mas disponibilizava tudo o que tinha no cumprimento da beneficência e estava presente no curso da doença e até à morte.

Não obstante o desenvolvimento de diferentes modelos de praticar a medicina ao longo dos séculos, a sua natureza humanitária e personalista só veio a ser verdadeiramente ameaçada na contemporaneidade, na sequência de dois sentidos de evolução, que afectam as práticas e os serviços de saúde:

- a evolução célere da medicina científica e, com ela, a inovação das tecnologias médicas;
- os modelos de organização e gestão dos serviços de saúde, com apelo a formatos de cariz empresarial.

Até então, a identidade do «paciente como pessoa», a problemática da humanização dos cuidados clínicos, nem sequer se colocavam, porque a intervenção médica era, de sua natureza, humanitária e centrada no doente; de facto, só quando parecia estar, intrínseca e essencialmente, a deixar de o ser, é que Paul Ramsey verbalizou o grito de alerta que já muitos murmuravam e começaram a surgir os apelos à humanização da medicina, que não mais deixaram de se elevar.

A ciência e as tecnologias médicas nos cuidados de saúde

Foi principalmente na segunda metade do século XX, na esteira do método experimental introduzido por Claude Bernard no século XIX, que a medicina passou definitivamente de uma concepção e exercício empíricos (a arte médica) para o estatuto de ofício de base científica, tornando-se ciência (médica), num processo fortemente assistido pelo desenvolvimento das biotecnologias.

A «cientificização» da medicina e o uso crescente das tecnologias que se foram desenvolvendo para lhe dar poder de intervenção aumentaram extraordinariamente as capacidades para conhecer as origens e os mecanismos das doenças, para o seu diagnóstico nominativo e o seu agrupamento em nomenclaturas lógicas, o que permitiu padronizar tratamentos e assim alcançar melhores resultados na cura e na reabilitação, no prolongamento da vida e na promoção da sua qualidade, na racionalização do atendimento com impacto muito positivo na saúde púbica.

Não obstante o muito que foi alcançado com a evolução da ciência médica e das tecnologias (de diagnóstico, de imagem, de intervenção assistida), cada vez mais sofisticadas em que a sua prática se apoiou, assistiu-se, em simultâneo, a um forte impacto negativo no componente humanístico da relação do médico com o seu doente e deste com o sistema de saúde, conduzindo:

- ao risco da «objectivação» do doente como domínio da acção médica (campo ou matéria de intervenção da ciência médica no seu carácter também experimental);
- ao cada vez maior descentramento do foco de intervenção, do doente para a doença (numa padronização dos cuidados e «diluição» da pessoa, à margem da sua singularidade);
- ao potencial apagamento da finalidade médica, o bem-estar do doente, direcionando sobretudo aquela para a cura da doença, num contexto em que o bem médico pode correr o risco de se confrontar com o bem da pessoa doente;
- ao distanciamento do médico em relação ao seu doente, porque o relacionamento passa a ser intermediado pela técnica (aparelhos, equipamentos), com menor investimento na relação inter-pessoal;

– ao acentuar da assimetria na relação profissional do médico com o doente (com o reforço do poder médico por via do conhecimento científico que, todavia, a internet vem esbatendo).

A dimensão humana foi empobrecendo na relação médico-doente e, nestas circunstâncias, houve necessidade de reivindicar o estatuto de pessoa do doente e de apelar aos esforços de humanização das relações com o seu médico e as instituições onde recebe cuidados.

O tendencial primado da gestão dos serviços e dos recursos da saúde na planificação assistencial

A inovação científica da prática clínica e, sobretudo, das tecnologias médicas, implicou um extraordinário aumento de custos em saúde (recursos humanos, internamentos, novos fármacos, consumo de meios complementares), também porque aumentou a longevidade e, com ela, a prevalência das doenças crónicas que são uma relevante fracção das despesas nos orçamentos da saúde.

Neste contexto, foi sobretudo nas últimas décadas do século XX, em especial nos países em que a saúde passou a integrar os benefícios públicos do chamado estado social, que a medicina adquiriu progressivamente uma preocupação economicista, decorrente da exigência de sustentabilidade financeira dos sistemas de saúde, num processo fortemente assistido por formas de organização e de gestão competitivas, nomeadamente com recurso a modelos importados da gestão das empresas.

Se a primeira ameaça de esquecimento da pessoa que o doente é, de apagamento acentuado da sua dimensão humana, foi protagonizada pela evolução da medicina empírica para uma base científica, a segunda pode ser protagonizada pela dimensão financeira da gestão dos serviços com risco de não satisfazerem as necessidades dos doentes (pessoais e sociais).

A gestão empresarial dos serviços de saúde tem um valor inquestionável na sua organização: optimizou recursos (humanos, técnicos, materiais e financeiros), combateu o desperdício, diminuiu custos através da sua racionalização (libertando recursos para ampliar a assistência a um maior número de pessoas); proporcionou melhor qualificação científico-técnica dos profissionais (eficiência da intervenção clínica na resolução dos problemas); aumentou a eficiência geral dos serviços e o cumprimento de metas definidas.

Não obstante todos os benefícios introduzidos pelos modelos de boa gestão das organizações assistenciais, alguns casos configuram práticas de verdadeira empresarialização da medicina com um forte impacto na relação do doente com as estruturas onde procura atendimento e ajuda conduzindo:

- a menor acessibilidade quando ocorrem formas de concentrar de serviços (redução do seu número e do número de profissionais);
- a modelos de gestão focados excessivamente na produtividade e na rentabilidade assistencial, com prejuízo da qualidade dos serviços prestados, nela se incluindo a sua humanização;
- a normas que obrigam os profissionais a tempos de atendimento individual dos doentes, violando princípios elementares para uma adequada relação doente-médico;
- a pressão para «altas» excessivamente precoces sem apropriada articulação com cuidados e assistência domiciliários;
- o risco de desvios na finalidade médica do bem do doente, sacrificada pelo argumento da eficiência dos serviços.

A dimensão humana emerge, pelos riscos enunciados, como um desígnio primordial das instituições de saúde – estarem ao serviço dos pacientes – e é nestas circunstâncias que urge revisitar a autenticidade e simplicidade da afirmação de Paul Ramsey, dando-lhe um renovado conteúdo.

Os novos desafios

Os novos paradigmas da prática clínica cruzam-se hoje num contexto que, essencialmente marcado por notáveis progressos nos indicadores de evolução social, não deixa de se expor a complexos desafios para os profissionais, os pacientes, as famílias, os cuidadores informais. Assim, hoje temos:

– comunidades cada vez mais heterogéneas (migrantes, etnias, religiões), em que também aumenta o número de profissionais de saúde não-nacionais, com efeitos nas dificuldades de comunicação e de relacionamento, por ser diferente a língua e distintos os valores culturais;
– literacia em saúde, via internet e utilização de *gadgets* pessoais, com os doentes e/ou familiares a adquirirem informação muitas vezes incorrecta e desajustada sobre diagnósticos e terapêuticas que podem comprometer a relação de confiança e pretender substituí-la por uma requisição de obrigações;
– envelhecimento da população, com o consequente aumento das vulnerabilidades e dependências, tornando necessário complementar, de forma harmoniosa, a intervenção terapêutica com acções de assistência social;
– equipas cada vez mais multidisciplinares, em que podem surgir efeitos indesejáveis de índole corporativo nas expressões de afirmação profissional (centrando a atenção no profissional e nas relações entre profissões e especialidades, e negligenciando o doente, que deixa de ter o seu médico assistente, a quem pode recorrer nas suas dificuldades);

- sustentabilidade dos sistemas de saúde, a exigir padrões de produtividade e rentabilidade (tempos de consulta, digitalização dos serviços...) que desfocam o sentido primeiro da sua existência, o doente.

Como responder então aos gigantescos desafios que hoje se colocam no domínio da saúde? Adiantaríamos que cada um dos agentes lhes deverá responder na justa medida das suas competências e capacidades, não devendo desresponsabilizar-se do que pode fazer em circunstâncias adversas político-administrativas, e – acrescentaríamos – renovando o *telos* da profissão quotidianamente através de:

1. o reconhecimento do doente como pessoa

- articulando os princípios da beneficência (de quem pode) e da autonomia (de quem quer)
- colocando a tecnologia ao serviço da pessoa doente (e não subordinando a pessoa – doente e profissional – à tecnologia), avaliando apropriadamente a sua indicação e eficácia e o seu custo-benefício

2. investimento na comunicação

- promovendo o contacto directo verbal e não verbal (o olhar, o sorriso, o toque), que deve subordinar a mediação tecnológica (a tecnologia não deve obstaculizar o contacto, inter-pessoal, mas antes integrá-lo)
- criando contextos e disponibilizando tempo para a presença na relação (a presença é mais do que um placebo, é uma terapêutica que não pode ser negligenciada) e escutar porque a acção clínica visa a pessoa doente e não apenas a doença («não há doenças, mas pessoas doentes»; singularizando-se a pessoa, respeita-se também a sua dignidade)

3. reforçando a simetria na relação médico-doente

- na relação pessoal importa reconhecer a igual dignidade de todas as pessoas. Profissionais de saúde e pessoas doentes encontram-se em diferentes momentos das suas vidas e este encontro é sempre caracterizado por uma forte assimetria entre o profissional de saúde, que detém o conhecimento e a proficiência técnica, e a pessoa doente, que, fragilizada pela sua doença, tudo espera do profissional de saúde; compete ao mais poderoso da relação, o profissional de saúde, procurar minorar a assimetria, sendo que a vulnerabilidade acrescida do doente não pode constituir ocasião para abuso, mas antes oportunidade para promover a sua autonomia
- na relação profissional importa fazer corresponder a solicitude do profissional à vulnerabilidade da condição do doente

4. celebração da parceria terapêutica

- o respeito pela dignidade da pessoa e pela sua autonomia cria condições para que cada doente intervenha nas decisões do processo da terapêutica de que precisa
- a parceria aumenta a eficácia (porque a acção clínica é mais adequada ao doente singular) e a confiança (em relações transparente e de partilha de interesses e de tomadas de decisão)

Sempre que estes quatro aspectos forem conjuntamente implementados a exortação, que é também uma reivindicação, de Paul Ramsey será cumprida.

O respeito do «paciente como pessoa» é invocado em *Ética Aplicada: Saúde* em muitas diversas vertentes neste domínio da saúde e através de muitos dos seus diferentes agentes.

A partir do exposto, não surpreenderá que este volume de *Ética Aplicada: Saúde* seja inaugurado por uma reflexão sobre «A humanização em saúde», assinada por Filipe Almeida. O autor aponta que, no terreno da saúde, a vivência quotidiana da nossa exposição ao sofrimento pede um recorte atento a uma especial dinâmica relacional. De cada outro, assim doente, emana um viver fragilizado pela doença, novo no seu modo de existir, a que não se pode ficar indiferente. Deve-se, pois, reagir, mas com um agir consonante com a novidade deste adoecer que endurece e muda cada viver humano. O discernimento bioético e a operatividade científica garantirão a acção transformadora de uma medicina que, assim humanizada, servirá cada doente no seu vulnerado existir, oferecendo saber e partilhando humanidade. O presente texto vai no encalço desta indispensável e inspiradora harmonia.

A primeira secção do volume, que privilegia alguns «Temas fundamentais» neste domínio da ética aplicada aos cuidados de saúde, prossegue com a atenção particular de Luís Madeira Duarte e Susana Raposo Alves a «Da prática clínica à função social da Medicina». O papel social da Medicina tem vindo a sofrer profundas mudanças que, por sua vez, têm redefinido e actualizado vários significados e expectativas como o que é estar *doente* ou *saudável*, o que deve ser ou é *tratável*, o que é a *morte* ou uma *morte digna*, ou o que é ser *médico* ou *um bom médico*. Estas transformações são moduladas por vários elementos, não só relacionados com a matriz social e cultural de cada época, como também com a vivência individual e subjectiva de cada indivíduo, com impacto, por exemplo, no *estar* cada vez mais preterido pelo *fazer*. Na inevitabilidade destas mudanças, questiona-se de que forma poderá ser preservada uma prática da Medicina que permita encontrar e compreender a pessoa e responder ao que esta precisa em cada momento.

«Relações interpessoais e institucionais na prática clínica», de António Sarmento, sublinha que a qualidade dos cuidados prestados aos doentes e aos seus familiares depende muito da qualidade de quem os presta, bem como do ambiente em que os vários elementos da equipa assistencial desempenham o seu trabalho. Focando-se sobretudo no contexto da Unidade de Cuidados Intensivos, em que exerce grande parte da sua actividade médica, classifica-o como muito especial, na medida em que se lida quotidianamente com pessoas aguda e gravemente doentes, muitas vezes «entre a vida e a morte», bem como com a enorme angústia e ansiedade dos seus familiares. Para que se mantenha um ambiente adequado à prestação de cuidados compassivos e de alto nível clínico, é fundamental cuidar atentamente da qualidade do relacionamento entre os vários membros da equipa e destes com os doentes, familiares e restantes profissionais da instituição, tantas vezes chamados a apoiar o tratamento dos doentes em estado crítico.

António Correia de Campos, em «Ética e prioridades em saúde», começa por sublinhar que, quando os sistemas de saúde evoluíram da responsabilidade individual e grupal para a responsabilidade pública, muitos terão pensado que a milenar cultura da ética clínica estaria obsoleta. Nada de mais errado – afirma. O profissional de saúde, sobretudo o médico, ganhou responsabilidades colectivas sem perder as individuais. Passou a ter de contribuir, com outros, para a definição e execução das prioridades na saúde. Forçado a sair da sua redoma de conforto, passou a co-decisor de políticas públicas. Objectivos, metas, limites, escassez, equidade e eficiência foram atributos acrescentados às suas tradicionais responsabilidades de prolongar a vida aos doentes e zelar pela qualidade daquela. A ética médica não mudou, apenas se tornou mais abrangente.

E nesta crescente abrangência, também a presença activa dos potenciais doentes se tornou mais marcante, o que Carlos Freire de Oliveira e Miguel Pina explicam em «A iniciativa dos cidadãos e *patient advogacy*». Os movimentos sociais em saúde apresentam-se como actores privilegiados para o desenvolvimento da consciência crítica, participação e reforço do poder dos cidadãos (sejam ou não doentes). O conceito de *Patient Advocacy*, sobretudo associado à prática médica, foca a sua atenção no envolvimento do doente na decisão, nos cuidados centrados no doente (e não na doença) e no desenvolvimento de sistemas de segurança que visam a sua protecção face ao erro em saúde.

A segunda secção de *Ética Aplicada: Saúde* segue os «desafios éticos ao longo do ciclo da vida» começando precisamente pela «Fecundação, gestação e procriação medicamente assistida». Miguel Oliveira Silva afirma que a procriação medicamente assistida e a genética da reprodução humana têm sido e continuarão a ser das áreas científicas que mais sérias questões e desafios colocam à reflexão bioética no início da vida humana, quaisquer que seja as soluções jurídicas, sempre transitórias, que o legislador e as políticas públicas vão encontrando. Para lá de aspectos bioéticos gerais – afirma – a realidade portuguesa concreta nestas áreas reclama uma genuína participação democrática e debate de cidadãos para que as soluções a encontrar respeitem os valores da dignidade da pessoa humana e os mais vulneráveis na PMA, a saber, os direitos fundamentais da criança que vai nascer e da grávida que a gerou.

«Nascimento e infância», de Maria do Céu Machado, refere-se sucintamente a situações clínicas que envolvem dilemas éticos no período neonatal e na infância, como a prematuridade extrema (idade gestacional inferior a 28 semanas), o iniciar ou interromper cuidados de suporte de vida, o diagnóstico precoce alargado ou o perfil genético como determinante da intervenção intensiva, e ainda uma área insuficientemente discutida sob o ponto de vista ético que é a da violência sobre as crianças, nomeadamente, os maus tratos. Discute-se o princípio ético da beneficência habitualmente referido como o melhor interesse da criança e o conceito do limiar do dano defendido por bioeticistas, sendo apresentados exemplos de situações reais que ilustram as dificuldades de decisão ética nas idades pediátricas.

Em «Adolescência», Helena Fonseca sublinha que o ritmo do desenvolvimento afectivo e cognitivo varia muito de adolescente para adolescente e, muitas vezes, é discrepante do que se esperaria fruto da idade cronológica. A lei portuguesa estabelece inequivocamente que os adolescentes acima dos 16 anos, com capacidade de avaliar o significado e implicações do consentimento no momento em que é solicitado, têm o direito de o dar ou recusar. É, porém, menos clara relativamente a como, quando e quem avalia essa capacidade. A complexidade da avaliação da competência do adolescente neste domínio é um dos aspectos mais interessantes desta área de charneira entre a ética e a clínica. Uma outra é a do dever do profissional de saúde reforçar a autonomia (*empowerment*) do adolescente na sua capacidade de decisão. Para tal, é essencial que o profissional desenvolva competências nas áreas da comunicação, do desenvolvimento psicossocial na adolescência e na condução das questões éticas.

Em «Vida adulta e prevenção da doença», Jorge Torgal afirma que o Homem, enquanto adulto, deverá ter conhecimento das principais medidas de promoção da saúde e agir prevenindo a doença, na medida dos seus conhecimentos e da sua capacidade de confronto com os determinantes sociais de doença. A chamada literacia em saúde dos cidadãos é de enorme importância, mas não ilude a necessidade crucial de medidas governamentais de Saúde Pública que, numa ética do bem-estar social e de uma melhor saúde dos cidadãos, condicionam as sociedades e os indivíduos. Em que medida a defesa da saúde e do bem-estar da sociedade pode limitar a liberdade e os direitos individuais? Em que circunstâncias e em que limites os interesses e as liberdades individuais podem sobrepor-se ao interesse da comunidade? Estamos perante um quadro em que quaisquer decisões exigem uma fundamentação ética.

Em «Vida adulta e previsão da doença», Fernando Regateiro define vários conceitos essenciais neste domínio, como sejam o de autonomia e de risco genético, de gene e de genoma, de informação genética e expressão génica, de variante alélica, de normalidade e de predisposição genética para a doença. Aborda ainda: as indicações para a realização de testes genéticos e a valorização dos resultados obtidos, os tipos de testes genéticos disponíveis e a sua caracterização, o bom e o mau uso dos testes genéticos, o uso de testes genéticos preditivos ou pré-sintomáticos em crianças, o aconselhamento genético face aos resultados de testes genéticos. O texto termina com uma reflexão sobre o uso dos testes genéticos no futuro.

Em «Vida adulta e doença crónica» Luís Campos aponta para o crescimento do número de doentes crónicos, induzido principalmente pelo aumento da esperança de vida, mas também pela prevalência de comportamentos de risco. Estes aspectos, associados às consequências do crescimento acelerado do conhecimento, às ameaças, à sustentabilidade dos sistemas de saúde e aos avanços no campo da tecnologia, representam os maiores desafios para a transformação dos sistemas de saúde e vão suscitar dilemas éticos difíceis a todos os níveis da sociedade. A dimensão e a caracterização destes desafios vão ser abordados, ao longo deste capítulo, referindo-se mais aprofundadamente a realidade portuguesa, se bem que inserida no contexto internacional.

Em «Doença e Vulnerabilidades», Jorge Costa Santos começa por distinguir «doença» e «vulnerabilidade», na sua estreita relação: se a doença torna a pessoa vulnerável, as vulnerabilidades representam factores de risco de doença. Hoje, a evolução sociodemográfica e económica impõe uma distinção entre as doenças da pobreza, que afligem sobretudo os países do Terceiro Mundo, e as doenças da abundância, resultantes da industrialização e de fenómenos a esta ligados. As vulnerabilidades são analisadas nas suas diversas dimensões – individuais, sociais e ambientais –, assinalando-se que a doença constitui um factor de vulnerabilidade. Ora, se doença e vulnerabilidades fazem parte da vivência humana em sociedade, e assim da ética, não é possível ignorar o direito fundamental à saúde, como conjunto de compromissos no domínio dos direitos humanos, envolvendo instituições, leis e diversas outras medidas e instrumentos tendentes à sua plena concretização.

Em «Saúde e inclusão», Victor Feytor Pinto destaca o problema da inclusão e da exclusão como tendo indiscutivelmente uma dimensão ética, estando em causa o respeito pela dignidade e liberdade humana. A sociedade, porém, tem hoje uma estranha contradição porque, enquanto legisla sobre a inclusão, consente na prática muitos fenómenos de exclusão: todas as pessoas (imigrantes, refugiados, deficientes, sem abrigo, etc.) têm direito à cidadania, à sua inserção na sociedade, sobretudo à educação para as crianças, ao trabalho digno para todos e ao acesso aos cuidados de saúde. A inclusão em saúde implica, além do acesso, a atenção ao diagnóstico, ao prognóstico e ao tratamento continuado, em cuidados primários, cuidados diferenciados e paliativos disponíveis para qualquer cidadão, mesmo que venha de outros países, fale outra língua e tenha outra cor. Os profissionais de saúde têm uma responsabilidade acrescida neste processo de inclusão, devendo prestar os serviços de saúde sempre com a maior qualidade, exigindo-se-lhes também cuidados de compaixão, isto é, de acompanhamento constante nas situações mais difíceis, de que ninguém deve ficar excluído. Em saúde, a inclusão universal é um direito.

Em «O processo de envelhecimento», António Leuschner define o envelhecimento como um processo de desenvolvimento individual, uma mais-valia, que respeita a todos os que sobrevivem às incidências da vida, nos seus vários aspectos, sendo este processo inequivocamente diferencial. Uma das suas consequências é o envelhecimento demográfico em que Portugal ocupa um dos primeiros lugares entre os países europeus e com um dos piores indicadores da qualidade de envelhecimento, o que importa alterar urgentemente. Estas nossas realidades acarretam responsabilidades sociais – do Estado à famílias, passando pelos diferentes tipos de instituições de acolhimento – que obrigam a uma reformulação dos princípios que regulam as relações intergeracionais, com fortes implicações éticas.

Em «O processo de morte», Lucília Nunes procede a algumas anotações sobre a morte e o morrer que ancoram a reflexão sobre o fim de vida e abrem caminho às directivas antecipadas de vontade, isto é, à possibilidade formal de decidir sobre Si quando se pode, enquanto se pode. Caraterizam-se as directivas, seja testamento vital ou procurador de cuidados de saúde, e apontam-se os seus fundamentos e particularidades. Especificamente, integram-se na rede de conceitos do fim de vida, materializando questões e temáticas complexas, de que constituem exemplo as perplexidades e limitações na construção da vontade antecipada. Conclui-se identificando algumas *tormentas do fim de vida.*

Ética Aplicada: Saúde torna bem presente os requisitos do respeito do «paciente como pessoa» e também o reconhecimento da saúde, da vida saudável como proto-valor. Aliás, a voz popular reconhece que *«a saúde não tem preço»*. A este aforismo atribui-se uma interpretação que tem uma carga simbólica bem conhecida: a vida humana não aceita termo de comparação, porque o seu valor intrínseco é, em si mesmo, único e absoluto. A consciência pública de que a saúde é um bem social está, por isso, indelevelmente associada à percepção, de que ela é uma pré-condição indispensável para o bem-estar e a realização de cada pessoa.

O apelo à responsabilidade de cada um para preservar a sua saúde, através da adopção de apropriados comportamentos individuais e sociais, é uma forma de participação cívica, que enquadra, promove e exercita a autonomia da vontade. Mas fazer boas escolhas em saúde tem, como é reconhecido, uma dependência da autonomia individual em relação do grau de informação (literacia) e do esclarecimento das pessoas. Estes requisitos são indispensáveis para se construírem boas decisões que moldem comportamentos sobre a saúde própria, e para se poderem tomar opções conscientes mais favoráveis nas situações de doença que a todos afectam.

Organizar as condições de prestação assistencial e de funcionamento de um sistema de cuidados para que a saúde, enquanto bem público universal, seja disponibilizada e beneficie todos por igual é uma complexa tarefa que tem um custo financeiro elevado que cada vez mais pesa nos orçamentos familiares e no orçamento público, em especial nos países em que prevalecem os ideais fundacionais do Estado Social. Este balanço entre benefícios e despesa interpela a sociedade no dia-a-dia (quanto? até onde?), através das exigências que cada dia se vão acrescentando para satisfazer as necessidades dos cidadãos. Essa responsabilidade é uma tarefa dos governos e dos profissionais, e não pode ignorar uma avaliação ética das difíceis decisões sobre a mais justa alocação de recursos públicos, que são finitos e de que todos possam beneficiar quando deles precisem.

Sabemos que o progresso da ciência e das tecnologias biomédicas nos deu melhor saúde e proporcionou-nos mais vida e bem-estar: vivemos mais tempo e com melhor qualidade.

Sabemos que as tecnologias médicas conheceram um desenvolvimento que dificilmente se imaginaria quatro décadas atrás e que vêm influenciando domínios muito diversos: procedimentos não naturais de reprodução, diagnósticos e aconselhamento genéticos, métodos não-invasivos de visualização de lesões (imagiologia, medicina nuclear), técnicas laboratoriais para a compreensão molecular de doenças, em especial do cancro, substituição de órgãos, diagnóstico à distância (telemedicina) e, mais recentemente, aplicações diversas de biomateriais, das nanociências e da robótica.

Sabemos também que a inovação nas tecnologias de diagnóstico se apoiou no desenvolvimento dos complexos sistemas de comunicação digital que estiveram na base não só da evolução da configuração dos equipamentos, mas também contribuíram para o conhecimento desse fascinante «mundo novo» que é a representação do corpo onde se evidenciam as suas patologias. A velocidade com que se processa informação biológica, de um volume inimaginável, com que se interligam sistemas mecânicos diversos, a capacidade quase inesgotável para armazenar dados e a versatilidade destes poderem ser correlacionados, a facilidade de poderem chegar, ao mesmo tempo, a utilizadores situados em locais muito diferentes e distantes, são alguns dos valiosos benefícios que as tecnologias da saúde proporcionam aos profissionais para o seu trabalho quotidiano e, através da sua intervenção, aos doentes que recebem melhores cuidados na doença.

Sabemos ainda que o progresso na luta contra as doenças está ligado ao desenvolvimento de novos fármacos, melhores na eficácia para tratar muitas patologias e, por isso, mais robustos e confiáveis, o que, aliás, se deve, em grande parte, à investigação translacional desenvolvida na produção de novos medicamentos, com os quais já convertemos em crónicas certas doenças que, no passado recente, tinham evolução inexoravelmente fatal.

Esta extraordinária evolução tem, todavia, também outras faces que despertam uma exigente reflexão ética, seja sobre a universalidade na sua utilização, na avaliação da justiça distributiva, seja sobre o potencial de intrusão na intimidade pessoal, que pode levar ao risco de violar a dignidade e, assim, induzir vulnerabilidades individuais.

Dizia João Lobo Antunes que «*a doença é um implacável igualizador e ri-se do berço e da fortuna*». Mas se as doenças não fazem escolhas, as condições em que muitas delas, em especial as mais comuns, se desenvolvem são favorecidas pela ecologia das condições individuais económicas, sociais, de educação, e do ambiente. Essas condições, que hoje identificamos como «determinantes sociais», são da maior importância para explicar iniquidades que remetem, igualmente, para o valor ético da justiça: a afectação e distribuição é desigual para muitas patologias, sobretudo de causa multifatorial, o que não se verificaria se aquelas iniquidades não existissem.

Daí que a vulnerabilidade, que encerra o conceito de pessoa menos apta a proteger-se, constitua uma certa forma de desigualdade. As condições de vulnerabilidade, que a doença e a má saúde promovem, suscitam problemas de responsabilidade social, que podem encontrar na (bio)ética os fundamentos para uma boa avaliação e para uma planificação adequada das respostas.

Assim, ao longo da vida ocorrem situações de «patologia social», como é a de violência nas suas múltiplas expressões, que justificam também uma abordagem ética para encontrar soluções que ajudem a minorar problemas de grande magnitude, que afectam a vida das pessoas, das famílias e da sociedade em geral. Algumas patologias, por exemplo, como as referentes à saúde dos adolescentes, à saúde mental ou às doenças infeciosas, justificam, pela sua especificidade, um olhar próprio, uma reflexão por quem lida no quotidiano com problemas que são muito desafiantes para os profissionais da saúde e também para as comunidades, no seio das quais terão de ser encontradas as apropriadas respostas. Muitos desses problemas estão associados não à saúde em si ou a doenças específicas, mas ao modo como a sociedade vem aculturando mudanças sociais, no âmbito daquilo que entendemos por costumes.

Também o aumento da longevidade, considerado um indicador do sucesso da Medicina e dos cuidados de saúde de um país, associa um conjunto complexo de problemas de natureza clínica, mas também social, que carecem de encontrar respostas. São, pela sua natureza casuística, complexas, predominantemente transversais e diferentes entre si. Nelas deverão refletir-se a empatia e a solidariedade intergeracional, que só recentemente, começámos a valorizar nos seus contornos éticos.

O progresso das ciências biomédicas, a inovação tecnológica, como as novas realidades sociais e também uma mais sensível e exigente consciência ética são dimensões hoje incontornáveis no quadro global que aqui também traçamos e em que se quer promover a saúde para todos, respeitando-as como pessoas e estabelecendo condições para que se realizem também como pessoas, isto é sujeitos de actos através dos quais se tornam únicas na sua integridade e irrepetíveis na sua singularidade.

I

TEMAS FUNDAMENTAIS

A humanização em saúde

Filipe Almeida
Serviço de Humanização do Centro Hospitalar de São João
e Faculdade de Medicina da Universidade do Porto

1. A natureza humanitária da assistência clínica

A medicina conhece nos últimos anos uma evolução espantosa, na compreensão das doenças, das suas causas, das suas manifestações clínicas, da sua terapêutica, do seu impacto social. Reconhecendo a importância capital da sua prevenção, esta ciência e arte desenvolveu-se na implementação de estratégias que consigam prevenir, se não mesmo erradicar, algumas doenças, em que ganha destaque um plano robusto de vacinações à escala nacional e mundial. Ávida de um saber alargado, investiga o que parecia insondável e para cada descoberta alcançada não recusa a procura de soluções. Num trilho em si mesmo comprometido com o homem, não se conforma com o conhecimento para si mesma e exige-se encontrar as melhores estratégias terapêuticas. Além de uma sólida farmacopeia, também uma extraordinária tecnologia, verdadeiramente sedutora, suporta agora esta medicina.

Mas é certo que, ao longo dos séculos, esta arte médica tem a consciência de que o doente não é um redutor modelo matemático de uma desordem biológica, de um caos funcional, mas a condição de um ser humano que, adoecendo, sofre. E neste tempo de um seu viver sofrido, este homem doente emerge com necessidades múltiplas. Necessidades que atendam o seu *bíos* em rutura, mas também outras dimensões como a afectividade e a espiritualidade, que medularmente participam deste processo e, no qual, ressoam duramente as manifestações da doença.

Neste quiasma, em que se interceptam tecnologia e sofrimento, o profissional de saúde, mas também as próprias instituições, tem agora de saber responder à demanda global do homem doente, numa gestão inteligente dos recursos científicos, tecnológicos e económicos sempre ao serviço do homem, jamais para sua subordinação.

À sedutora tecnologia de que dispõe, urge ao profissional e à instituição de saúde saberem contrapor um verdadeiro fascínio pelo ser doente, colocando-o no patamar mais elevado da sua ocupação.

Irrompe aqui a tarefa ingente de humanizar a saúde, isto é, de marcar um exercício profissional e um agir institucional que reconheçam, na dignidade de cada pessoa doente, a razão maior para fundamentar e gizar as suas próprias acções.

Humanizar em saúde pede não a humanização da técnica nem da gestão, mas a humanização de quantos agem em saúde, de cuja modelação brotarão agora acções de recorte humanizador, respeitadoras do homem doente.

Quando falamos em humanizar, facilmente nos colocamos numa perspectiva de contrariar a desumanização que podemos encontrar nos corredores dos nossos hospitais ou nos relacionamentos que construímos. E não será difícil elencar múltiplos cenários que não nos enobrecerão particularmente. Esta atitude poderá ser útil, porventura, para remover com urgência procedimentos atentadores da dignidade e até dos direitos dos doentes. Mas aquilo pelo qual teremos de pugnar é por uma humanização dos homens, dos profissionais que trabalham no mundo da saúde. Estranha, talvez, esta demanda, mas necessária para recolocar no agir do nosso quotidiano este cuidado maior para com quem está doente, centrado em comportamentos que visem as suas reais necessidades e não apenas a oportunidade de prescrever a última panaceia farmacológica, aplicar a mais recente técnica ou implementar um modelo de gestão inovador.

Humanizar os homens é, assim, garantir um agir que não dispensará nunca rigor científico, técnico e profissional ao seu exercício, mas que os saberá ordenar na busca de soluções que mantenham um respeito irrepreensível pela dignidade da pessoa doente. E não nos diminuamos, profissionais de saúde, perante esta necessidade de nos humanizarmos, eventualmente até, de nos reumanizarmos. Somos, sabemo-lo bem, seres inacabados, precisados de melhoramento constante, não só nas nossas competências científicas e profissionais, mas também nas nossas competências humanas, isto é, em humanidade.

Esta inquietação pela humanização dos homens, incompletos no seu crescer, não é algo de verdadeiramente novo. Já o vimos exposto em Almada Negreiros, «[…] Se sois homens sede Homens, se sois mulheres sede Mulheres[…] Tentai vós mesmos o Homem Definitivo[…]» (*Ultimatum Futurista 5*, 1917), na avisada poesia de Fernando Pessoa para com este mero «[…] cadáver adiado que procria[…]» («D. Sebastião», *Mensagem*, 1933), ou ainda no grito do Papa Paulo VI «Homens, sede homens!» (em Fátima, 1967). São convites para uma tarefa inadiável dos profissionais de saúde.

Todas as profissões reclamam certamente padrões de elevada atenção e humanidade nos comportamentos individuais, num fito de cidadania apurada. Todavia, em saúde, termos em mãos pessoas na circunstância de doentes eleva o nível de exigência neste cuidar humanizado, atentas a fragilidade e a vulnerabilidade que lhes são inerentes e que fazem delas, na visão do médico Daniel Serrão, «mais pessoas que todas as outras pessoas» (Comunicação ao Voluntariado do Hospital de São João). Na verdade, os padrões comuns de um sadio exercício de cidadania não são suficientes para responder às necessidades tão particulares de quem está duramente dependente. A estes, são devidos os mais elevados e delicados padrões de relacionamento humano.

A medicina acontece no encontro entre duas pessoas. Não é uma doença perante um técnico, mas um doente perante um profissional de saúde que confere identidade própria ao exercício da medicina.

«Senhor doutor, estou doente, preciso de si!» Com esta exposição, lançada por quem se sente doente, dá-se início a uma caminhada de contornos ainda bem desconhecidos e de destino insondável, mas certamente marcada pela angústia, pelo temor e pela incerteza. Um caleidoscópio de emoções vai agora ser vivido de forma partilhada entre duas pessoas, o doente e o profissional de saúde, que, doravante, se convidam a olhar mutuamente. Um olhar não meramente fisiológico, marca de uma anatomia sã que permite identificar cada outro como um corpo humano, mas um olhar de mútuo compromisso, estabelecido no patamar de uma relação singular, que quer fundir uma vulnerabilidade com uma competência. Estamos, pois, perante um relacionamento entre duas pessoas que se aproximam em circunstâncias não de mera cidadania, mas em circunstâncias muito peculiares.

E este relacionamento humano pede que seja vivido na sua natureza distintiva: a experiência real da sua intrínseca fragilidade que, por isso mesmo, reclama uma resposta eticamente cuidada. É por isso que ao profissional de saúde se exige uma preparação científica robusta e uma formação humana delicada, em cujas dimensões se poderá encontrar a capacidade de responder, de forma eficaz, aos reptos da doença, mas, indiscutivelmente, aos desafios do homem doente. Ser doente é mais do que ter uma doença: é experimentar a vulnerabilidade humana, nas suas dimensões física, emocional e espiritual, passível de se radicalizar até à possibilidade de morrer. E não poderia ser mais oportuna a clarividente advertência do médico William Osler, adepto da *medicina de cabeceira*: «Tão importante quanto conhecer a doença que o homem tem é conhecer o homem que tem a doença!»

O adoecer do homem é um acontecimento pessoal, uma experiência biográfica particular que faz da circunstância de um «estar doente» um «ser doente», assim estendida a um existir doente. Para o filósofo LÉVINAS (1988), «Tudo começa no surgir corpóreo do outro, que na nudez do rosto se faz proximidade e manifesta o mistério da sua identidade pessoal». Responsabilidade grada, esta, do profissional de saúde que, por tal, há-de saber que o seu encontro com o doente é não tanto um lugar para o outro mas lugar um-do-outro, ele mesmo espaço de comunhão, de partilha. Respeitando a alteridade própria deste diálogo «eu-tu», a dignidade deste encontro constrói-se quando compreendo que neste espaço singular não está um «isto-isso», mas um «este-esse» que me compromete em absoluto.

Intrometer tecnologia neste tempo de comunicação é ferir a humanidade deste acontecimento sempre que impede olhar o rosto do outro. Rosto que se me oferece não só para ser visto, registado, mas para ser deveras olhado. «É quando te olho nos olhos que me torno responsável por ti», ensina-nos Lévinas. É, digamos, quando te olho nos olhos que compreendo quão importante és e me és, e daí a premente necessidade de te cuidar.

Sim, o doente pede para ser cuidado. Este pedido implicará o curar sempre que possível, mas também que, na sua impossibilidade, se lhe assegurará não experimentar o abandono humano. Quem sabe cuidar não olha apenas para a doença, mas contempla o homem inteiro no seu viver doente. Mais do que termos cuidado, devemos mesmo ser cuidado, a possibilidade real de superar a dádiva de simpatia, despertando o exercício da compaixão. Nesta escalada contínua de conhecer cada doente, porventura de nascer com ele nesta novidade que é a sua doença, visamos certamente rasgar as portas da esperança que desejamos atravessar em companhia. Não num lado a lado asséptico mas numa proximidade inequívoca.

E o que pode significar acompanhar um doente? É dar-lhe segurança científica, tão robustas são as ferramentas diagnósticas e terapêuticas disponíveis; é despertar-lhe confiança no rigor dos procedimentos e no empenho firme da nossa acção; é respeitar a sua liberdade, não lhe negando a possibilidade de, no limiar da sua vulnerabilidade, me confiar a sua própria liberdade; é estar disponível para fazer não quanto posso porque posso, mas quanto posso porque, e de acordo com o que, necessita; é também ser capaz de o escutar, trilhando sulcos de uma medicina narrativa que desaguará em intensa comunicação humana, preenchida com palavras, gestos e silêncios; é, ainda, abrir-lhe as portas de uma medicina que sabe dobrar-se sobre si mesma, reconhecendo o seu fulgor e os seus próprios limites.

2. Desafios à humanização em saúde e estratégias para a sua aplicação

Quando o Dr. João Semana era chamado para observar um doente, dirigia-se a sua casa, onde, certamente, cumprimentava e era cumprimentado pelo doente e pela família, que sempre estava presente. Na intimidade do quarto, consultava a Sr.ª Maria, talvez deitada num leito com lençóis brancos para receber o senhor doutor. Tinha ao lado da cabeceira uma bacia com água e sabão, e uma toalha de linho, para que se desinfectasse, protegendo-se a si e ao doente, antes e depois de o tocar. Sim, porque o tocava, suprindo a ausência de ferramentas acessórias como o estetoscópio, o otoscópio, o esfigmomanómetro, porventura mesmo o termómetro. Conversava, não tenho dúvidas, com o doente, eventualmente com o familiar próximo. Fazia o exame físico em privacidade. A porta do quarto estava fechada e ninguém ousava entrar nesse «templo» onde, médico e doente, privavam efectivamente. Demorava o tempo necessário para conseguir o diagnóstico. As possibilidades terapêuticas eram escassas, sendo que chás, emplastros e outras mezinhas caseiras não exigiriam ponderação séria para decidir. E a despedida era selada com agradecimento de um lado e disponibilidade para voltar, se necessário, do outro.

Se se tratasse de um parto, o senhor doutor acompanhava a mãe, sem limite de tempo, até que a natureza impusesse o momento de nascer: não era possível adiantar ou atrasar o parto, para coincidir com o fim-de-semana, a tarde ou a noite, com o período em que pudesse estar mais livre. Também não era possível escolher a forma de nascer: o corpo feminino dispunha-se inteiramente para cumprir a sua missão de abrir ao nascituro as portas do mundo. E todos ansiavam pelo nascimento, para ouvir o primeiro grito e saber-se, finalmente, se era menino ou menina. Condições sanitárias muito precárias transformavam, quantas vezes, almejados momentos de júbilo em dramas gritantes, tão elevada era a mortalidade neonatal.

Se se tratasse de um moribundo, João Semana observava o doente no silêncio profundo da casa, na proximidade dos membros da família que ali se reuniam para acompanhar o doente neste seu tempo de morrer. O Dr. Semana tinha tempo para pedir o espelho e verificar se estava ou não em paragem respiratória, de palpar o pulso e atestar os batimentos cardíacos, acender uma vela e avaliar o reflexo pupilar. Não tinha suporte tecnológico que pudesse ajudar o doente na sua insuficiência cardiorrespiratória, nem para o impedir de morrer sujeito a essa tecnologia de intervenção. Estava ali, à cabeceira do doente, até que exalasse o último respiro, imagino de mãos laçadas, com os familiares em volta para testemunhar o apreço por esta vida que se abeirava do fim. E era permitido estar toda a família, sem regulação de visitas nem limitações cronológicas a esta oportunidade misteriosa de acompanhar o doente na sua despedida, assim se dizia. E todos esperavam, com a sua presença, o momento de morrer, sem o apressar nem retardar intencionalmente. Também não havia, é certo, a possibilidade de continuar a partilhar a vida doando órgãos, dadas as incompetências técnicas de outrora.

Mas... o mundo mudou. Mudou, e mudou de forma vertiginosa!

Uma globalização que questiona fronteiras físicas e identidades culturais, uma tecnologia avassaladora que rompe os limites humanos, uma comunicação desagrilhoada que vence as margens do tempo, uma informação poderosa sediada em nuvens virtuais avivam o *Homo tecnologicus*, endeusam o *Homo informaticus*, questionam o *Homo eticus* e desafiam o *Homo bonus*.

O desenvolvimento técnico-científico veio aportar ao homem um sem-fim de questões, às quais ele tem de responder. A ciência clássica, com a sua marca observadora, não tinha como objectivo modificar a realidade. Porém, quando este objectivo se lhe impunha, recorria a critérios práticos e morais. A ciência moderna, pelo contrário, utiliza o seu poder imenso, não se satisfazendo com a contemplação da realidade. Poder com o qual tem de aprender a viver e donde derivam, em grande parte, as questões éticas hodiernas. A ciência é hoje eminentemente técnica, aliando ao poder observacional e criativo um incontornável poder «factivo». E, num tecnocosmos anético, o «é possível, faça-se!» transporta receios bem fundamentados.

Perante um cenário assim multipotente nos seus objectivos, podendo visar tanto o bem da humanidade como ofender a sua dignidade, importa acautelarmos esta última possibilidade, em quaisquer circunstâncias, particularmente quando pode ameaçar o homem doente, tornando mais duro o seu sofrimento.

Um iluminismo tecnológico está aí, porventura com um ar ameaçador à pacificação da vida. Que resposta lhe é devida? Rejeitar o desenvolvimento? O filósofo Gadamer avisa-nos de que «o grande desafio é ser capaz de integrar essas novas capacidades na ordem social e política, como um todo». E adverte: «A nossa cultura há séculos que negligencia a necessidade de encarar estas novas exigências» (Gadamer, 1996).

Naturalmente, a resposta a esta tão verdadeira quanto concretizada ameaça, a justa resposta, dizia, não pode ser a do camoniano Velho do Restelo de há cinco séculos, recusando o valor de uma tecnologia que ajuda a concretizar o bem do ser humano.

É generalizada a noção de que a técnica desumaniza. Mas devemos pensar sobre aquilo de que falamos verdadeiramente. Na sua etimologia, tecnologia impõe-se-nos como «logos da técnica». Deste patamar, emerge então um alerta para algo a que não compete apenas a possibilidade de «ser feito», mas para algo que deve «saber fazer-se», na peugada de um fazer consciente, de um fazer bem. Enquanto mero «fazer», a aplicação da técnica não carece de fundamentação, tão-pouco precisa de ser aclarada. É técnica, passível de ser aplicada e, portanto, aplica-se! Exactamente como refere V. Packard, «Se se pode fazer qualquer coisa, ela deve ser feita. E, seja como for, far-se-á», ou ainda como vaticina Janicaud, «Tudo o que é tecnicamente factível deve ser executado, seja essa execução julgada moralmente boa ou má», citações em *O paradigma bioético,* de Hottois, G. – 1992.

Nesta sua dimensão redutora, a técnica confina-se aos seus próprios limites materiais, é útil como ferramenta, assim à nossa mercê para poder ser utilizada. E nesta medida, comportando em si uma poderosa capacidade de intervenção, chegará a conquistar reverência notável, olhada agora com fascínio inusitado, tal é o nível de desenvolvimento alcançado e os resultados fantásticos da sua intervenção.

Porém, quando a técnica se nos oferece como algo que deve ser bem utilizado, alocando assim a sua utilização a uma finalidade boa, pedindo pois um «saber utilizar» na procura de realizar o bem em alguém, reclama aos seus utilizadores, profissionais de saúde e instituições, um fazer de recorte ético, fundamentado em torno da beneficência, vigilante com a justiça e pautado pela atenção exigente à vulnerabilidade.

Nesta visão, assume-se como algo ao serviço de alguém, encontrando neste alguém razão maior para a sua própria modulação. Os limites são-lhe agora exteriores porque a sua finalidade lhe é intrinsecamente exterior, distante. E é desta finalidade que assim lhe é cometida que se ergue a necessidade de reflectir sobre o valor da tecnologia, no plano da intervenção médica.

A filosofia pede-nos que reflictamos sobre os meios, sem perdermos de vista a sua finalidade. A valoração ética não prescinde jamais da reflexão que há-de ser feita sobre os fins a que se destina. A tecnologia não é, pois, obstáculo à humanização, mas oportunidade para, na sua utilidade indispensável, ser eticamente ponderada e posta ao serviço do homem doente, relevando sempre a crucial centralidade da pessoa.

Parece óbvia a necessidade de pôr em prática estratégias que visem uma prática profissional e uma orientação institucional humanizadas, no passo da humanização. Vejamos que dificuldades podemos hoje identificar na promoção e implementação da humanização dos cuidados e na definição das políticas institucionais.

2.1. *Na formação académica*

Desde logo uma formação académica, nas diferentes escolas médicas, de enfermagem, de técnicos de saúde, de administração hospitalar, cujos currículos se ocupam de forma insuficiente das disciplinas fundamentais a uma preparação em humanidades. Uma forte componente científica consolida hoje, e bem, o conhecimento dos estudantes sobre «o que é o homem», as suas doenças e terapêuticas a implementar, mas não acautela uma formação indispensável na área da antropologia, da sociologia ou da teologia, disciplinas indispensáveis à compreensão de «quem é o homem». E este modelo de formação repercute-se no quotidiano da nossa acção, podendo facilitar comportamentos de maior automatismo e, mesmo, rotineiros, esquecendo que cada doente é único, tem um nome próprio e uma biografia indecalcável. Neste patamar formativo, ergue-se uma medicina narrativa: a medicina atenta a cada outro na sua identidade, no seu adoecer particular, capaz de contribuir para um rosto humanizado com que há-de saber apresentar-se, porque criará espaços de escuta efectiva da sua história e do seu viver, indiferente ao controlo dos tempos e preocupada com a pessoa que tem a doença, a quem, em tempo oportuno, dedicará agora uma terapêutica personalizada, não subjugada a fluxogramas matemáticos ou despersonalizados...

Os profissionais de saúde, pelo confronto com a radicalidade do homem sofredor, desenvolvem no seu modo de agir atitudes de atenção, de compaixão, de simpatia para com os seus doentes, tendo sabido colmatar durante séculos o défice de formação académica que lhes foi dispensado. Na verdade, é difícil ficar indiferente ao sofrimento. O impulso para o «cuidar» levou os profissionais a aprimorarem a sua formação humana, capacitando-os para uma aproximação real ao sofrimento do doente. Bem preparados, saem das faculdades para tratar eficazmente a dor. Mas o sofrimento coloca-os num patamar diferente de intervenção. Com efeito, conhecidos os mecanismos da dor, nomeadamente as vias aferentes e eferentes que a tornam real, a resposta é tecnicamente simples: fármacos ou mesmo cirurgia, capazes de interceptar estas vias de fluxo de informação, anulando a sua consciencialização. O plano de intervenção é pois de corte, de interrupção de uma comunicação do fluxo informativo. Porém, nas vias do sofrimento, o sentido da intervenção é contrário, já que visará não interceptar mas abrir, escancaradamente, as vias aferentes que me permitam chegar ao doente e as vias eferentes que disponibilizem ao doente a possibilidade de vir até mim, para que o encontro aconteça.

2.2. Nas contingências económicas

Todos conhecemos as contingências económicas por que passamos. E as estratégias orçamentais têm de atender necessariamente a múltiplas questões que se levantam à gestão da coisa pública.

É natural que um sistema de saúde se legitime numa gestão irrepreensível dos dinheiros públicos gerados pela participação dos seus cidadãos. Esta legitimidade exige, pois, uma observância de tais contornos de gestão, não apenas em tempos de crise, mas permanente. Referimo-nos a um requisito que está além e aquém de desafios conjunturais, um requisito que há-de ser continuadamente observado por quem tem a responsabilidade desta administração. Esta gestão tem deferência necessária à erradicação obrigatória do desperdício, um verdadeiro atentado ao valor do trabalho humano, mas ainda aos limites decorrentes de escolhas políticas globais. A repartição plasmada num orçamento de uma instituição de saúde é uma decisão que não pode excluir-se de reflexão ética quando tem de fazer escolhas.

Sendo que a abertura à Vida está no centro de todo o desenvolvimento, a premissa maior é talvez a necessidade de dar prioridade à Vida, não à economia. Esta é deveras importante, mas apenas enquanto ferramenta indispensável à prossecução daquela prioridade. As decisões económicas, que têm consequências morais, devem assim ser eticamente balizadas, já que não devem visar o equilíbrio económico para si mesmo, mas para que neste equilíbrio se alcancem objectivos definidos como maiores. Só por esta via se entende a atenção obrigatória que a ela se deve outorgar.

Para o Papa Bento XVI, «o grande desafio que temos diante de nós, de maior exigência nesta crise económico-financeira que vivemos, é mostrar a nível tanto de pensamento como de comportamento que não só não podem ser transcurados ou atenuados os princípios tradicionais da ética social, como a transparência, a honestidade e a responsabilidade, mas também que, nas relações comerciais, o princípio da gratuidade e a lógica do dom como expressão da fraternidade podem e devem encontrar lugar dentro da actividade económica normal. Isto é uma exigência do homem no tempo actual, mas também da própria razão económica. Dar resposta às exigências morais mais profundas da pessoa tem também importantes e benéficas consequências no plano económico. De facto, a economia tem necessidade da ética para o seu correcto funcionamento; não de uma ética qualquer, mas de uma ética amiga da pessoa» (Carta encíclica *caritas in veritate*, Bento XVI, 2009).

A medicina, espaço porventura maior para o agir bioético, além de ser uma arte é também uma ciência. De bases teóricas extremamente complexas e de aplicação particularmente sensível, o conhecimento que lhe é intrínseco tem uma fonte e um destinatário: o ser humano. E é esta sua condição de destinatário que exige à medicina, como à economia e à política, acostar a ciência à ética, oferecendo-se ao homem como um verdadeiro bem. Uma racionalidade economicista pode ser destruidora dos valores autênticos. Na verdade, do «tecnocosmos anético» de Gilbert Hottois a uma «tecnoeconomia anética» a distância pode ser bem curta.

É assim indispensável um fundamento ético para uma racionalidade que, no encalço do rigor económico, persiga a realização do bem individual, no respeito incondicional pela dignidade que a cada ser humano, particularmente se doente, é maximamente devida.

E se a ciência económica tem hoje uma pertinente dimensão ética, cujo desmerecimento provocou e provoca indescritíveis negruras humanas e sociais, à ciência política não é dispensável um recorte ético exigente nas suas metodologias e no sentido da sua acção, sob pena do questionamento medular do próprio exercício democrático. É necessária, pois, uma gestão institucional que tome decisões económicas eticamente balizadas, como forma de promover um exercício que não seja obstaculizado por decisões económicas estranhas à dimensão humana que a devam atender, como por exemplo rácios doente/profissional de saúde absolutamente insuficientes para permitir um adequado desenrolar humanizado da actividade profissional e resposta institucional.

2.3. No hospital, uma casa bem especial

Os hospitais são essencialmente locais de prestação de cuidados sobre a Vida, onde se erguem como desafio ingente a relação, o contacto, a interacção; locais marcados por limites frágeis entre saúde e doença, vida e morte, que intensificam os laços do relacionamento humano.

São espaço e tempo para a Vida, lugares pois do viver humano. Porque um hospital acolhe a vida toda, numa dinâmica pungente que tonifica os dias e sustenta a esperança. É uma casa única que acolhe a medula da existência humana, na experiência mais radical do seu viver. Deve, por isso, a si mesmo respeito vertebrado. Deve atenção reverencial a quantos se lhe adentram: doentes, profissionais e outros utentes, que aqui partilham a sua história, merecem «olhar» renovado. E deve aos doentes dedicação imensa.

Por tal, os hospitais têm de ser espaços de excelência. Não apenas de uma disponibilidade hoteleira, mas espaços de excelência na construção de relações de cuidado, respeito, competência, moldados por uma dinâmica inequívoca de humanização. Espaços onde agentes e sujeitos do cuidado se constroem e são construídos numa envolvente tecitura de matiz humano, protagonistas inequívocos da novidade de um novo projecto; espaços de edificação e troca de novos saberes, investindo em novas metodologias de informação que, não relativizando o valor do rosto que se afirma na comunicação humana, respondem de forma mais eficiente aos diálogos que se impõem num trabalho em equipa; espaços onde cada indivíduo não seja menorizado pela importância de um monitor, não se dilua numa grelha informativa, não veja a sua verdade ofuscada, quiçá silenciada, pelos tremendos impulsos da técnica.

Mas reconhecendo a importância de um forte apoio tecnológico para alcançar um plano assistencial de elevada qualidade, humanizar em saúde não prescindirá nunca de privilegiar a relação humana no seio de um suporte tecnológico inevitável e indispensável.

2.4. Nas estratégias para humanizar os hospitais

A humanização hospitalar deve ocupar-se não só com os doentes mas ainda, e com grande pendor também, com os profissionais. Na verdade, o hospital é uma grande casa onde tantos profissionais, nas suas tão variadas funções, necessitam de saber cuidar, mas de ser cuidados também. No cuidado devido aos doentes, é necessário ir além do consignado na lei, nas convenções, mesmo nas cartas de direitos e de deveres. Também para com os seus profissionais, as instituições não se devem cingir ao cumprimento e aplicação das leis laborais, das regulamentações sindicais, mas reconhecer em cada um não apenas um instrumento de produtividade, mas alguém que se expõe ao sofrimento, aceita correr riscos e, por isso, necessita de ser também devidamente cuidado. Na prevenção do *burnout*, pode a humanização influir positivamente com a dinamização de actividades culturais e lúdicas ajustadas, de que podem ser exemplo a realização de pequenos concertos (parcerias com escolas de música permitem a participação de jovens estudantes já qualificados em momentos musicais inesperados nos corredores do hospital, intervenções musicais em jornadas de trabalho), de caminhadas ou de programas desportivos para os profissionais e familiares, em períodos extralaborais. A mediação de conflitos é certamente uma tarefa ainda relevante para ser promovida no seio do Serviço de Humanização.

A humanização, como política institucional, deve assim ter uma identidade, definida especificamente para ser marca institucional, anunciada a quantos procuram e entram no hospital, e à qual quantos aí trabalham ou se encontram se vinculem no seu agir ou possam esperar tranquilamente ser acolhidos com humanidade.

As instituições de saúde, assim como têm políticas para a prevenção das infecções hospitalares, para a utilização de antibióticos, ou medidas que permitam a certificação dos seus serviços na qualidade, com impacto transversal no seu quotidiano e repercussão nos seus resultados, devem procurar modelos de intervenção no plano da humanização dos seus serviços que assegurem a sua concretização no espaço mais recôndito da sua arquitectura, no mais inesperado dos seus tempos de acção.

Não é nova a preocupação com a humanização dos hospitais. Mas é bem recente a tentativa de comparar esta nova área a tantos outros serviços, dando-lhe voz e oportunidade de intervenção na vida hospitalar como aos serviços considerados desde sempre suporte essencial à vida da instituição. Não há instituição de saúde sem serviços clínicos, serviços de exames complementares de diagnóstico, serviços administrativos, serviços de recursos humanos, serviço religioso e quejando. Porque não criar estruturas que se ocupem especificamente desta tarefa, de indiscutível importância na acção da instituição, que sejam não apenas alerta para as situações de desumanização como, sobretudo, proposta e monitorização de comportamentos humanizados?

Há já alguns anos, corria 1992, o governo português, através do seu Ministério da Saúde, criou a Comissão Nacional para a Qualidade e Humanização dos Serviços de Saúde (CNQHSS), confiando a sua presidência ao Prof. Walter Osswald. Preencheu talvez o primeiro dos espaços de uma visão operativa da humanização, mas à qual seria dedicado um estranho fim por diluição e esvaziamento das suas funções perante a criação de um programa Humanização, Acesso e Atendimento no Serviço Nacional de Saúde, do qual não parece haver história para contar.

Concomitantemente à criação desta Comissão Nacional, foram estabelecidas as comissões de humanização hospitalares, que articulariam com aquela. Desenhava-se assim uma dinâmica em saúde que procurava uma intervenção pragmática na humanização. Porém, estas comissões, entretanto feitas órfãs com a inoperacionalidade a que foi votada a CNQHSS, não têm mais do que uma acção consultiva e sensibilizadora, com reduzida capacidade de intervenção. E importa dotar esta actividade de real capacidade operativa.

No Centro Hospitalar de São João foi proposto e criado, em 2008, um Serviço de Humanização com lugar na organização hospitalar, com a missão de promover, implementar e monitorizar o patamar de humanização a que esta instituição se pode alcandorar nas suas estratégias.

Reunindo uma plêiade bem representativa das diferentes profissões hospitalares, médicos, enfermeiros, assistentes sociais, técnicos superiores e serviço religioso, constituiu-se um grupo de trabalho incumbido de reflectir sobre as questões emergentes do hospital e a estratégia de intervenção. Importava fazer chegar a mensagem directamente aos profissionais, não apenas com documentação intencional, ela também importante, mas em encontros capazes de despertar as consciências individuais para esta responsabilidade primariamente pessoal, que um serviço pode depois ajudar a planificar e colocar no terreno.

Elaborou-se uma Carta de Humanização do Centro Hospitalar, um documento referencial do perfil de humanização a que a instituição e, agora, todos os seus profissionais se obrigam a atender.

Sabemos bem que as questões em apreço não se implementam por decreto, mas por assunção individual, brotando das respectivas consciências a necessidade de moldar comportamentos nesta linha de intervenção.

É por tal que a tarefa de um Serviço de Humanização passa por reunir nos diferentes serviços hospitalares com profissionais de todos os grupos, das áreas clínicas às áreas de suporte técnico ou administrativo, nas suas sessões ordinárias, na presença das direcções de serviço, apresentando e a todos motivando para o indispensável comportamento a ter com os doentes ou outros utentes, como responsabilidade individual é certo, mas como ditame institucional. A todos os profissionais que periodicamente iniciam funções no hospital, deve ser entregue esta carta magna da humanização hospitalar em sessões de acolhimento, dando-se aí conta desta dinâmica que se quer marca institucional de relacionamento interpessoal, particularmente com os doentes.

Com facilidade se compreende a intersecção óbvia da dinâmica humanizadora em apreço com a ética, pelo que estas iniciativas expressam doravante uma cooperação intestina e permanente entre o Serviço de Humanização e a Comissão de Ética para a Saúde, num apelo inspirador, assim robustecido. A ética, ao clamar por uma reflexão sobre um agir humano que se quer humanizado, provoca o agente para que esteja inteiramente implicado nesta acção. Suscitando este envolvimento, a ética pede um compromisso inequívoco de cada profissional com o *resultado ético* do seu agir, o que redunda na procura de uma eficácia para essa qualidade do agir individual.

Exemplo largo é a obtenção do consentimento informado no exercício da medicina. Recusar a mera procura do *papel assinado*, qual salvo-conduto para um exercício médico, antes assegurar um especialíssimo diálogo doente-médico estabelecido numa relação de confiança capaz de desaguar numa decisão livre é desígnio alcançável de forma consistente, quando um serviço de humanização e uma comissão de ética cruzam metodologias de acção. A participação de membros da Comissão de Ética em reuniões assistenciais julgadas de maior oportunidade clínica, ajudando ao discernimento sobre as implicações éticas das decisões médicas, redunda inequivocamente numa assistência de pendor humanizado, não obstinada, acautelado assim o seu recorte tecnicista. Acções de formação profissional na instituição sobre temáticas que intersectem humanização e ética devem ser promovidas em conjunto pelas Comissões de Ética para a Saúde (CES) e serviços/comissões de humanização. Exemplo grado é a reflexão sobre o exercício ético da autonomia, que convoca a aproximação dos direitos e da liberdade aos deveres e à responsabilidade, de ambos os actores, a cujo labor a ética e a humanização emprestam uma óbvia iluminura.

Numa temporalidade subsequente, também na faculdade de medicina que, com hospital, partilha espaços e comportamentos junto dos doentes e outros utentes, foi criada uma nova unidade Curricular – Humanidades em Medicina – que visa incluir na formação curricular dos seus estudantes, já no primeiro dos seus anos, uma visão holística do ser humano. Perspectivas de antropologia, medicina narrativa, história da medicina, processos de comunicação humana, humanização dos cuidados, testemunhos de doentes, a dádiva da anatomia, desenvolvimento interpessoal, literatura e arte na ciência e na medicina, entre outras matérias, procuram inculcar na construção destes futuros profissionais uma visão humana do seu exercício, que os torne aptos a posicionarem-se junto da pessoa, sujeito de doença e que não se reduz a um objecto de tratamento. Procura-se, nesta unidade curricular, promover a integração na formação médica de um largo espectro de outras áreas de conhecimento, valorizar o significado da história da medicina no contexto do desenvolvimento do conhecimento médico, reconhecer a representação social e cultural da saúde numa perspectiva multidimensional e ecológica, identificar e integrar os fundamentos da antropologia médica, compreender o ciclo de vida e os condicionantes socioculturais na abordagem profissional deste ciclo, desenvolver a capacidade reflexiva sobre a condição humana, fomentar a capacidade de comunicação em ciência e medicina, reconhecer a incerteza, a influência dos factores humanos e o erro no exercício médico, acolher e integrar a dimensão ética do agir profissional. Estaremos certamente a desenvolver estratégias de compromisso dos estudantes, futuros médicos, com a pessoa doente e a lançar sementes para uma sólida atenção à humanização da medicina.

Com estas duas iniciativas, procuramos entrar no *éthos* dos profissionais e dos estudantes, recusando pinturas exteriores de humanização, porventura de grande visibilidade, mas sem sustentação ética e antropológica, capazes de garantir *usque ad occasum* um agir humanamente vertebrado.

No ambiente hospitalar, importava identificar áreas objectivas de intervenção. Cientes da incapacidade de intervir nas questões fundamentais da saúde com implicação grave na humanização da assistência, como a acessibilidade aos cuidados, as listas de espera, as taxas moderadoras..., dedicámos particular atenção a problemáticas intestinas da assistência hospitalar.

2.5. E outras formas de intervenção

O viver no hospital

Ao contrário do doente que, em sua casa, era consultado em ambiente de exclusividade pelo Dr. João Semana, no hospital o doente tem o apoio de uma equipa de saúde. Mas não pode deixar de ter o seu médico, com quem se abre e partilha todo o seu adoecer e com o qual estabelece um compromisso. Numa analogia com a biologia celular, a equipa de saúde no hospital deverá estar consciente da existência de um núcleo em torno do qual se move toda a estrutura citoplasmática. Nesta, encontram-se todos os profissionais necessários à compreensão da doença e implementação das estratégias terapêuticas que exigem multidisciplinaridade – assistentes sociais, enfermeiros, nutricionistas, outros médicos, psicólogos, terapeutas ; naquele, estão o doente e o médico do doente, o espaço por excelência de vinculação ética. Não pode pois a equipa ofuscar o médico do doente, a ela também pertencente mas com papel singular e indeclinável. E esta estrutura assistencial deve ser pugnada em intervenção do Serviço de Humanização no seu hospital.

O morrer no hospital

Num exercício hospitalar fortemente marcado pelo sucesso terapêutico, devem também aplicar-se procedimentos ética e humanamente ajustados ao tempo de morrer dos doentes: no que respeita a visitas; na procura do melhor lugar para fazer este percurso final do viver – não obrigar ninguém a morrer no hospital se se puder ou desejar morrer em casa, nem impedir de morrer no hospital, por razões logísticas, se este for o melhor lugar possível para este acontecimento!; na comunicação com os familiares; na possibilidade de doação de órgãos ou do seu próprio corpo para investigação *post mortem*; no respeito devido ao corpo morto; e ainda na reconstrução de uma casa mortuária, não só na sua arquitectura como na sua funcionalidade!

O hospital é lugar vivo que acolhe a vida humana. Acolhe-a já no antes de nascer, no nascer, no adoecer (essa insofismável realidade do viver humano que reclama a proximidade do hospital) e também no morrer.

Perante o corpo vivo, já o hospital se ordena na força da sua tecnologia, na qualidade da sua gestão, no aprimoramento da sua arquitectura, na integridade do seu saber, na identidade do seu agir... E fá-lo por reconhecer nesse corpo vivo não apenas uma biologia deslumbrante, mas uma humanidade sedutora, impregnada não só da socialidade como da espiritualidade que a tornam distintiva. Reconhece e assume, pois, a sua inteira responsabilidade para com este ser humano, vestido no seu corpo vivo e vivido em cada dia do seu existir.

Mas o corpo morto merece, ainda, o respeito institucional. Quantas vezes subtilmente escondido no piso mais baixo do hospital, arrumado na sala disponível da enfermaria, amortalhado para que não incomode, arredado dos corredores do hospital para que não ofenda as alegrias e os milagres de uma medicina poderosa e pretensamente infalível, perante este corpo morto, hoje, temos de nos desenvergonhar e de lhe dispensar o nosso indefectível respeito. Ele, corpo que foi habitado pelo homem, dele não foi mero acessório mas sua identidade, afinal a única possibilidade de uma existência vivida, partilhada e comunicada. Foi casa de alguém, foi oportunidade para um viver testemunhado, para um viver solidário. Ele, corpo morto de um corpo outrora vivo, é despojo cadavérico e não um simples e inominado resto humano. Este corpo inerte foi a possibilidade de o homem viver e a possibilidade de o homem morrer, a condição fundamental para uma história humana imorredoira. Pertença inquestionável do humano, este corpo morto, expressão maior da sua vulnerabilidade, permitiu agora matar a mortalidade do homem que o habitou. Só o corpo aqui está. O homem, de quem foi óbvia epifania, imortalizou-se com este corpo morto que nos deixou.

A casa mortuária do hospital é também, pois, lugar da história do homem que aqui é cuidado na finitude da sua biologia. É uma história merecedora deste lugar mortuário, lugar do corpo morto, que não pode ser indigno da grandeza do morrer dos que o habitaram. E assim necessário e justo este passo na humanização de um espaço peculiar da vida hospitalar, que readquirirá a sua justa dignidade.

O silêncio no hospital

Um hospital necessita de espaços de silêncio. Não de silêncios tumulares, que nos distanciariam do tempo, tão-pouco de silêncios calados, uma anestesia humana que calaria o próprio silêncio. Referimo-nos aos silêncios que são linguagem universal, capaz de dizer o indizível, de ser ouvida pelos surdos, falada pelos mudos, percepcionada pelos cegos e sentida pelos moribundos.

Nesta consciência, realizámos uma campanha de atenção ao silêncio, não só nos corredores mas nas enfermarias, reconhecendo tempos de comunicação que por vezes só acontecem na oportunidade dos silêncios gerados, a que devem atender profissionais, estudantes, visitas – um esforço hercúleo, de difícil alcance, mas que tem de merecer dos planos de humanização ocupação constante e determinada.

Privacidade e intimidade

Cada doente merece ser atendido em condições de respeito indenegável pela sua privacidade, intimidade e confidencialidade – dimensões muito caras ao doente, tão sensíveis são ao seu sofrimento.

Os espaços e a actividade hospitalar têm de se ordenar de forma a garantir este respeito, a cuja concretização o Serviço de Humanização deve dar o seu mais forte contributo, com medidas efectivas não só nas enfermarias como no ambulatório (como a colocação de placas nas portas dos consultórios indicando «Não entre sem bater e lhe ser dada autorização para entrar» e, do lado contrário, «Feche sempre a porta quando estiver em consulta», realizando inquéritos breves aos doentes, indagando sobre a satisfação desta indicação).

Trabalhar o respeito pela intimidade do doente é tarefa multidisciplinar da maior delicadeza. É um espaço individual no qual só tem direito a entrar quem for nele consentido, não quem quiser, sob pena de pesada ofensa. Da intimidade corporal à intimidade cultural, como da espiritual à religiosa, vislumbra-se uma responsabilidade assistencial que requer uma disponibilidade pessoal e até arquitectónica capaz de asseverar a sua importância vertebrada. A humanização em saúde, suportada na reflexão ética e na compreensão antropológica, encontrará as coordenadas que tornem este objectivo absolutamente inspirador.

O regulamento de visitas hospitalar

Uma das questões prementes prende-se com o regulamento de visitas aos doentes. Numa visão humanizadora, as visitas aos doentes devem em primeiro lugar ser geridas, tanto quanto possível, pelo doente. É o doente quem deve indicar se quer receber alguém e quem. O exercício de cidadania, outrora definido como a obra de misericórdia *visitar os doentes*, deve ser respeitado na medida do querer do doente, e não numa imposição que lhe seja inteiramente exterior. E o doente deve ter a possibilidade de ser acompanhado longamente no internamento por alguém que lhe seja referência afectiva. Tem, assim, direito a ser acompanhado permanentemente durante o dia, por quem indique, num compromisso óbvio com o respeito pelas suas condições clínicas ou dos doentes que com ele possam partilhar enfermaria ou quarto. Este acompanhamento tem um alcance não de mera sociabilidade, mas efectivamente terapêutico. Nesta medida, a sua promoção é certamente dever assistencial. Reconhecendo a necessidade de indicações formativas para os acompanhantes, que deverão estar presentes com clareza nos guias de acolhimento, às instituições comete o dever de se ordenarem no sentido de acolher esta presença no seio da sua actividade quotidiana como uma clara mais-valia, não subjugada a dificuldades logísticas, que deverão ser solucionadas. Apesar dos instrumentos jurídicos que protegem esta presença como direito dos doentes, os profissionais de saúde devem estar conscientes de que o cumprimento dos deveres dos mais vulneráveis (os doentes) se alcança transformando-os em deveres dos mais fortes (os profissionais).

Questão ainda relevante para ser atendida é o carácter excessivamente proibitivo na habitual regulamentação das visitas. Não pode ser absoluta a proibição de menores, apenas condicionada às questões de carácter sanitário mais delicado. Incompreensível será a estrita impossibilidade de irmãos, pais ou avós internados sem patologia contagiosa serem visitados por irmãos, filhos ou netos. Como desumana será a aplicação de uma igual regulação de visitas a doentes em fim de vida.

O tratamento das reclamações

As reclamações dos doentes devem merecer uma atenção cuidada, recusando respostas decalcadas, antes devendo aclarar as questões colocadas e avaliar a sua justeza. O hospital deve encarar as exposições dos doentes, maioritariamente reclamações, como uma boa oportunidade de melhoria, recusando atitudes de primária protecção institucional. A monitorização das reclamações é tão importante como a monitorização das respostas às reclamações, que devem ser escrutinadas e comunicadas aos órgãos de gestão. Não pode ser satisfatório para uma instituição cumprir com as metas legalmente definidas (15 dias) para as respostas às reclamações. Importa, sim, além do cumprimento legal, que cada reclamação seja atendida na sua essência, apuradas as circunstâncias, definidas medidas de correcção sempre que tal se apure como necessário e útil para acautelar a sua recorrência. De facto, reclamações frequentes sobre a mesma matéria indiciarão certamente uma desatenção institucional imprudente, um agir desumanizado porque despreocupado.

Pareceres sobre projectos de arquitectura

A importância do desenho de novos serviços de internamento ou de consultas justifica ser apreciado pelos Serviços de Humanização, acautelando a qualidade dos espaços dedicados aos doentes, como salas de espera, de internamento, de consultas, precavendo não só o respeito pela privacidade como pela confidencialidade devida a cada doente. A implementação de amenidades como sofás para descanso dos profissionais sempre que dele possam usufruir, a escolha de cores suaves para as paredes, a exposição de salas de trabalho à luz directa, a possibilidade de música ambiente, não só nos espaços sociais como nos assistenciais (enfermarias ou mesmo blocos operatórios) sempre que se julgue adequado, motivos decorativos que tornem o estar mais agradável A aprovação dos planos de obras não deve prescindir de um parecer do Serviço de Humanização, atento especificamente a estes requisitos.

Sinalética e acessibilidades

Uma sinalética hospitalar compreensível ao doente, utente ou visitante é de importância capital, adquirindo interesse indiscutível no gizar das acções visando a humanização hospitalar. O Serviço de Humanização deve ser chamado a intervir no estudo e desenho das sinaléticas intra e extra-hospitalares. Ainda, devem ser ajustados os circuitos hospitalares às pessoas portadoras de deficiência, a cuja realização devem estar atentos os Serviços de Humanização, chamando a colaborar as diferentes associações de doentes com défice auditivo, visual ou motor, com o seu saber intestino das dificuldades e soluções adequadas.

3. Uma métrica para a humanização?

A humanização em saúde reveste tão grada importância no panorama da assistência, que não deve ficar confinada ao plano das propostas e das definições de estratégias. Importa ter a noção da sua efectivação, avaliando-se avanços reais, estagnação ou eventuais retrocessos numa prática de repercussão inegável na qualidade de vida dos doentes.

O nível de satisfação dos doentes na sua experiência de internamento ou recurso ao ambulatório hospitalar, no que concerne à dimensão humana dos procedimentos que lhe foram dedicados, é certamente a melhor das métricas para podermos aferir a humanização de uma instituição e dos comportamentos dos seus profissionais. A realização sistemática de inquéritos de satisfação a quantos estão internados no hospital é, neste contexto, tarefa primordial. Nestes inquéritos, importa saber como foram os doentes acolhidos: por alguém que conseguem identificar, ou por ninguém? Como foram tratados: pelo nome ou pelo número da cama? Foram acolhidos com simpatia? Como foi respeitada a sua privacidade ou a sua intimidade? Como foram respeitadas as suas convicções de índole cultural, espiritual ou religiosa? Reconheceram preocupação por serem criados espaços de silêncio à sua volta? Foi-lhes reconhecido o direito ao exercício da autonomia? E sentiram segurança no respeito pela confidencialidade dos seus dados? Mas também: Em que condições lhes foi facultada a alimentação? A satisfação deve ainda ser avaliada de acordo com a relevância das dimensões avaliadas: insatisfação por não ser tratado pelo nome ou por não ser respeitada a sua autonomia merecerá justamente maior *penalização* do que por não ter sido tratado com simpatia!

Estes resultados devem ser enviados não só ao Conselho de Administração como às direcções dos serviços e respectivos enfermeiros-chefe, possibilitando identificar os serviços que melhores práticas humanizadoras exibem na avaliação dos doentes e quais os que mais *penalizados* são pelos seus doentes. Aquelas deverão ser reproduzidas. Estas deverão merecer o estudo do porquê do mais baixo nível de avaliação e remover eventuais obstáculos identificados em práticas reconhecidas como mais problemáticas pelos doentes.

4. Uma cooperação tão natural quanto indispensável

As Comissões de Ética para a Saúde (CES) desempenham um papel que se identifica claramente com os objectivos e as práticas que visam a humanização assistencial, não fosse o escopo da sua acção a promoção e o cuidado da dignidade humana em cada pessoa, particularmente atenta às expressões de mais vincada vulnerabilidade. Além da caminhada conjunta em tantas das áreas em apreço e já neste texto abordadas, as CES têm ainda uma forte oportunidade de intervenção na humanização dos cuidados, sempre que concretizam uma ética de proximidade, capaz de responder em tempo oportuno a tantos dilemas éticos colocados na assistência médica nas nossas instituições.

Tarefa gigante e inadiável é esta de promover um cuidar humanizado, que assegure a cada doente a expressão da solidariedade humana e do respeito pela sua dignidade intangível, reconhecendo nele uma identidade moral capaz de nos levar ao limite da expressão da amizade, nas leiras do sofrimento e da dor.

Referências e leituras recomendadas

BENTO XVI, Carta Encíclica *Caritas in Veritate,* Prior Velho, Paulinas Editora, 2009.

BERMEJO, José Carlos, *Qué Es Humanizar la Salud,* Madrid, San Pablo, 2003.

BERMEJO, José Carlos, *Humanizar a Saúde: Cuidado, Relações e Valores,* tradução de Guilherme Laurito Summa, Petrópolis: Rio de Janeiro, Vozes, 2008.

BOFF, Leonardo, *Saber Cuidar: Ética do Humano – Compaixão pela Terra,* Rio de Janeiro, Vozes, 2001.

GADAMER, Hans-Georg: *The Enigma of Health: The Art of Healing in a Scientific Age,* tradução de Jason Gaiger e Nicholas Walker, Stanford: Califórnia, Stanford University Press, 1996.

HOTTOIS, GILBERT, *O Paradigma Bioético. Uma Ética para a nova Ciência,* Lisboa, Edições Salamandra, 1992.

HOTTOIS, Gilbert, *O paradigma bioético,* 1991.

LÉVINAS, Emmanuel, *Ética e Infinito,* Lisboa, Edições 70, 1988.

OSSWALD, Walter, *Da Vida à Morte: Horizontes da Bioética,* Lisboa, Gradiva, 2014.

PATRÃO NEVES, Maria do Céu e OSSWALD, Walter, *Bioética Simples, s.l.,* Verbo, 2007.

PEREIRA, Henrique Manuel, *Daniel Serrão: Aqui diante de mim, s.l.,* Esfera do Caos, 2011.

SERVIÇO DE HUMANIZAÇÃO DO HOSPITAL DE SÃO JOÃO, *O Livro Branco da Humanização,* Santa Maria da Feira, Rainho & Neves, 2008.

Da prática clínica ao papel social da medicina

Luís Duarte Madeira

Faculdade de Medicina da Universidade de Lisboa,
Centro Hospitalar Lisboa Norte

Susana Raposo Alves

Centro Hospitalar Psiquiátrico de Lisboa

Na literatura sobre bioética, podem ser encontrados vários exemplos de como se orienta, se concebe e se pretende, no futuro, organizar a prática da medicina. A um macronível, o discurso foca-se, sobretudo, na relação com o doente e familiares deste, e nas relações entre os pares e com os professores. A um micronível, são considerados elementos menos teóricos, concebendo-se que os sujeitos, embebidos do seu substrato cultural, vão sendo transformados durante e através da prática, sendo estes elementos os guias indirectos das competências e exercícios de cada sujeito.

Ambos os aspectos (macro e micro) caracterizam o papel social da medicina: como a entendemos, o que significa e o que esperamos dela. Deixando de parte as mudanças nas ideologias dos séculos XX e XXI sobre a medicina, partindo do caso particular do médico, e pressupondo que os mesmos princípios, na sua essência, são aplicáveis aos profissionais de saúde em geral, procuraremos mostrar como, da prática médica e das pressões sociais a que está sujeita, se pode condicionar o significado social da medicina.

Em primeiro lugar, debruçar-nos-emos sobre como o exercício da medicina está em relação directa com o que significa (e, em especial, com o que deve significar) socialmente ser médico: o conjunto de expectativas, competências e papéis sociais que lhe são atribuídos. O médico exerce, assim, a medicina, orquestrando dois vectores equiprimordiais: os vectores *empíricos*, trazidos pelas ciências naturais, que edificam uma forma de saber e de *pensar* científicos; e os vectores *não empíricos*, traduzidos no *éthos* da prática médica, no que é ser médico. Estes vectores actualizam-se permanentemente, ao longo dos vários períodos de formação e de prática, com a vivência dos prazeres, dos dissabores e das pressões desencadeadas no dia-a-dia. Deste modo, é nesta prática que o sujeito médico se vai erodindo e recriando em cada momento, transformando-se, progressivamente, numa entidade coerente cujo *autoconceito* (o que significa para si ser médico) reflecte o presente e o futuro *papel social da medicina*.

Em segundo lugar, centrar-nos-emos em aspectos de pressão de tempo e em outros *factores externos* aos discursos (macro e micro) que influenciam o médico e a sua práxis. A medicina pode ser pensada como uma profissão dotada de valores próprios, mas não deve ser esquecido que está inscrita na matriz social e cultural de cada época. Além disso, a sua prática é modulada pela vivência individual e subjectiva de cada indivíduo, o que, no final, condiciona o conceito que cada um tem de ser médico.

Neste capítulo serão, assim, referidas as mudanças que têm vindo a ser observadas no significado de ser médico e no papel social da medicina, detalhando elementos de transformação internos e externos (como avanços tecnológicos ou factores de aceleração social) e os impactos que daí parecem advir para a prática médica.

1. Factores de transformação

1.1. Partindo do exemplo da formação médica

Num exercício de ficcionar os primeiros anos da vida de um médico, poder-se-á imaginar o João, de 27 anos, que foi o melhor aluno do liceu e que entrou para o curso de Medicina aos 18 anos, com a expectativa de «ser médico para tratar pessoas». No seu primeiro ano, apercebe-se de que tem à sua frente um vasto currículo teórico e que apenas será considerada, no final do seu estudo, para concurso, a nota que irá obter no exame de acesso à especialidade. Assim, durante esse período terá quase exclusivamente de estudar, preterindo, voluntária ou involuntariamente, outras dimensões da sua vida. Até mesmo as experiências oferecidas pelo curso (como experiências clínicas, visitas de estudo e actividades de docência) sente como sobrecargas. Num sistema que apenas reconhece objectivos concretos, as classificações e o mérito académico tornar-se-ão (em especial pelo esvaziamento da sua restante vida) no principal elemento de valor pessoal e de definição como pessoa. O prazer e a disponibilidade para os doentes ficarão em segundo plano.

Como resultado de todo este esforço, consegue finalmente terminar o curso de Medicina e entrar numa especialidade de difícil acesso como, por exemplo, Cirurgia Plástica. Na formação dentro da especialidade, permanecem vários conflitos de interesses e de obrigações perante as pressões clínicas e académicas. A avaliação final não alivia estas várias pressões, uma vez que obedece às mesmas condicionantes: grelhas de avaliação centradas em objectivos, tais como o *número* de doentes observados (ou número de cirurgias ou até número de «olhos» observados como no caso de oftalmologia), número de artigos publicados, de *posters* e de apresentações orais em congressos. Esta classificação curricular final será a chave do processo pelo qual é efectuada a selecção para os seus futuros locais de trabalho.

Pode ver-se, assim, como se constituem formas de coacção indirecta (além de formas directas, que podem surgir a pedido do serviço a que está afecto, quando funciona em sobrecarga), contribuindo para um entendimento de que é preferível observar dez doentes numa hora em vez de três, porque se traduz numa melhor classificação. Será ainda mais valorizado se observar esses dez doentes em meia hora e utilizar a restante meia hora para escrever um resumo para uma apresentação num congresso. A prática clínica, centrada nestes princípios, vê o tempo para o doente e a relação com este como limitações ao valor profissional. Ser um «médico excelente» passa por atingir objectivos práticos, e a disponibilidade para a relação sofrerá uma erosão explícita (voluntária ou semivoluntariamente). Deste modo, promove-se e perpetua-se o mesmo paradoxo: exercer medicina (o que deveria ser estar com o doente) exige ao médico que esteja o menos possível com o doente, fora de uma medicina relacional centrada neste.

O médico com funções de docência experimenta, ainda, outras pressões: a valorização centra-se no número de publicações e, desta forma, o tempo despendido para estar com os alunos e ensinar traduz-se em menos tempo para publicar e escrever. A actividade de leccionar constitui-se, progressivamente, numa tarefa secundária, por não ter valor curricular.

O especialista já formado vivenciará prolongamentos de todos estes conflitos de obrigações e de interesses na sua carreira clínica e académica. Num terreno ético já fragilizado e erodido, estas pressões sobrepõem-se e concorrem entre si, constituindo o que parece ser o golpe final na natureza relacional da actual prática médica, mais concretamente na vivência da relação médico-doente como relevante e na possibilidade de ter tempo para «estar» em relação.

A estrutura formativa e a prática clínica descritas têm um impacto particularmente claro na desvalorização da disponibilidade, atenção, cuidado e altruísmo, que constituem pilares éticos do exercício da medicina. Por esse motivo, advoga-se necessário definir ou repensar (1) um modo de avaliação que promova e valide a relevância de aspectos relacionais e (2) um novo encadeamento entre as várias funções de um médico (académico e clínico) capaz de preservar estes pilares como aspectos fundamentais.

Neste sentido, em alguns países, sugere-se a separação dos currículos académico e clínico da medicina. Para muitos é, porém, uma solução inquietante, uma vez que o clínico que não investiga arrisca o desenraizamento da ciência (e da actualização permanente da mesma) e o investigador, privado do contacto com os doentes, arrisca perder a *equipoise* (o equilíbrio clínico) e competências clínicas fundamentais para entender a doença e as necessidades do doente. Sobre a primeira realidade, salienta-se a desactualização de uma geração de clínicos que não puderam (ou não podem) contactar com as contribuições da ciência para lá daquelas que lhes chegam pelos delegados de informação médica. Sobre a segunda, destacam-se os problemas da actual investigação em áreas translacionais, tão peculiares como encontrar filósofos ou neurocientistas que procuram compreender *doenças* que não conhecem e que afligem doentes que nunca conheceram, tirando conclusões incapazes de informar os clínicos e que não são úteis para os doentes. O afastamento destas duas vertentes traduz a segregação da ciência dos problemas reais em medicina e resulta numa conversa cega entre os intervenientes – os clínicos ignoram os dados da investigação por estarem escritos numa linguagem hierática e vazia e os investigadores ignoram a complexidade da clínica por lhes ser intangível.

Seguidamente, discutem-se aspectos sociais, externos à medicina, que também têm um impacto no caso acima descrito, incluindo-se a pressão/aceleração imposta pela sociedade, a transformação do modelo de cuidado, e o descuidado com a humanidade do médico.

1.2. Aceleração imposta pela sociedade

Na vivência do jovem médico anteriormente descrita, referem-se também aspectos que a transcendem, relacionados com a aceleração social, a qual tem particular impacto na prática clínica e no significado de ser médico.

Os fenómenos sociais são construídos dentro de uma temporalidade e podem ser entendidos nessa natureza. Porém, a complexidade que reveste o conceito de tempo limitou a sua utilização em várias áreas, incluindo a sociologia, como está expresso no aforismo de Santo Agostinho «What is time? When no one asks me, I know. But if I seek to explain it to someone who asks me about it, then I know not» («O que é o tempo? Quando ninguém me pergunta, eu sei. Mas, se tentar explicar a alguém que me pergunta, então não sei»).

A prática médica acompanhou a transformação da estrutura do tempo, incluindo-se a temporalidade (estrutura temporal) e o tempo vivido (tempo experienciado pelo sujeito), com várias implicações éticas e políticas. Nesse sentido, foram-se definindo vários tipos de sociedade, com formas diferentes de prática da medicina. Numa sociedade arcaica – na qual se observa a mitificação do tempo, e na qual o sujeito apenas distingue entre o «aqui e agora» e o que não o é –, o tempo vivido é cíclico e a experiência é de um eterno retorno ao mesmo. Nesta sociedade, a medicina funciona através de um estar ou não estar, em face das necessidades do presente, isto é, o tratamento não é um projecto mas manifesta-se apenas na relação. Em alternativa, construíram-se outras formas de organização social nas quais são permitidas vivências de um tempo linear:

o sujeito, pela primeira vez, distingue o passado e o futuro. A vivência é a de um passado encerrado em memórias, que enforma um futuro aberto para o futuro (inalcançável, mas para o qual corre). À medicina cabe, em paralelo com outros entendimentos sociais, organizar o significado dos estados transitórios de saúde e doença (e variantes), e arranjar formas de integração da morte e do seu significado (como recorrer à relação terapêutica enquanto estrutura de cuidado).

Neste formato temporal, vários entendimentos promoveram uma reorganização da estrutura do tempo – por exemplo, algumas religiões cancelam esta estrutura temporal biográfica aliviando a estrutura temporal para a morte. Mais recentemente, tem-se observado a construção de uma nova estrutura temporal social, na qual o *futuro* ganha primazia sobre o presente e na qual se observa a obliteração do tempo biográfico. O sujeito experiencia a necessidade de rever habitualmente os seus futuros (e reestruturar o seu presente nestes novos sentidos), determinando uma estrutura biográfica em permanente transformação, movimento e aceleração. Nessa revisão inclui-se o seu projecto ético, cujo significado se vê reorganizado dentro da sua geração – por vezes, até dentro de um ano da sua vida.

Nesta sociedade, o doente e o médico vêem os seus papéis em permanente reestruturação, e as mudanças intrageracionais alteram o significado e o valor dos elementos das suas posições. Desta forma, ambas constituem, em si, uma nova dificuldade ao projecto terapêutico: a incerteza dos significados e a sua mutabilidade fragilizam a segurança da relação – a «sociedade líquida» transformou também a relação clínica e o significado objectivo de ser médico. O passado tem cada vez menos força na determinação do futuro de cada indivíduo, uma vez que este vai sendo actualizado e, deste modo, numa sociedade em que as memórias são cada vez menos bons guias do que está para vir, o médico e o doente relacionam-se em fragilidade. O *ethos* da prática médica, o valor profissional e a identidade de um médico tornam-se fluidos, cada vez menos «estruturais». Todavia, se o «que é bom/correto» muda, por exemplo, de duas em duas semanas, então a estrutura de valores não se sustém tempo suficiente para se tornar *identitária*. Isto condiciona que a identidade do sujeito dependa mais do que está para vir, isto é, de um *a posteriori* que o sujeito desconhece (Rosa, 2013).

Esta forma de entender o tempo parece negligenciar o papel do indivíduo (com a sua estrutura de personalidade individual) na transformação da sua vivência do tempo, em face da estrutura temporal da sociedade. Podemos conceber um sujeito que resista a estas pressões, entendendo-as, coordenando-as e sincronizando-se com os processos sociais (Elias, 1993). De facto, deve ser considerada a interacção entre o tempo social e o tempo da sua estrutura de personalidade, pois daí surgirão formas particulares de experiência e de aceleração do tempo nas sociedades modernas. Entenda-se o «tempo vivido» como não sendo mais do que uma manifestação da multitude de redes interdependentes e interconectadas, na qual o indivíduo se sujeita às estruturas que forem surgindo, ou, pelo contrário, desenvolve a vontade de eliminar todas as irregularidades e atingir um controlo total sobre si (Tabboni, 2016).

1.3. Transformação do modelo de cuidado

O entendimento ocidentalizado sobre os procedimentos para o tratamento da doença e do sofrimento, para o auxílio em momentos críticos (por exemplo, o parto), para a prevenção primária e para a manutenção de estados de saúde constituiu-se sempre como paradigma em permanente mudança. Ao longo do tempo, observou-se a passagem para o domínio da medicina de intervenção em variadíssimos aspectos da vida humana. Foram necessários vários anos de reformas para a consolidação de competências e de autoridade, de forma a legitimar o médico na complexidade de funções que hoje possui. A autoridade médica e a formatação do nosso sistema de cuidados médicos tiveram origens sociais recentes, claramente dependentes da cultura e da economia de cada país. No século XVIII, a medicina centrava-se na casa e a medicina profissional dava ainda os seus primeiros passos, com grandes pressões de contraculturas, como a medicina popular. As explicações para as doenças, nascimento e morte eram muito variadas – a medicina oferecia apenas uma das que poderiam ser evocadas (como a fé, os deuses ou a feitiçaria). Só gradualmente foi possível uma transformação científica das práticas, assim como a substituição dos outros entendimentos da doença e da saúde por formas médicas de os articular.

Muitos outros aspectos, tais como os ecológicos, condicionaram a transformação deste modelo de cuidado. Incluem-se nestes, por exemplo, a transição da prática médica para os hospitais, a transformação das necessidades mínimas de desempenho das funções médicas (a progressiva especialização e a necessidade de ambientes próprios), os meios de transporte, o conhecimento das infecções e da dor, que conduziram à esterilização e à anestesia, bem como a necessidade de segregação do «doente» e da «doença». O emergir de novos locais (BENATAR, 1987; EMANUEL e EMANUEL, 1992; FRANK e FRANK, 1993), e as especificidades deste novo contexto, dotou os médicos e a medicina de um estatuto e de poder, que levaram ao aparecimento de sectarismo e de conflitos.

Devemos, ainda, atender a meados do século XX, para observar a emergência de um novo modelo de cuidado – a atribuição ao paciente de um papel de cliente ou consumidor (BENATAR, 1987; VEATCH, 1991; EMANUEL e EMANUEL, 1992; FRANK e FRANK, 1993), observando-se a relação terapêutica como um «contrato de provisão de serviços». Este modelo parece ter sido assumido como um dogma, por ter, pela primeira vez, colocado em sintonia (e, talvez, por ter respondido às exigências de) três vectores até então irreconciliáveis: (1) a bioética (principalmente, os modelos utilitaristas), (2) a gestão de serviços de saúde e (3) a aplicação prática dos avanços da ciência (biológicos e tecnológicos). Neste modelo, é esperada do médico a oferta, ao doente, de um *bem* que este deseja no momento e que, por isso, lhe pode pedir algo significativo (quase sempre pecuniário). Esta transformação reafirma (na relação) o médico como especialista (*expert*) – em tudo semelhante a outras profissões com conhecimento e competências especiais – capaz de oferecer uma troca mutuamente vantajosa, desde que os seus pressupostos sejam compreendidos e que exista uma estrutura relacional fixa. Quanto ao doente ou consumidor de saúde, nesta relação, acentua-se o direito à autonomia, à mutualidade, ao respeito mútuo, à equidade e a formas particulares de confiabilidade. De todos estes, a autonomia parece hoje ser predominante – pela sua posição de primazia no *éthos* dos sistemas liberais democráticos.

Por outro lado, à medida que as funções do médico se foram estruturando em ambientes organizacionais, surgiram novas pressões, quer corporativistas quer de gestores, que pretendem organizar o tratamento médico sob uma tutela, no sentido da industrialização do cuidado médico (público e privado). Com o crescimento da população e com o surgimento de tratamentos complexos, impuseram-se também novas limitações, como o racionamento.

Nesta amálgama de factores em mudança, parecem ainda apresentar-se, à medicina, vários modelos de intervenção, por vezes em conflito. Incluem-se os conflitos entre o modelo médico, centrado no diagnóstico e na erradicação da doença, e o modelo social, centrado na prevenção da doença e na transformação dos estilos de vida. De todas as exigências que, ao longo do tempo, foram feitas à medicina, parecem ter sido acrescentados novos problemas para os quais não tem resposta: os atrasos na acessibilidade e outros problemas de justiça distributiva e equidade de cuidados, a aceleração do contacto devido à pressão para um diagnóstico rápido, o custo da saúde, a regulação de práticas e de novos avanços científicos.

1.4. Falta de cuidado com a humanidade do médico

Por último, mas não de menor importância, de referir como é cada vez menos valorizada a humanidade em qualquer um dos momentos da formação e da prática médicas. Esta redução do valor da «humanidade» pelos outros e pelo sistema – do respeito por si mesmo como ser vulnerável e humano – parece ter um grande impacto na vivência do prazer, no significado da profissão, no risco de *burnout* (exaustão) e, ainda, na capacidade de empatia para com a humanidade dos outros que o rodeiam (doentes e colegas). Porém, e paradoxalmente, a vulnerabilidade do próprio e a falta de consideração pela vulnerabilidade do outro não só não parecem ser consideradas na formação e prática, como, pelo contrário, se assumem como factores limitadores e, por isso, obstáculos para atingir objectivos que lhe darão (na actualidade) valor como médico. O médico que permaneça sensível e disponível terá dificuldade no que lhe é exigido nas interacções no dia-a-dia, na execução excepcional dos requisitos formativos e de prática, ou seja, mais uma vez, a valorização de um perfil relacional constitui-se em conflito com o valor dado a um perfil académico e profissional.

Seguidamente, serão detalhados de que forma os factores de transformação descritos têm impacto na prática médica, e será debatido como, nesta prática, a função social da medicina tem sofrido mudanças que merecem ser analisadas.

2. Consequências/impactos

Os factores envolvidos no desenvolvimento e exercício da medicina atrás referidos têm um impacto no médico e no doente, pois a estes se irão *habituar* – no sentido que se encontra em Aristóteles: pela *habituação*, todos aqueles que por muito tempo contactam com determinados ideais e a quem são exigidas as mesmas respostas a eles se habituam. Nas interacções com os seus hábitos, o homem não só se habitua, como também se transforma, num relacionamento biunívoco no qual é também agente da transformação dos hábitos que lhe foram impostos.

Os tópicos descritos em seguida fazem parte de algumas das consequências vivenciadas pelos médicos, algumas mais gerais (e que são transversais à modernidade), outras mais específicas da medicina, mas todas elas com impacto em competências nucleares para a prática médica, como o altruísmo, a compaixão, a tolerância, a empatia e a presença/ressonância emocional.

2.1. Reificação do contacto e do seu significado

O médico, na sua formação e prática, pela própria natureza objectiva e pragmática do curso de Medicina, é confrontado com pressões de tempo e com funções que o tornaram (ou obrigarão a que se torne) alguém que valoriza a objectividade e a quem está vedada a criação de relação, quer transversalmente (na impossibilidade de se demorar no encontro) quer longitudinalmente (na necessidade de ter consultas espaçadas por três a seis meses). Esta questão, no entanto, tende a cair no esquecimento e a substituir-se pela integração de novos elementos. Em vários países, talvez ainda não em Portugal, cabe a outros profissionais de saúde o *direct care* (o contacto directo) sendo o médico o *care-coordinator* (o gestor de uma equipa) – remove-se, assim, das mãos do médico não só parte da práxis (considerando-a uma função mais nobre), como a própria natureza da sua práxis (vista agora como tendo menos valor ou, pelo menos, não sendo médica). A relação médico-doente, ao ser mediada por outros profissionais (tornando-se raro o contacto directo com o médico e apenas a pedido dos outros profissionais), adquire um cunho de domínio prático, com menor valor do que a compreensão e a gestão da doença (a gestão de terapêutica, em alguns países, como Inglaterra, é feita por enfermeiros). Esta redução do valor da relação terapêutica na prática médica, o surgimento de uma infinidade de técnicas novas para os médicos, a pressão para a publicação e a superespecialização clínica parecem estar a transformar o papel social da medicina, privando-a da sua essência relacional. Não se pretende uma visão negativa, mas apenas salientar este movimento transformador da práxis no papel social do médico – do domínio da relação para executor ou consultor esporádico.

Mais ainda, a prática médica acima descrita, nos momentos de contacto com o doente, parece procurar a redução da subjectividade a uma objectividade. Acredita num reducionismo duro, isto é, que tudo se poderá, um dia, reduzir a aspectos biológicos – baseados em evidências de uma medicina centrada, por último, na verdade estatística e nas técnicas das ciências naturais (por exemplo, neuroimagem para a psiquiatria). Para alguns, o futuro será, por exemplo, numa urgência médica ter disponível um conjunto de exames complementares de diagnóstico que revelam – na linguagem da ciência (exacta) – de que e como está a sofrer a pessoa, e que determinam o projecto de tratamento. Este cenário ignora várias limitações dos pressupostos desta medicina que, apesar da sensação de objectividade que a estatística e os métodos e técnicas das ciências naturais oferecem, se colocam sobre a subjectividade (porque são o somatório de várias decisões subjectivas) e têm, eles mesmos, várias limitações. Por exemplo, muitas técnicas (como a ressonância magnética) têm limitações na selecção da amostra (determinação subjectiva de dados objectivos), na definição dos pressupostos (por exemplo: o aumento do fluxo de sangue significa aumento de actividade), limitações do modelo matemático (por exemplo: as correlações não são suficientes para estabelecer causalidade) e limitações particulares ao seu uso (por exemplo: a ressonância magnética tem limites de resolução e exige ausência de movimento). Mas, mesmo que o futuro da medicina seja a reificação da experiência e da narrativa do outro, a prática da medicina centrada numa objectificação selvática arrisca desvalorizar a subjectividade do outro, oferecendo ao doente um sentimento de redução e de desvalorização. Este caminho ignora o alívio do sofrimento e a importância da reatribuição a dois do significado (biográfico) do adoecer e da doença.

2.2. *Perda de prazer na prática e sentimento de realização pessoal*

Integrado na dinâmica social de aceleração, ao médico parece impor-se a experiência de se sentir fora do tempo, um sentimento de perplexidade: após a revolução digital, «estamos numa fase única de aceleração em que tudo fica cada vez mais rápido – tão rápido que o tempo deixa de ser linear, a temporalidade perde a sua segregação e flui com o tempo» (Rosa, 2013). Compreende ainda, em segundo lugar, uma profunda cristalização do tempo: o sujeito vive numa jaula da qual já não consegue sair, em que se esgotam as suas energias, à medida que se apercebe de que tudo foi tentado e de que não é possível chegar a mais lado nenhum. Esta «vitalidade desesperada» traduz o que Virilio (1990) definiu como «*inertie polaire*» e que Rosa (2013) traduz como «*rasender Stillstand*» (paralisação frenética).

Ao médico, imerso (pela sociedade) numa vida acelerada, sobreestimulada e sobrecarregada, também lhe é exigido, como já descrito, manobrar várias funções e conflitos de obrigações, que podem agravar o sentimento de despersonalização e paralisia. Esta «escassez de tempo» não conduz, como a escassez de comida, a uma morte, mas, como escreveram os filósofos gregos, ao sentimento de nunca ter começado a viver (Robinson e Godbey, 2008). Na prática, surgem vivências de que o tempo flui demasiado rápido ou que está demasiado espartilhado por uma ordem de eventos rígida (excessivamente coarctado). Este viver demasiado rápido e sujeito a formas de ressincronização permanente tem como consequência um sentimento de dessincronização (Rosa, 2013): a pós-modernidade traz uma aceleração que, passado um certo limite, condiciona uma dinamização «total de todas as relações sociais e uma rigidificação completa do sujeito, ao qual está vedada qualquer integração social e sincronização» (Jameson, 1998).

Porém, o médico não é apenas um cidadão que vive nesta sociedade acelerada (com uma pressão adicional pela multiplicidade das funções sociais da medicina), já que algumas das suas funções são relacionais e empáticas (por exemplo, ser capaz de estar disponível e de mostrar compaixão), sendo danificáveis pela aceleração. Como a despersonalização e a dessincronização condicionam a sua prática e a sua relação com os doentes, ponderamos se salvaguardar o médico (pelo menos parcialmente) de algumas pressões lhe adicionará factores protectores ou o capacitará para as manejar com menor impacto na sua prática.

2.3. Perda de empatia

A estrutura académica e profissional descrita parece ter como consequência uma erosão da empatia no aluno de

Medicina e no jovem médico. Esta erosão, que parece ser progressiva, é observada em vários estudos empíricos, com aspectos variáveis de aluno para aluno (Benbassat e Baumal, 2004) e sobretudo em momentos-chave da formação (Hojat *et al.*, 2009). A perda desta competência é considerada secundária a uma «desidealização» do «papel de ser médico» ao longo da prática e, também, uma resposta contextual ao impacto de situações difíceis e emocionalmente exigentes, como é o caso da doença prolongada ou da morte (Chen *et al.*, 2012).

No primeiro ano do curso de Medicina, parece causar impacto a reconstrução do que significará ser médico nos anos seguintes, devendo notar-se que, em nenhum momento, serão valorizadas capacidades empáticas (Nunes *et al.*, 2011). É possível conjecturar que o significado social da medicina, imbuído no estudante que inicia o curso, viria associado a várias qualidades importantes, incluindo a empatia, e que seria a estrutura do curso e da vida profissional do médico que condicionaria a transformação, ou uma amnésia, das qualidades anteriores. Porém, esses paradigmas (alguns romantizados) do significado que traziam à partida (como legado das gerações anteriores) serão modelados no dia-a-dia, na práxis, no decorrer da sua formação, redefinindo o que esperam da prática médica.

Outros aspectos complementares aos descritos anteriormente incluem a tecnicização e as restrições económicas e de tempo impostas pelos sistemas de saúde, que são um terreno favorável à alteração da comunicação para formas fechadas e impessoais (Haslam, 2007; Pedersen, 2009). Aparece também como fundamental para a preservação da empatia a defesa da humanidade do médico, uma vez que os estados de *burnout* (exaustão) ou o sofrimento têm impacto negativo sobre a mesma (Haslam, 2007). De facto, a erosão da empatia aparece num estudo como forma de *coping* (adaptação) no actual processo de formação, que promove a desumanização do médico com a valorização exclusiva de conteúdos intelectuais, científicos e técnicos (Holm e Aspegren, 1999).

Não deve ser esquecido que a empatia é uma disposição – no sentido em que requer («exige») do sujeito um estado –, por isso o médico deveria estar protegido de imposições como a pressão do tempo vivida pelos estudantes (Newton *et al.*, 2008; Park *et al.*, 2015; Hardy, 2017), as vivências de desrespeito com colegas e docentes (Wolf *et al.*, 1989; Holm e Aspegren, 1999) e a mudança frequente de equipas ou de locais de trabalho (um contacto mais estável entre técnicos e doentes e a preservação do local de trabalho parecem conservar esta competência) (Mahoney, Sladek e Neild, 2016).

Para entender melhor a importância de preservar a empatia devemos, ainda, considerar quão difícil é recuperá-la – uma vez perdida, alguns estudos parecem mostrar ser apenas possível promover *atitudes empáticas* (Davis, 1990; Karp, 2015; Elsden, 2016). Estas passam por (1) aumentar o autoconhecimento e reduzir preconceitos, (2) treinar a capacidade de ouvir o outro ou (3) facilitar a demonstração de empatia. Contudo, as atitudes empáticas são uma forma instrumental de empatia, que pode ser ensinada (Deutsch e Madle, 1975; Costa *et al.*, 2014), mas que não constitui, em natureza, a empatia que existiria anteriormente no sujeito. Considerar a sua preservação no curso de Medicina e prática médica é fundamental e foram já estudados vários métodos: (1) espaços de reflexão pessoal e interpessoal (Holm e Aspegren, 1999; Rosenthal *et al.*, 2011); (2) tutoria directa (Thomas *et al.*, 2007); (3) permissão de desenvolver técnicas de comunicação diferentes de anamneses rápidas ou padronizadas (Halpern, 2003); (4) *jogo de papéis* (Newton *et al.*, 2008); (5) envolver-se no processo de hospitalização/ /tratamento do doente; (6) experiências s*hadowing* (de observação); e (7) experiências de pseudo-hospitalização (Wilkes, Milgrom e Hoffman, 2002).

Aqui aparece, também, o cuidar da «humanidade do médico» e do seu bem-estar como fundamentais, pois «o cuidado com o paciente requer um cuidado com o próprio cuidador» (Wilkes, Milgrom e Hoffman, 2002; Melnick e Powsner, 2016). Para isso, podemos intervir em várias áreas: (1) defendê-lo dos impactos da pressão da práxis da medicina, (2) protegê-lo de que seja coagido a suprimir a sua vida pessoal (Ahrweiler *et al.*, 2014), (3) convidá-lo a reincluir actividades não médicas (como o cinema, leitura e teatro) (Halpern, 2007) e (4) talvez aumentar a sua exposição à arte (Van Winkle, Fjortoft e Hojat, 2012) – todas consideradas como tendo um impacto positivo na empatia do futuro médico.

2.4. *Perda de* phronesis

Outro dos riscos de uma prática com propósitos estabelecidos superiormente, através da pressão de tempo e com uma objectivação de valores, é a perda, pelo médico, daquilo que Aristóteles considerou a mais excelente virtude, a *phronesis* (prudência) ou «sabedoria prática». Esta competência traduz a capacidade de orquestrar, na prática, o que parece ser, de outra forma, um discurso de princípios mas vazio (Beauchamp e Childress, 2001) – de facto, praticar medicina requer que se entenda a complexidade (incluindo o particular e o geral), mantendo a percepção do peso de cada elemento, de forma a agir na direcção certa. Aquilo que compõe a estrutura da moralidade não é apenas o conhecimento do que é correcto, mas a estruturação de valores deontológicos e teleológicos, isto é, respectivamente, a distinção entre o que é *certo* (correcção) e o que é *bom* (bondade) (Rawls, 1999). Não basta a hierarquização de valores ou a integração de princípios, uma vez que estes se compõem de uma dimensão que não é ensinável, isto é, por mais que o sujeito se force a avaliar quais devem ser escolhidos, há certos *valores* ou *bens* que não podem ser preteridos – sob o risco de se perder aspectos fundamentais da humanidade do sujeito. Porém, a medicina hoje quer determinar objectivamente os pressupostos de uma prática boa, mutável em cada momento, dificultando a valoração positiva de quaisquer outras práticas, por exemplo a relacional, podendo condicionar no médico um sentimento de que está privado da sua liberdade. De facto, o médico experienciará a valorização de um reduzido conjunto de possibilidades realizáveis, carreiras e opções de educação. Ou seja, a perda de *phronesis* traduz a dificuldade de saber discernir *como* praticar uma boa medicina (*versus* correcta) e a impossibilidade de identificar e articular, na relação clínica, cuidado, compaixão, tolerância e esperança.

3. O que fica de social na medicina?

O papel social da medicina sofreu profundas mudanças ao longo dos últimos dois séculos, constituindo-se hoje novas exigências, explicações, compreensões e expectativas complexas que modulam a prática médica. Integram-se nestas: o significado dos vários aspectos biológicos e psicológicos do ser humano, o estar «doente» ou estar «saudável», o que deve ser ou é tratável e, também, o que é a morte ou, até, o que é uma morte digna.

A integração de avanços em várias áreas da medicina permitiu novos significados e expectativas para a prática médica que acima se conceptualizaram e que condicionam novas redes de valores e aspirações profissionais. Discutiram-se (1) os processos envolvidos na formação e na prática clínica que transformam o que significa *ser médico* e (2) os processos que definem o que é ser *um bom médico*, pelo próprio e pelas instituições. Mostrou-se a interacção entre a prática médica e a função social da medicina, que ocorre pelo (contínuo) ajustamento do médico ao valor atribuído a cada uma das suas funções. Foi possível identificar-se uma medicina como ciência natural, objectiva, centrada em dados objectivos, não relacional e cuja prática pode requerer um sacrifício da humanidade e da vida pessoal do médico. Debateu-se como estes factores podem (1) ter impacto no *estar* (qualidade do contacto), cada vez mais preterido pelo *fazer* e *mostrar* feito (por exemplo: número de consultas), e (2) condicionar a transformação do que significa ser médico e de aspectos fundamentais da relação com o doente.

Consideramos ainda que, no essencial, esta ressignificação que aqui foi desenvolvida e concretizada na figura do médico pode ser, com as suas condicionantes e na sua complexidade, estendida aos outros profissionais de saúde.

Apesar de tudo, e no final, ao serem fluidas as interacções entre o papel social e a prática da medicina, estamos convictos de que estamos sempre a tempo de uma discussão séria e capaz, e de organizar uma intervenção na pr*á*xis que preserve o papel social da medicina no futuro, permitindo a cada pessoa receber o cuidado de que precisa.

Referências e leituras recomendadas

Ahrweiler, F. *et al.*, Determinants of physician empathy during medical education: hypothetical conclusions from an exploratory qualitative survey of practicing physicians, *BMC Medical Education* 14, 2014: p. 122.

Aristotle, *The Nicomachean Ethics*, Oxford, Oxford University Press, 2009.

Augustine, *Confessions*, *s.l.*, Modern Library, 2017.

Beauchamp, T. L. e Childress, J. F., *Principles of Biomedical Ethics*, EUA, Oxford University Press, 2001.

BENATAR, S. R., The changing doctor-patient relationship and the new medical ethics, *S.A. Journal of Continuing Medical Education* 5, 1987: pp. 27, 29 e 32–34.

BENBASSAT, J. e Baumal, R., What Is Empathy, and How Can It Be Promoted during Clinical Clerkships?, *Academic Medicine* 79, 2004: pp. 832–839. doi: 10.1097/00001888-200409000-00004.

CHEN, D. C. R. *et al.*, Characterizing changes in student empathy throughout medical school, *Medical Teacher* 34, 2012: pp. 305–311. doi: 10.3109/0142159X.2012.644600.

COSTA, P. *et al.*, Associations between Medical Student Empathy and Personality: A Multi-Institutional Study, *PLoS ONE* 3, 2014: e89254. doi: 10.1371/journal.pone.0089254.

DAVIS, C. M., What Is Empathy, and Can Empathy Be Taught?, *Physical Therapy* 70, 1990: pp. 707–711. doi: 10.1093/ptj/70.11.707.

DEUTSCH, F. e MADLE, R. A., Empathy: Historic and Current Conceptualizations, Measurement, and a Cognitive Theoretical Perspective, *Human Development* 18, 1975: pp. 267–287. doi: 10.1159/000271488.

ELIAS, N., *Time, s.l.*, Wiley-Blackwell, 1993.

ELSDEN, L., Can compassion be taught?, *British Journal of Community Nursing* 21, 2016: p. 221. doi: 10.12968/bjcn.2016.21.5.221.

EMANUEL, E. J. e EMANUEL, L. L., Four Models of the Physician-Patient Relationship, *JAMA* 267, 1992: pp. 2221–2226. doi: 10.1001/jama.1992.03480160079038.

FRANK, J. D. e FRANK, J. B., *Persuasion and Healing, s.l.*, Johns Hopkins University Press, 1993.

HALPERN, J., What is clinical empathy?, *Journal of General Internal Medicine* 18, 2003: pp. 670–674. doi: 10.1046/j.1525-1497.2003.21017.x.

HALPERN, J., Empathy and Patient–Physician Conflicts, *Journal of General Internal Medicine* 22, 2007: pp. 696–700. doi: 10.1007/s11606-006-0102-3.

HARDY, C., Empathizing with patients: the role of interaction and narratives in providing better patient care, *Medicine, Health Care and Philosophy* 20, 2017: pp. 237–248. doi: 10.1007/s11019-016-9746-x.

HASLAM, N., Humanising medical practice: the role of empathy, *Medical Journal of Australia* 187, 2007: pp. 263–264.

HOJAT, M., *Empathy in Health Professions Education and Patient Care*, Cham, Springer, 2016.

HOJAT, M. *et al.*, The Devil is in the Third Year: A Longitudinal Study of Erosion of Empathy in Medical School, *Academic Medicine* 84, 2009: pp. 1182–1191. doi: 10.1097/ACM.0b013e3181b17e55.

HOLM, U. e ASPEGREN, K., Pedagogical methods and affect tolerance in medical students, *Medical Education* 33, 1999: pp. 14–18. doi: 10.1046/j.1365-2923.1999.00332.x.

JAMESON, F., *The Cultural Turn, s.l.*, Verso Books, 1998.

KARP, L., Can Empathy Be Taught? Reflections from a Medical Student Active-listening Workshop, *Rhode Island Medical Journal* 98, 2015: pp. 14–15.

MAHONEY, S.; SLADEK, R. M. e NEILD, T., A longitudinal study of empathy in pre-clinical and clinical medical students and clinical supervisors, *BMC Medical Education* 16, 2016: p. 270. doi: 10.1186/s12909-016-0777-z.

MELNICK, E. R. e POWSNER, S. M., Empathy in the Time of Burnout, *Mayo Clinic Proceedings* 91, 2016: pp. 1678–1679. doi: 10.1016/j.mayocp.2016.09.003.

NEWTON, B. W. *et al.*, Is there hardening of the heart during medical school?, *Academic Medicine* 83, 2008: pp. 244–249. doi: 10.1097/ACM.0b013e3181637837.

NUNES, P. *et al.*, A study of empathy decline in students from five health disciplines during their first year of training, *International Journal of Medical Education* 2, 2011: pp. 12–17. doi: 10.5116/ijme.4d47.ddb0.

PARK, J. *et al.*, Empathy, culture and self-humanising: Empathising reduces the attribution of greater humanness to the self more in Japan than Australia, *International Journal of Psychology* 51, 2015: pp. 301–306. doi: 10.1002/ijop.12164.

PATRÃO NEVES, M. C. (coord.), *Ética: dos Fundamentos às Práticas, Vol. I*, Lisboa, Edições 70, 2016.

Pedersen, R., Empirical research on empathy in medicine – A critical review, *Patient Education and Counseling* 76, 2009: pp. 307–322.

Rawls, J., *A Theory of Justice, s.l.*, Belknap Press, 1999.

Robinson, J. e Godbey, G., *Time for Life, s.l.*, Penn State University Press, 2008.

Rosa, H., *Social Acceleration: A New Theory of Modernity*, tradução de Jonathan Trejo-Mathys, Nova Iorque, Columbia University Press, 2013.

Rosenthal, S. *et al.*, Humanism at Heart: Preserving Empathy in Third-Year Medical Students, *Academic Medicine* 86, 2011: pp. 350–358. doi: 10.1097/ACM.0b013e318209897f.

Tabboni, S., The Idea of Social Time in Norbert Elias, *Time & Society* 10, 2016: pp. 5–27. doi: 10.1177/0961463X01010001001.

Thomas, M. R. *et al.*, How do distress and well-being relate to medical student empathy? A multicenter study, *Journal of General Internal Medicine* 22, 2007: pp. 177–183. doi: 10.1007/s11606-006-0039-6.

Van Winkle, L. J.; Fjortoft, N. e Hojat, M., Impact of a Workshop About Aging on the Empathy Scores of Pharmacy and Medical Students, *American Journal of Pharmaceutical Education* 76, 2012: p. 9. doi: 10.5688/ajpe7619.

Veatch, R. M., *The Patient-Physician Relation, s.l.*, Indiana University Press, 1991.

Virilio, P., *L'inertie polaire: essai sur le contrôle d'environnement, s.l.*, Christian Bourgois, 1990.

Wilkes, M.; Milgrom, E. e Hoffman, J. R., Towards more empathic medical students: a medical student hospitalization experience, *Medical Education* 36, 2002: pp. 528–533. doi: 10.1046/j.1365-2923.2002.01230.x.

Wolf, T. M. *et al.*, A retrospective study of attitude change during medical education, *Medical Education* 23, 1989: pp. 19–23. doi: 10.1111/j.1365-2923.1989.tb00807.x.

Relações interpessoais e institucionais na prática clínica

António Sarmento

Médico especialista em Medicina Intensiva e doenças infecciosas/
/Centro Hospitalar de São João e Faculdade de Medicina do Porto

Não pretendo fazer uma abordagem teórica deste tema, de um ponto de vista filosófico, sociológico ou antropológico. Vou antes apresentá-lo com base na minha experiência diária, vivida durante quase 40 anos como clínico e docente, quer directamente implicado no tratamento de doentes, quer como responsável, também ao longo de muitos anos, por serviços hospitalares de internamento e por Unidades de Cuidados Intensivos (UCI).

Focarei especificamente a importância das relações interpessoais, de médicos, enfermeiros, doentes e familiares, num contexto muito específico: o fim da vida. Esta fase da vida tem uma enorme importância quer para o doente quer para a família, mas também para quem trata estas pessoas. Escolho também centrar-me neste contexto porque, como médico que trabalha em cuidados intensivos, me confronto diariamente, há muitos anos, com situações de fim de vida. Poderei assim, nesta reflexão, transmitir muito da minha experiência pessoal.

Abordarei este assunto apresentando vários tópicos que considero poderem ajudar a reflectir sobre este tema.

1. A qualidade dos cuidados prestados ao doente

As pessoas só podem ser tratadas por pessoas. Daí que a qualidade do tratamento dos doentes dependa da qualidade individual dos profissionais que os tratam. No entanto, a qualidade do serviço e da instituição em que esses doentes são tratados é também fundamental. Há vários factores que influenciam a qualidade dos cuidados prestados por um serviço clínico hospitalar. Mas há um que é indispensável: o relacionamento correcto entre os profissionais da equipa assistencial e destes com a própria instituição. Para que este relacionamento contribua para criar um ambiente adequado ao tratamento da pessoa doente, a qualidade técnica e humana dos profissionais é também decisiva.

Não pode haver um bom relacionamento interpessoal e institucional sem qualidade dos intervenientes, particularmente daqueles que tratam os doentes. E o que é que se espera que seja esta qualidade de quem cuida? Poderá a qualidade das relações médico-doente estar a ser ameaçada pelo contexto da vida actual?

Em 1995, o decano dos cirurgiões americanos, Michael Flynn, num editorial da conceituada revista *American Journal of Surgery* intitulado «Power, Professionalism, and Patient Advocacy», manifestava preocupações acerca de potenciais ameaças à qualidade ética e moral da relação tradicional médico-doente, dizendo o seguinte:

«Tradicionalmente defensores do bem-estar dos doentes, agora somos chamados a representar interesses cuja principal motivação é o lucro, independentemente das consequências para a prestação dos cuidados de saúde. Em minha opinião, uma das observações mais perturbantes de todo este processo de mudança foi a aceitação generalizada da essência meramente comercial dos sistemas de saúde. Neste ambiente, o papel do profissionalismo médico torna-se crítico. A relação médico-doente, baseada num compromisso no qual o doente confia em que o médico fará sempre o seu melhor, é transformada numa relação contratual na qual o médico fornece um serviço a um preço negociado. Poderá o médico servir o doente como conselheiro de confiança quando tem compromissos económicos com um negócio com fins lucrativos que encara o doente como um consumidor?» (Flynn, 1995).

Deborah Cook, famosa médica intensivista canadiana que se tem dedicado ao estudo da relação médico-doente, descreve um dos modelos de relação, a que chama informativo, da seguinte forma: «o modelo informativo ou do consumidor é típico nos sistemas de medicina como grande negócio. O médico é um perito técnico cujo papel é informar o doente das possibilidades existentes; depois o doente tomará as decisões e o médico intervém para executar os desejos do doente» (Cook, 2001).

Este modelo informativo é normal nas actividades comerciais do dia-a-dia, mas é inaceitável em cuidados de saúde. E se o doente pretender um tratamento com o qual o médico não concorda por não o considerar indicado para aquele doente?

A este propósito, Brett, médico norte-americano com interesse especial pela ética, refere: «O direito negativo de recusar baseia-se na autonomia e no consentimento informado, suportado pelos direitos constitucionais de privacidade, liberdade e lei geral. O chamado direito positivo de pedir um tratamento é limitado pela avaliação clínica do médico e não tem fundamento nem na ética biomédica nem na lei.» (Brett, 1996).

Mas este caminho desumano e degradante da relação médico-doente será irreversível ou, pelo contrário, haverá um conjunto de valores, comportamentos e relações, desde sempre aceite pelos médicos e pela sociedade em geral, com carácter universal, sustentáculo da confiança das pessoas na medicina e que possibilita a auto-regulação da profissão médica? Será que a globalização, as forças de mercado, enfim, as mudanças científicas, tecnológicas, económicas e sociais ocorridas no mundo, a ritmo vertiginoso, vieram alterar e ameaçar a base moral em que assenta a relação médico-doente?

Para reflectir e tentar dar respostas a estas questões, quatro sociedades profissionais médicas de grande representatividade e prestígio, o American Board of Internal Medicine (ABIM), o American College of Physicians (ACP), a American Society of Internal Medicine (ASIM) e a European Federation of Internal Medicine (EFIM), reuniram-se ao longo de vários meses, durante o ano de 2001, e elaboraram um documento chamado «Medical Professionalism in the New Millennium: A Physician Charter», que foi publicado com acesso livre em duas das revistas médicas mais lidas e prestigiadas do mundo, a *Lancet* e a *Annals of Internal Medicine*, no ano de 2002.

Passaremos a transcrever algumas partes deste documento. No preâmbulo refere-se:

«O profissionalismo é a base do contrato da medicina com a sociedade. Este pede que os médicos coloquem os interesses dos doentes acima dos seus próprios interesses, estabelecendo e mantendo padrões de competência e integridade, e forneçam à sociedade o seu aconselhamento como peritos em matérias de saúde».

Neste documento os autores propõem três princípios fundamentais:

- Princípio da primazia da beneficência
- Princípio da autonomia do doente
- Princípio da justiça social

Em relação ao primeiro, refere-se no documento:

«Este princípio baseia-se na dedicação a servir o interesse do doente. O altruísmo contribui para a confiança que é fulcral na relação médico-doente. As forças de mercado, as pressões sociais e as exigências administrativas não poderão comprometer este princípio».

São ainda propostas neste documento as seguintes responsabilidades profissionais:

- Compromisso de competência
- Compromisso de honestidade
- Compromisso de confidencialidade
- Compromisso de bom relacionamento
- Compromisso de melhorar a qualidade
- Compromisso de melhorar o acesso dos doentes aos cuidados de saúde
- Compromisso de justiça distributiva
- Compromisso de conhecimento científico
- Compromisso de manter a confiança pela gestão correcta de conflitos de interesse
- Compromisso com a responsabilidade profissional

Quinze meses após a publicação da Carta do Profissionalismo Médico, os autores publicaram, igualmente com acesso livre, nas mesmas revistas, o impacto e aceitação que este documento teve a nível mundial. Os resultados são impressionantes: de todo o mundo, hemisfério norte, hemisfério sul, Ocidente, Oriente, países com as mais diversas culturas e sistemas de saúde, surgiram pedidos de sociedades médicas, de faculdades de medicina e de muitas outras instituições para tradução e adopção da Carta do Profissionalismo Médico. Em 2004, mais de 96 sociedades *médicas oficiais*, em todo o mundo, a adoptaram.

E como evoluiu, de 2004 até aos dias de hoje, a aceitação desta Carta?

No website oficial actual do American Board of Internal Medicine, bem como no da European Federation of Internal Medicine e no de muitas outras sociedades médicas oficiais, há, na página inicial, uma ligação a uma secção dedicada ao profissionalismo médico na qual figura, entre outros documentos, a Carta do Profissionalismo Médico.

Num documento publicado em 2008 pelo Accreditation Council for Graduate Medical Education (ACGME), organismo oficial norte-americano que regulamenta a educação médica, definem-se como atributos do profissionalismo médico o «altruísmo, respeito, integridade, compaixão, disponibilidade, excelência, responsabilidade, sentido do dever».

Em 2012, o American Board of Medical Specialties (ABMS) refere como atributos do profissionalismo médico «compaixão, integridade e respeito pelos outros; a resposta às necessidades dos doentes deve suplantar o nosso próprio interesse; respeito pela privacidade e autonomia do doente; sentido de responsabilidade em relação aos doentes, à sociedade e à profissão; sensibilidade e resposta a todas as populações de doentes».

Os princípios e compromissos da Carta do Profissionalismo Médico continuam, até aos dias de hoje, a ser adoptados pelas sociedades médicas dos mais diversos países, muito além da Europa e dos Estados Unidos da América, nomeadamente em países com culturas muito diversas como, por exemplo, a Coreia, o Japão, a China, a Índia e Israel. Este apoio explícito e global aos valores do profissionalismo médico, publicados nesta Carta, vem mostrar o carácter universal dos mesmos, demonstrando que a beneficência continua a ter primazia sobre todos os outros princípios. A beneficência implica obrigatoriamente respeito pela autonomia, mas o respeito pela autonomia pode não implicar beneficência.

Estes valores, que, como acabamos de demonstrar, são consensualmente aceites pela profissão médica, adoptados no dia-a-dia da vida clínica, constituem a base moral da relação médico-doente, tornando-a empática, confiável, honesta, responsável e competente do ponto de vista humano e técnico, geradora de confiança da sociedade na profissão médica.

Se assumirmos os valores morais e éticos da nossa profissão, cuidaremos bem dos doentes em qualquer circunstância e teremos uma relação construtiva com os profissionais de saúde das equipas e instituições em que estivermos integrados.

2. A incapacidade de reconhecer o estado terminal do doente

Reconhecer que o doente está em estado terminal continua a ser uma tarefa difícil, mas é uma aptidão clínica muito importante. Se não formos capazes de o reconhecer, vamos descurar medidas de conforto físico e espiritual e iremos continuar com tratamentos por vezes agressivos, incómodos e que não trarão nenhum benefício real ao doente; por outro lado, poderemos estar a privá-lo de outras medidas terapêuticas, nomeadamente de conforto, que poderão ser de extrema importância. A relação e a comunicação, nesta fase da vida, quer com o doente, se está consciente, quer com a família, é fundamental e, por vezes, de carácter muito diferente daquela que temos em outras fases da doença. É certo que sabermos que o doente se encontra em fase terminal poderia conduzir a uma certa desvalorização do doente dependente, mas teremos sempre presente que a dependência não implica perda de dignidade e valia. É o que tão bem exprime CALIFANO (1998):

«É tempo de reconhecermos na dependência do doente terminal a dignidade e a beleza da dependência que desde sempre celebramos no recém-nascido.»[1]

---

[1] «It is time we recognize in the dependency of the terminally ill the dignity and beauty of dependency that we have long celebrated in the early days of newborns.»

3. O fim da vida na Unidade de Cuidados Intensivos (UCI)

A taxa de mortalidade nas UCI é elevada, variando entre os 20% e os 30% ou mais.

As circunstâncias que rodeiam a morte neste contexto são, por vezes, significativamente diferentes das que ocorrem na enfermaria ou no domicílio.

Na UCI, na maior parte das vezes, o doente não está consciente. Nestas circunstâncias, a relação e comunicação dos médicos e enfermeiros é, fundamentalmente, com a família. Quando falamos em família, estamos a falar num sentido mais lato do que as pessoas que têm laços de parentesco com o doente. Ao referirmo-nos à família, estamos a falar nos que estão mais próximos do doente, pois não é raro haver doentes cuja família propriamente dita nunca apareceu para os visitar, ou porque não existe ou porque não há relações afectivas.

Quando se utiliza inapropriadamente a tecnologia sofisticada das UCI, poderemos não só estar a transformar a morte num processo prolongado e indigno que não irá salvar a vida do doente nem melhorar a qualidade dos cuidados. Ou seja, poderemos estar a adiar a morte e não a prolongar a vida.

Para evitar esta situação, a equipa da UCI que está a tratar o doente tem de avaliar continuamente se o suporte artificial das funções vitais do doente vai permitir resolver a situação que levou à sua instituição. Se concluir que a situação clínica do doente é irreversivelmente fatal, estas medidas estarão apenas a prolongar-lhe por horas ou dias um processo terminal, com enormes sacrifícios para o próprio, para os familiares, para a sociedade, com consequências psicológicas muito nefastas para toda a equipa assistencial. Entraremos assim no campo das decisões de fim de vida.

Se não se tomarem decisões de não iniciar ou de suspender tratamentos que já não são curativos e que designaremos por inapropriados, estaremos a entrar pelo perigoso e nefasto caminho da obstinação terapêutica ou distanásia.

4. Decisões de fim de vida na UCI

As decisões de fim de vida não são apenas uma questão ética, mas um acto de ju*í*zo clínico, de capacidade de boa comunicação, de trabalho de equipa e de liderança, respeitando as regras da sociedade e do país. São, portanto, decisões pluridisciplinares, em que a relação e comunicação entre todos os elementos da equipa e entre estes e a família do doente não consciente assumem um papel importantíssimo.

Em primeiro lugar, é importante apresentarmos o que se entende por terapêutica inapropriada («fútil»). Terapêutica inapropriada é um conceito fundamentalmente médico e que passa pela previsão ou constatação da ineficácia dessa terapêutica para os fins a que se destina. A sua definição passa pelo diagnóstico, resposta ao tratamento e prognóstico.

4.1. Relação e comunicação entre os elementos da equipa assistencial

Para que haja comunicação entre os elementos da equipa, é necessária uma relação de confiança técnica e ética entre os elementos que a constituem. Na construção de um ambiente saudável é muito importante a atitude da chefia. Esta tem de dar um exemplo de competência técnica e humana, tendo também de ser construtora activa de um ambiente pacífico.

Pelo menos as visitas diárias dos turnos da manhã e da tarde devem ser sempre feitas em conjunto pelos médicos e enfermeiros, podendo haver outros profissionais que, se tiverem disponibilidade para participar regular ou pontualmente, poderão constituir um acréscimo de qualidade importante, nomeadamente os farmacêuticos, nutricionistas, microbiologistas ou outros. Quando a patologia do doente assim o justificar, poderá ser extremamente útil a participação de outros especialistas médicos que não fazem parte da equipa da unidade, por exemplo, cirurgiões, cardiologistas, oncologistas, infecciologistas, internistas e outros. Nestas visitas deverá ser sempre feito o ponto da situação em relação a cada doente, nomeadamente o diagnóstico, a evolução clínica, as atitudes terapêuticas, o prognóstico e a reversibilidade da situação.

Estas visitas pluridisciplinares são o momento apropriado para se discutir e avaliar o eventual carácter inapropriado ou fútil de um tratamento e para se tomarem decisões de não avançar ou suspender determinados tratamentos que, por não poderem ser curativos, terão de passar para terapias de conforto. Aqui, o consenso é importante e ocorre quase sempre. No entanto, a responsabilidade da decisão final recai sempre sobre o diretor da unidade ou do seu representante, que é, geralmente, o médico responsável pela UCI nesse dia.

4.2. Relação e comunicação com a família

Uma vez que o doente em fim de vida na UCI não está, habitualmente, consciente, o interlocutor é a família (considerada como sendo os mais próximos do doente).

É importante que nas conversas com a família se use sempre uma linguagem adaptada à sua capacidade de entendimento das situações expostas. É também fundamental que haja coerência de linguagem e de informação prestada entre todos os elementos da equipa.

Da família não se espera, nem é desejável, que tome decisões médicas. O que se espera, fundamentalmente, é que expresse desejos e valores do doente. Ou seja, é importante que a família nos diga o que é que acha que o doente desejaria, na circunstância actual, se estivesse capaz de decidir.

É também importante que o médico tenha bem presente que não tem obrigação (nem o dever) de realizar ou manter tratamentos que são inapropriados (fúteis), entendendo como tais os tratamentos que não alcançam os objectivos que deles se esperavam, mesmo que a família os reclame.

Em 2005, em França, foi aprovada pela Assembleia Nacional e pelo Senado a Lei n.º 2005-370, relativa aos direitos dos doentes e ao fim da vida, que refere no artigo 1.º: «Estes actos não devem ser instituídos por uma obstinação não razoável. Sempre que se afigurem inúteis, desproporcionados ou não tendo nenhum outro fim senão o de manter artificialmente a vida, podem ser suspensos ou não iniciados»[2].

São atributos importantes da comunicação dos médicos e enfermeiros com os familiares dos doentes a disponibilidade constante e a iniciativa para o diálogo. Este tem de ser claro e verdadeiro. Por vezes, as nossas próprias dúvidas podem ser partilhadas com as famílias. Sem passar para a família a responsabilidade de decisões médicas, a partilha aberta das mesmas é fundamental.

Se este percurso final do doente for partilhado com a família de forma séria, rigorosa, aberta e humana, poderá aliviar-se muito o peso desta fase tão importante e inevitável da vida.

How people die remains in the memory of those who live on.

Dame Cicely Saunders, 1984

---

[2] «Ces actes ne doivent pas être poursuivis par une obstination déraisonnable. Lorsqu'ils apparaissent inutiles, disproportionnés ou n'ayant d'autre effet que le seul maintien artificiel de la vie, ils peuvent être suspendus ou ne pas être entrepris.»

5. Terminologia imprecisa e conceitos ambíguos

No debate sobre decisões de fim de vida é fundamental saber-se qual o significado que cada interveniente atribui aos termos que usa, caso contrário a comunicação e, consequentemente, as decisões estarão sempre inquinadas.

Intencionalmente, ou por ignorância, usa-se ainda com alguma frequência um termo que a maioria dos autores a nível internacional desaconselha e que é a «eutanásia passiva». Há uma contradição e um perigo neste termo: a contradição é com a própria definição de eutanásia, que implica que o médico termine activamente (e não de forma passiva) com a vida de uma pessoa doente, a pedido desta, devido a um sofrimento insuportável; o perigo é que o termo eutanásia passiva seja usado como sinónimo de não iniciar ou suspender uma terapêutica inapropriada (fútil). Esta designação poderá levar alguns médicos a não suspenderem tratamentos inapropriados por terem receio de estar a praticar uma eutanásia. Por outro lado, a confusão poderá gerar erros de comunicação com os próprios doentes e familiares.

No manifesto da Associação Portuguesa de Cuidados Paliativos «Morrer com Dignidade» (2015) refere-se: «Será que perante este sofrimento, o doente, ao pedir a eutanásia, não estará antes a pedir que o deixem morrer, que não lhe prolonguem futilmente a sua vida?»

Um outro conceito que gera, por vezes, confusão é a sedação terminal. A agitação é um sintoma que causa incómodo ao doente e angústia à família, e como tal deve ser tratada. Mas o doente terminal só necessita de sedação se estiver agitado. Por vezes, está já naturalmente sedado pela doença, outras vezes está tranquilo e em nenhum destes casos deve ser sedado, pois estaríamos a tratar algo que não existe. Mas se for necessário tratar a agitação, os sedativos devem ser dados apenas na dose necessária para que se obtenha o conforto do doente. Se, por exemplo, o doente deixa de estar agitado com dois miligramas por hora de midazolam, não faz sentido administrar-lhe uma dose mais alta do que esta, já que estaríamos a induzir iatrogenia desnecessária, podendo privar o doente de comunicar com as pessoas que lhe estão mais próximas, numa fase da vida que pode ser tão importante, quer para quem morre quer para quem fica.

6. As instituições

Temos de ter sempre presente que as instituições existem, exclusivamente, para servir os doentes. Todos os funcionários, toda a organização, todos os grupos profissionais têm de concorrer para este fim. É primariamente ao doente que o médico presta contas e nada se deve interpor entre a relação profissional correcta e competente do médico com o seu doente.

Devemos levar em consideração que, num tempo de informatização e de registos electrónicos, temos de ter especial cuidado para que não seja devassada a privacidade do doente. Existe o perigo potencial de estes registos se desviarem da sua finalidade, passando de instrumentos para melhoria dos cuidados clínicos e da segurança do doente para ferramentas de gestão e facturação. É importante os médicos estarem sempre atentos a esta eventualidade, pois acabando o segredo médico acaba uma relação de confiança, sem a qual, em muitas circunstâncias, se torna muito difícil o diagnóstico e tratamento do doente.

Referências e leituras recomendadas

ABIM, ACP-ASIM e EFIM, Medical Professionalism in the New Millennium: A Physician Charter, *Annals of Internal Medicine* 136, 2002: pp. 243–246.

Blank, L. *et al.*, Medical Professionalism in the New Millennium: A Physician Charter 15 Months Later, *Annals of Internal Medicine* 138, 2003: pp. 839–841.

Brett, A. S. *et al.*, When Patients Request Specific Interventions, *New England Journal of Medicine* 315, 1986: pp. 1347–1351.

Califano, J. A., Physician-assisted Living, *America* 170, 1998: pp. 10–12.

Chestnut, David H., On the Road to Professionalism, *Anesthesiology* 126, 2017: pp. 780–786.

Cook, D., «Patient Autonomy Versus Parentalism», *Critical Care Medicine* 29, 2001: N 24-5.

Emanuel, E. J. e Emanuel, L. L., Four Models of the Physician-Patient Relationship, *JAMA* 267, 1992: pp. 2221–2226.

Flynn, M. B., Power, Professionalism, and Patient Advocacy, *The American Journal of Surgery* 170, 1995: pp. 407–409.

Gavrin, J. R., Ethical considerations at the end of life in the intensive care unit, *Critical Care Medicine* 35, 2007: pp. s85–s94.

Heaney, M. *et al.*, Ethical issues in withholding and withdrawing life--prolonging medical treatment in the ICU, *Current Anaesthesia & Critical Care* 18, 2007: pp. 277–283.

Levy, M. M., End-of-life care in the intensive care unit: can we do better?, *Critical Care Medicine* 29, 2001: pp. N56–N61.

Lynne, M. Kirk, Professionalism in medicine: definitions and considerations for teaching, *Baylor University Medical Center Proceedings* 20, 2007: pp. 13–16. doi: 10.1080/08998280.2007.11928225.

Rocasalbas, M. B. e Girbes, A. R. J., End of life decisions, the Dutch form through Spanish eyes, *Medicina Intensiva* 35, 2011: pp. 102––106.

Ética e prioridades em saúde

António Correia de Campos
Escola Nacional de Saúde Pública da Universidade Nova de Lisboa
(ENSP-UNL)

1. Da ética individual à ética do médico no sistema

As considerações éticas sobre a doença, a saúde e a relação entre doentes e médicos e estes entre si têm profundas raízes na cultura clássica que moldou as sociedades europeias. A ética médica visava regular uma relação desigual entre o médico, dominando conhecimento, ritos, o futuro, e o doente passivo e frágil, dependente e expectante. Os códigos derivados do Juramento de Hipócrates vigoraram da Grécia Antiga até aos nossos dias e certamente continuarão a reger uma parte das relações desta importante profissão.

Todavia, a passagem da saúde de simples responsabilidade individual e familiar aos sistemas sociais densos e cada vez mais dispendiosos determinou a transição da ética clínica individual para as regras que organizam sistemas públicos ou sociais prestadores de cuidados de saúde. Este movimento acelerou após a Segunda Guerra Mundial, devido a um conjunto de factores a que não foram estranhos o idealismo da defesa dos direitos humanos em Estados de direito, o crescimento económico rápido no pós-guerra, a organização social dos sistemas prestadores de cuidados, passando da responsabilidade individual à colectiva, e o repúdio perante práticas e métodos de investigação biomédica e o uso da tortura medicamente acompanhada em pessoas privadas de liberdade. O movimento nasceu simultaneamente dos políticos e dos clínicos, e o avanço do conhecimento permitiu que contribuíssem decisivamente para a disseminação das tecnologias médicas e farmacêuticas, mas também para a organização racional dos cuidados colectivos, entre eles a moderna saúde pública. Esta globalizou-se na segunda metade do século XX e influenciou certamente médicos, políticos e administradores em Portugal.

No final de um processo relativamente longo e muito participado dentro da profissão, a Ordem dos Médicos aprovou e publicou em 2009 a primeira versão do seu Código de Ética, um documento importante que representa o compromisso possível entre o reconhecimento dos deveres e direitos seculares dos médicos na relação com o seu doente, mas também os deveres que médicos inseridos em organizações colectivas têm perante quem as dirige e sobretudo perante quem as paga, o cidadão contribuinte.

Deste longo debate de 50 anos, entre ética clínica e deveres públicos profissionais, resultou o conceito de responsabilidade social dos médicos – curiosamente nasceu nos Estados Unidos da América (EUA), país líder mundial em tecnologias e investigação da saúde, liberal por definição e democrático por uma longa, inovadora e equilibrada experiência de governação. Destacaram-se então o suíço Henry Sigerist[3], docente

---

[3] SIGERIST, H. E., *Medicine and Human Welfare*, New Haven, Yale University Press, 1941, p. 145.

residente por década e meia nos EUA, e Milton Roemer[4], um perseguido pelo macartismo, verdadeiro ideólogo da moderna saúde pública, leccionando durante décadas na Universidade da Califórnia em Los Angeles (UCLA) e influenciando gerações de médicos e milhares de profissionais. Entre nós gente houve como Cayolla da Motta[5], que nos anos 80 tentou, de forma quase isolada, defender princípios de responsabilidade social para todos os profissionais da saúde.

Se existiam princípios e valores comuns sobre o rumo que os sistemas nacionais de saúde deveriam prosseguir, assentes em conceitos ainda genéricos e por isso consensuais, como a solidariedade, a igualdade de acesso, a diferenciação positiva, a eficiência, a qualidade e a equidade, faltava a sua teorização aplicada à saúde colectiva. Esta surgiu pelo movimento paralelo dos economistas e sociólogos da saúde e dos que tentavam definir uma ética social adaptada à evolução das novas práticas clínicas e de saúde. Emerge assim a necessidade de, ante a escassez de meios, se definir prioridades de intervenção, as quais, não sendo todas de valor igual, exigiriam ser comparadas entre si, graduadas em escala de iniciativa temporal.

2. A questão das prioridades na saúde

Em situação de escassez de um bem ou serviço, a racionalidade do seu uso ou consumo exige prioridades. A protecção da saúde é, em Portugal, «um direito dos indivíduos e da comunidade que se efectiva pela responsabilidade conjunta

---

[4] Roemer, M. I., A Tribute to Henry Ernest Sigerist, *Journal of the History of Medicine and Allied Sciences* 2, 1947: pp. 529–536.

[5] Cayolla da Motta, L., Algumas considerações sobre responsabilidade médica no domínio da saúde pública, *Acta Médica Portuguesa* 1, 1988: pp. 105–110.

dos cidadãos, da sociedade e do Estado, em liberdade de procura e de prestação de cuidados», segundo a Lei de Bases da Saúde (Lei n.º 48/90, de 24 de Agosto). Ao Estado é atribuída a obrigação de «promover e garantir o acesso de todos os cidadãos aos cuidados de saúde»[6]. Logo a seguir, porém, a lei condiciona essa obrigação afirmando-a «limitada pelos recursos humanos, técnicos e financeiros disponíveis».

A lei define directrizes de política de saúde muito semelhantes às da legislação de outros países, assentando nos princípios de solidariedade da Declaração Universal dos Direitos do Homem:

(a) o objectivo da «igualdade dos cidadãos no acesso aos cuidados de saúde, seja qual for a sua condição económica e onde quer que vivam, bem como garantir a equidade na distribuição de recursos e na utilização de serviços». Identificamos nesta formulação os conceitos de igualdade de acesso, igualdade social e geográfica, igualdade na oferta e igualdade na utilização de serviços;

(b) «medidas especiais relativamente a grupos sujeitos a maior risco, tais como crianças, adolescentes, grávidas, idosos, deficientes, toxicodependentes e trabalhadores cuja profissão o justifique». A nossa lei não se preocupou apenas com a igualdade, ou seja, que todos tivessem igual acesso à saúde, mas também com a equidade, acrescentando às diversas igualdades

---

[6] A lei distingue dois tipos de responsabilidade para que o Estado proteja a saúde dos cidadãos. Na saúde pública, a prestação está a cargo de actividades do Estado e de outros entes públicos, podendo ser-lhe associadas entidades da sociedade civil. A prestação de cuidados, entenda-se tudo o que não seja saúde pública, está a cargo de serviços e estabelecimentos do Estado ou, sob fiscalização deste, de outros entes públicos ou entidades privadas, com ou sem fins lucrativos (Lei de Bases da Saúde, Lei n.º 48/90, de 24 de Agosto, Base I, n.º 3 e n.º 4).

o princípio da diferenciação positiva: mais cuidados a quem mais deles necessita (*equal care for equal need*).

Estes são princípios generosos, mas que sofrem sempre a limitação referida pelo arguto legislador: os recursos humanos, técnicos e financeiros disponíveis. Reconhecendo que as necessidades são infinitas e dinâmicas, acompanhando o progresso e o desejo natural de fruição da vida humana, e que os recursos são sempre finitos, torna-se óbvio que escolhas são indispensáveis.

Uma comissão parlamentar da Suécia, em 1995, confrontada com este diferencial entre necessidades e recursos, identificou cinco tipos de medidas a serem adoptadas, isolada ou combinadamente, para colmatar a diferença: (1) melhoria da racionalização e da eficiência; (2) recursos adicionais; (3) delimitação das responsabilidades médicas; (4) fixação de prioridades; (5) reduções da qualidade[7]. Consideremos cada uma delas, respectivamente: o funcionamento dos serviços de saúde pode registar ganhos de eficiência, mas também estes têm um limite; quanto a mais recursos, por definição eles não estão disponíveis, pois se estivessem não necessitaríamos de fazer escolhas; limitar as intervenções médicas aos serviços considerados aceitáveis criar-nos-ia um ainda maior embaraço; quem, senão os próprios médicos, tem preparação para escolher entre dois doentes, competindo para o mesmo segmento de tempo do médico, aquele a quem se deve dedicar, abandonando o outro? Finalmente, há limites para as exigências éticas que a comunidade possa fazer aos médicos: diminuir a qualidade da prestação de cuidados não parece ser solução. Podem ser criados limiares de qualidade, mas abaixo deles torna-se legítima a recusa, quer do médico quer do doente e seus familiares.

---

[7] Swedish Parliamentary Priorities Commission, *Priorities in Health Care: Ethics, Economy, Implementation*, Swedish Government Official Reports, 1995, p. 5.

Resta-nos a fixação de prioridades. Poder-se-ia pensar que o melhor seria não nos preocuparmos com o problema da escassez, nem das prioridades. Gastaríamos recursos enquanto existissem, a partir do que, não havendo mais, cessariam os serviços a prestar. Tal método só aparentemente funcionaria em sociedades desenvolvidas, embora seja praticado naquelas em que os cidadãos não são considerados iguais. Se a escassez não for regida por regras aceites por todos, impera a lei do mais forte. Não necessariamente o que vencesse pela violência, mas o que vencesse pelo mais fácil acesso à informação, o que comunicasse melhor com os que distribuem os recursos, os mais habilidosos em passar à frente na lista ou em explorar o mercado negro inevitavelmente gerado – práticas de que nenhuma sociedade se orgulharia. A não fixação de prioridades não parece ser hoje um critério aceitável para alocação de recursos.

Chegamos assim à indispensabilidade de definir prioridades e aos dois níveis em que elas se colocam: o nível clínico, em que o encontro não é com a comunidade, mas singelamente entre o médico e o doente individual; e o nível político ou de planeamento, pressupondo que a sociedade se deve organizar para democraticamente decidir as suas escolhas. Os sucessivos códigos de ética são essenciais para a decisão a nível clínico, mas pouco ajudam nas grandes decisões societais. Que valores então devemos erigir? Que critérios devem ser usados para fixar as prioridades da política de saúde?

Alan Williams reconhece dois valores essenciais: a duração da vida e a qualidade da vida[8]. A duração da vida, medida em esperança média de vida em diversas idades e para cada género, é a forma tradicional de medir, com a robustez e fiabilidade dos indicadores demográficos, o sucesso global ou a

---

[8] Williams, A., QALYs and ethics: a health economist's perspective, *Social Science & Medicine* 43, 1996: pp. 1795–1804.

perda global de saúde. As mortes evitáveis são perdas de saúde. Todavia, o prolongamento da vida humana será um ganho de saúde apenas se essa vida merecer ser vivida. É aqui que intervêm os atributos da qualidade de vida. Havendo que encontrar uma definição operacional, admitamos que são de três ordens as principais limitações à qualidade de vida: (a) as limitações e perdas de autonomia, (b) a dor e sofrimento e (c) outras incapacidades em que se integram algumas do foro mental, como a depressão e a ansiedade. Esta combinação de medidas de mortalidade com medidas de redução da qualidade de vida foi pela primeira vez operacionalizada no Relatório do Banco Mundial de 1993, com o título «Investindo em Saúde»[9].

O relatório defende a ideia de que qualquer discussão sobre política de saúde deve partir do sentido de escala dos problemas de saúde. Estes são maioritariamente medidos em termos de mortalidade, indicador robusto, fiável e generalizado, mas que não consegue cobrir as limitações da qualidade de vida, antes mencionadas. Na preparação do relatório foi utilizado um estudo conjunto do Banco Mundial e da Organização Mundial de Saúde (OMS) para medir o peso global da doença (*global burden of disease*, GBD). O peso global da doença combina: (a) as perdas resultantes de mortes evitáveis, definidas como a diferença entre a idade actual da morte e a esperança de vida para aquela idade em populações de baixa mortalidade, com (b) as perdas de vida saudável resultantes de incapacidades (*disability*). O GBD é medido em unidades de anos de vida ajustados por incapacidade, AVAI (ou *disability-adjusted life years*, DALY). Mais tarde, também a Comissão Europeia apoiou investigação para desenvolver um método de medição da saúde a que chamou EuroQol e que

---

[9] World Bank, *World Development Report 1993: Investing in Health*, Nova Iorque, Oxford University Press, 1993.

inclui cinco dimensões: mobilidade, autocuidados, actividades da vida diária, dor/desconforto e ansiedade/depressão.

Alan Williams considera o método baseado nos DALY o melhor meio para fixação colectiva ou societal das prioridades de um sistema de saúde, podendo desempenhar um papel importante em qualquer sistema de prestação de cuidados, onde quer que se pretenda medir o impacto dos cuidados prestados sobre os ganhos em saúde dos cidadãos. Não é, contudo, um método infalível de decisão política. Apenas auxilia a decisão. A escolha de prioridades na saúde não tem apenas em conta o impacto dos cuidados prestados sobre a saúde dos indivíduos. Muitas decisões são tomadas por motivos pouco racionais e muitas delas sem obedecerem a um rigoroso estudo custo-utilidade. Os sistemas de saúde têm uma história, uma inércia própria e protagonistas. A história marca os programas. Nenhum governo consegue, de um momento para outro, modificar ou substituir programas, por mais racional que seja a mudança e por mais enérgico que seja o seu ímpeto reformista. Cada sistema tem os seus protagonistas e actores, os seus interessados, tanto na conservação como na mudança. A ciência política ensina-nos que as alterações se processam na margem, isto é, por acréscimos ou decréscimos marginais dos recursos mobilizados. O que há de muito importante na fixação de prioridades e na quantificação do seu custo e do seu impacto é o contributo destes instrumentos para esclarecer a decisão. As escolhas informadas são sempre mais duradouras do que aquelas que se devem à inércia, à incúria ou ao desinteresse. A utilização de um método como os QALY[10] para

---

[10] QALY (Quality Adjusted Life Years) resulta da aplicação aos DALY (Diseability Adjusted Life Years), expressão consagrada no WDR de 1993 do World Bank, de atributos relativos à qualidade de vida. Na literatura posterior a designação QALY veio progressivamente substituir a anterior, como se verifica no já citado artigo de Williams, datado de 1996.

fixação de prioridades nas decisões de saúde não torna os sistemas mais eficientes, nem mais equitativos, nem de qualidade superior, de um momento para o outro; mas contribui para o seu progressivo aperfeiçoamento e, por essa via, para a melhoria da qualidade da governação.

3. Prioridades nas reformas dos sistemas: Portugal e outros países

A saúde é um sector em que cada governo sente a obrigação de reformar os serviços públicos, tantas são as críticas cronicamente acumuladas ao seu funcionamento. A reforma dos sistemas de saúde esteve muito na moda nos anos 90 em todo o mundo, e não será por acaso que o Banco Mundial dedicou à saúde o seu relatório de 1993 sobre indicadores de desenvolvimento do mundo e a OMS o seu relatório de 2000 sobre saúde global. A Organização para a Cooperação e Desenvolvimento Económico (OCDE) tem por rotina publicar anualmente um relatório sobre a situação da saúde e dos sistemas de saúde nos países membros e, ocasionalmente, divulga estudos monográficos sobre países.

Na década das grandes tentativas de reforma dos sistemas de saúde, nos anos 90, em Portugal o Ministério da Saúde encomendou, a um conjunto de especialistas, sob a égide de um Conselho de Reflexão sobre a Saúde (CRES)[11], um relatório contendo «Recomendações para Uma Reforma Estrutural». Este foi publicado em 1998 e constituiu uma excelente reflexão sobre o futuro do sistema de saúde.

---

[11] O Conselho era presidido por Daniel Serrão e composto por Alexandre Abrantes, António Barros Veloso, Guilherme Oliveira, José Manuel Moreira, Manuel Delgado e Mariana Diniz de Sousa, e foi criado pela Resolução do Conselho de Ministros n.º 13/96, de 8 de Fevereiro.

A respeito do controlo de custos, o relatório criticava a lógica aditiva da despesa pública como inaceitável e irresponsável correndo o risco de esgotar os recursos com prestações socialmente irrelevantes, sem impacto no bem-estar das populações e sem benefícios para os próprios utilizadores directos. O relatório advertia de que «a inexistência de critérios económicos e sociais que regulem a distribuição e a utilização dos recursos destinados à saúde conduzir-nos-ia, assim, para resultados aleatórios, em que a sobreutilização e o desperdício poderiam conviver, paredes-meias, com a subutilização, a escassez ou a inacessibilidade».

O relatório do CRES dedicou três páginas e uma secção à definição de prioridades: parte do exemplo do excesso de utilização de ecografias no período de gravidez que considera desperdício para lá de um número considerado ajustado à identificação dos factores de risco; descreve ainda as experiências de fixação de prioridades adoptadas nos Países Baixos, na Nova Zelândia e no estado do Oregon (EUA).

Este relatório teve muito mérito, mas não foi a ponto de recomendar a adopção de qualquer dos modelos que descreveu. Limitou-se a defender a crescente separação entre financiadores e prestadores e a contratualização como formas de introduzir competitividade e eficiência no sistema. No que respeita às prioridades, o relatório do CRES recomendou o desenvolvimento da «medicina baseada na evidência» como forma de prevenir ou reduzir a despesa em práticas e terapêuticas sem utilidade clinicamente comprovada.

Ao definir a estratégia de saúde para o virar do século (1998–2002), o Ministério da Saúde preparou, em 1997, o documento *Saúde: Um Compromisso*[12], no qual o problema da

---

[12] MINISTÉRIO DA SAÚDE, *Saúde: Um Compromisso. A Estratégia de Saúde para o Virar do Século (1998–2002)*, Portugal, 1999.

definição de prioridades era apresentado de forma explícita: «prevalece hoje na sociedade portuguesa a ideia de que as decisões em matéria de saúde e de serviços de saúde são sobre como acrescentar capacidades e recursos e não como saber escolher entre diferentes alternativas. [...] Predominam opções implícitas que se eximem à análise dos seus méritos na realização dos grandes objectivos da saúde.» O documento acrescentava mais adiante: «a tensão entre a disponibilidade em crescimento acelerado de serviços e tecnologias percebidos como necessários para a saúde e as limitações dos recursos individuais e sociais destinados à saúde é inevitável». Os autores do trabalho esperavam que o documento criasse condições para aprofundar as grandes opções nacionais e regionais em saúde e «estabelecer mecanismos locais que permitissem fazer escolhas tangíveis face às questões concretas que se põem ao cidadão». O documento era excelente na apresentação de programas e na descrição dos efeitos esperados da sua execução, mas não possibilitava identificar quais os programas que representavam alternativas mutuamente exclusivas, tornando meramente cumulativa a descrição das actividades, acrescentando «capacidades e recursos, mas sem ajudar a escolher entre alternativas». Não havia experiência e não seria fácil começar, apesar de o documento recomendar «mecanismos locais que permitam fazer escolhas tangíveis face às questões concretas que se põem ao cidadão». Registe-se ao menos a proposta de se começar a fazer escolhas locais, já que as nacionais correm sempre o risco da impopularidade devastadora.

4. Prioridades nos planos nacionais de saúde

Em 2004, foi publicado o Plano Nacional de Saúde (PNS), documento de longa preparação e alargada participação, aprovado com grande consenso na Assembleia da República.

Contendo apuradas análises de situação e o diagnóstico dos principais problemas, o PNS retoma o modelo dos anteriores planos de saúde elaborados ainda no tempo do regime autoritário, modernizando-o nos conteúdos, linguagem e metodologia de gestação. Foi certamente um documento completo e bem elaborado sobre a saúde dos Portugueses. Quem o estude ficará a conhecer a dimensão dos nossos problemas e o arsenal disponível para os combater. Mas deparar-se-á com a mesma frustração sobre como começar, por onde iniciar esforços, onde buscar os recursos que não dão senão para uma parte da ambição? O PNS tem objectivos estratégicos com que todos concordam: ganhos em saúde, mais poder ao cidadão, reorientação do sistema prestador, cativar recursos adequados, dialogar com todos os sectores, acompanhar e avaliar a execução do plano. Mas não contém prioridades, apesar de identificar «o planeamento como um processo para estabelecer prioridades consensuais, objectivos e actividades [...] à luz das políticas adoptadas, das intervenções seleccionadas e das limitações dos recursos». O PNS gerou certamente um consenso sobre valores orientadores, sobre a coordenação entre múltiplos actores, sobre a valia da colaboração intersectorial, sobre a necessária sustentabilidade técnica, política e financeira, e até sobre o modo de trabalho do Ministério da Saúde e instituições associadas. Foi excelente no consenso, mas omisso nas prioridades.

Em todo o caso, com uma excepção: a da prioridade aos mais pobres – o que não será coisa menor. Mas é tudo quanto a prioridades e nada há sobre como cumpri-la; apenas estratégias vagas e abstractas, como o uso de programas, o trabalho sobre *settings* (contextos), a centragem na família e no ciclo de vida, a gestão integrada da doença, a centragem no cidadão, a abertura à inovação, a reorientação necessária do sistema de saúde, o melhor uso dos medicamentos e um certo número de medidas meramente processuais para acompanhar o plano em diálogo, se possível, com mais recursos. Segundo Simões e Ferrinho, em trabalho recente sobre a história do planeamento da saúde em Portugal[13], o PNS 2004–2010, apesar do elevado número de programas, registou «uma boa monitorização das metas, mas sem relação atempada aos desvios observados em relação à evolução planeada». Por seu turno, a OMS, a quem foi solicitada a avaliação deste plano, concluiu que havia gerado consenso alargado sobre as prioridades do sistema de saúde. Porém, «o PNS não terá estabelecido uma ligação forte com instrumentos de governação, em especial a contratualização e a regulação do sistema de saúde»[14].

O PNS 2004–2010, além da sua utilidade inegável na clarificação de conceitos e práticas, o que se deve ou não deve fazer, não nos ajuda a seleccionar objectivos, programas e acções em função dos resultados esperados. Não foi um esforço inútil, pelo alto valor pedagógico e pela prática participativa que introduziu, mas ficou muito aquém do que o sistema de saúde carecia.

O PNS 2011–2016[15], ainda a cargo do extinto Alto-Comissariado da Saúde, definiu quatro eixos estratégicos: cidadania em saúde, equidade e acesso aos cuidados, qualidade na saúde e políticas saudáveis. Fixou como grandes metas: a redução da mortalidade prematura, o aumento da esperança de vida saudável para os 65 anos e a redução de factores de risco para doenças não transmissíveis, como o tabagismo e a obesidade infantil. Visa envolver os sectores público, privado e social para atingir ganhos em saúde assegurando a equidade, a qualidade e a sustentabilidade financeira do sistema. O PNS 2011–2016

---

[13] Simões, J. e Ferrinho, P., Contributo para a história do planeamento da saúde em Portugal, *Anais do Instituto de Higiene e Medicina Tropical* 16, 2017: pp. 517–523.

[14] *Idem, ibidem.*

[15] *Idem, ibidem.*

substituiu os programas verticais por programas prioritários, a partir das principais causas de mortalidade e morbilidade, os factores de risco prevalentes na população, os quais são hoje quase todos de natureza comportamental. Cada programa prioritário tem um horizonte de quatro anos. Interessante e inovador neste PNS são as 39 estratégias locais de saúde centradas nos agrupamentos de centros de saúde (ACES). Não se conhecem ainda avaliações do PNS 2011–2016.

A crise financeira de 2008–2014 e a intervenção da tróica tiveram o efeito de redução do orçamento da saúde e de aumento da contribuição das famílias até ao nível de 32%[16], mas não há conhecimento de nenhuma política explícita de fixação de prioridades negativas ou exclusões do pacote de serviços a prestar pelo Serviço Nacional de Saúde (SNS). O aumento significativo das taxas moderadoras e a redução obtida na factura dos medicamentos vendidos em farmácias, pela combinação do aumento do número de genéricos e pela diminuição administrativa dos preços, representaram as medidas mais importantes.

O governo seguinte, liderado pelo PS e contando com o apoio parlamentar do PCP, Bloco de Esquerda e Verdes, tem-se limitado a reverter os cortes realizados na saúde e a prosseguir com mais vigor reformas consensuais que haviam sofrido uma paralisia temporária, como a criação de unidades de saúde familiares e o desenvolvimento dos cuidados continuados. Está ainda por conhecer uma reflexão estratégica sobre a saúde no contexto dessa nova maioria.

---

16 Campos, A. C., *Saúde & preconceito: Mitos, falácias e enganos*, Lisboa, Livros Horizonte, 2015, p. 116.

5. Prioridades e metas para a saúde

Uma questão que hoje se pode colocar será a de saber porque não foi prosseguido o debate sobre a fixação de prioridades. Em vez de usarmos a palavra prioridades, de clara ressonância económica, estamos hoje todos mais interessados em discutir metas para a saúde (*health targets*). No fundo a discussão é a mesma, ou seja, sobre o que fazer, por que ordem temporal, o que se espera alcançar, como acompanhar a execução e medir os resultados. A influência doutrinal da OMS foi aqui decisiva. Depois do enorme impacto que teve na reorientação dos sistemas de saúde em todos os continentes, gerado pela campanha de 1978 sob o lema «Saúde para Todos no Ano 2000» a partir da Declaração de Alma-Ata (hoje Almaty), a OMS respondeu às inúmeras críticas que de todo o lado surgiam sobre o excessivo irrealismo da mensagem com um novo documento em que foi precursor o Bureau Regional da Europa, adoptando um conjunto de 38 Metas de Saúde para Todos, movimento depois generalizado a todas as demais regiões da OMS. Mais tarde, em 1984, a Região Europeia da OMS voltou a liderar o movimento das metas, com um novo conjunto de recomendações no seu documento «Saúde 21: Saúde para Todos no Século XXI».

O movimento das metas teve algum impacto ao estimular os países europeus a reavaliarem as suas estratégias de saúde e, em muitos casos, a estabelecerem metas nacionais específicas. Segundo Martin McKee[17], o impacto foi em parte limitado por falta de consenso sobre a legitimação do papel do Estado na determinação e desenvolvimento de políticas

[17] McKee, M., Values, beliefs and implications, *in* Marinker, Marshall (org.), *Health Targets in Europe: Polity, Progress and Promise*, Londres, BMJ Books, 2002, pp. 181–205.

para atingir as metas de saúde. Este autor considera factor impeditivo o não se ter devidamente ponderado o sistema de crenças e valores próprios de cada país. O debate acabou por surgir na reacção ao Relatório de 2000 da OMS sobre saúde global, pela repercussão que teve devido à classificação entre países no desempenho dos seus sistemas de saúde. A discussão deste ordenamento manteve outras mensagens secundarizadas, porventura mais importantes, como seria a do papel do Estado como facilitador das políticas de bem-estar (*stewardship*), coordenando outros actores, como o terceiro sector, as organizações profissionais e mesmo o sector privado, em vez de ser o executor único do desenvolvimento e aplicação de políticas com influência na saúde. A recomendação então formulada aos ministros da saúde seria de superintender e orientar o funcionamento e sustentabilidade do sistema prestador de cuidados, bem como de intervir em políticas mais vastas com influência na saúde, através de um conjunto de medidas que pudessem revestir a forma de metas: concepção geral do sistema, avaliação do desempenho, fixação de prioridades, advocacia intersectorial, regulação e protecção do consumidor.

A metodologia das metas, tal como foi advogada pela OMS, tem, segundo McKee, resultados positivos e negativos. Dentre os positivos destaca-se o facto de ter conduzido os profissionais a alargarem a sua visão sobre a saúde, tornando-se progressivamente mais sensíveis às suas determinantes. Daí resultou que, embora os profissionais aceitem que devam ser políticos a definir e a aplicar as políticas, existe consenso de que os profissionais de saúde tiveram e têm um papel de extrema importância na quantificação das ameaças à saúde e na propositura de respostas eficazes. Todavia, deve reconhecer-se que são os políticos quem elabora agendas sobre desigualdades e necessidades não satisfeitas, ou ainda sobre a promoção de cuidados custo-efectivos. É certo que o aparecimento destes temas se deve essencialmente a investigação sobre o funcionamento dos serviços de saúde a cargo de académicos e profissionais, bem como ao movimento cada vez mais generalizado da «medicina baseada na evidência». Como nota McKee[18], esta actividade realizada em cooperação permite melhorar as estratégias da saúde, tanto a nível nacional como regional. Permite uma identificação mais correcta das necessidades de saúde de uma população, ajuda a identificar metas que sejam realistas e alcançáveis e, ao mesmo tempo, relevantes e mensuráveis.

Quanto aos aspectos menos positivos, ou pelo menos causadores de variância de resultados, figuram as diferenças de crenças e valores entre países e culturas. As políticas de saúde, apesar do muito que têm em comum, são moldadas pelo sistema de valores prevalente em cada país. Ao analisar estas diferenças, McKee recorreu à classificação quadripartida de Habermas[19]: valores, interpretação dos acontecimentos de vida, definição das jurisdições e da distribuição de recursos, e lógica da regulação, adaptando-a a temas práticos de saúde.

Os *valores* incluem o equilíbrio entre a equidade e a autonomia individual, tema central ao debate sobre as metas em saúde. É neste item que se descrevem as modalidades alternativas de como a saúde deve ser distribuída na sociedade: (a) de acordo com a contribuição de cada um para os seus custos, sendo a despesa pública limitada ao mínimo; (b) de acordo com o princípio da recompensa, levando a que certos grupos devam receber mais cuidados por terem contribuído mais (idosos), ou por se comportarem bem, não depreciando o capital saúde com que a natureza os dotou; (c) de acordo com as necessidades, sendo este o critério subjacente à maior parte dos sistemas de saúde

---

[18] *Idem, ibidem.*

[19] Habermas, J., *Théorie de l'agir communicationnel*, Paris, Fayard, 1987.

da Europa. De acordo com a filosofia da justiça de Rawls[20], cada um deve ter uma possibilidade de sucesso igual à dos outros, sendo as desigualdades aceites, desde que elas permitam aos menos afortunados fruir dos benefícios que lhes abram portas à ascensão social. A justiça social deve ser apenas uma das razões do financiamento público da saúde, sendo outras os ganhos do financiamento colectivo em eficiência e as externalidades positivas da gratuitidade de alguns cuidados.

A *interpretação dos acontecimentos de vida* tem que ver com a forma como cada sociedade interpreta a vida e a morte, a doença e a saúde. Devem as metas de saúde fixar-se na mortalidade e na incapacidade e como devem ser combinados os diversos tipos de resultado? Nem todas as sociedades valorizam ou desvalorizam a doença e a incapacidade da mesma maneira.

A *definição das jurisdições e da distribuição de recursos* tem que ver com os diferentes valores atribuídos à prevenção ou à cura, aos cuidados de saúde ou à luta contra as determinantes da má saúde. A opinião que cada actor tem sobre estas alternativas está longe de ser sempre a mesma.

A *lógica da regulação* engloba o debate sobre o modo como a sociedade pretende regular a prestação de cuidados e as políticas que lhe estão associadas, as quais podem ser basicamente: (1) a via tecnocrática, (2) a decisão por auto-regulação profissional e (3) o recurso ao mercado como alocação de recursos.

Cada um destes elementos pode ser combinado de múltiplas maneiras, continua McKee[21], o que torna pouco normalizável o sistema de crenças e valores de cada sociedade, assim se gerando diferentes identidades nacionais. Finalmente, ainda pode haver um outro factor que agrava a complexidade da definição de valores, essencial para determinarmos prioridades:

---

[20] Rawls, J., 1971, *apud* McKee, M., *op. cit.*

[21] McKee, M., *op. cit.*

a alteração dos valores no tempo. Serve de exemplo a forma como as sociedades, ao longo das últimas décadas, têm encarado o transplante de órgãos, a procriação medicamente assistida, a gravidez de substituição, a interrupção voluntária da gravidez ou a morte medicamente assistida.

Reconhecemos ainda que os valores societais nacionais podem ser alterados, ou pelo menos influenciados, pelas recomendações dos organismos supranacionais (União Europeia e Conselho da Europa), seja de base regional (OMS/Europa), económica (OCDE) ou global (agências das Nações Unidas, como a OMS, a Unicef ou o Programa das Nações Unidas para o Desenvolvimento – PNUD). Razões aparentemente perturbadoras. Contudo, não parecem suficientes para que se abandone o movimento das metas em saúde.

Na discussão dos valores subjacentes a cada uma das prioridades que determinam escolhas sob a forma de metas estão presentes quase todos os valores éticos que regulam, desde tempos imemoriais, as condutas profissionais, tal como se encontram os valores dos direitos humanos, da solidariedade e da equidade, que são os fundamentos da saúde colectiva europeia.

6. Modelação de prioridades: os medicamentos de custo elevado

Os medicamentos de custo elevado, que dificilmente estão ao alcance individual dos doentes, carecendo sempre de financiamento público, total ou parcial, podem constituir um excelente exemplo para documentar a aplicação de modelos de fixação de prioridades. A pedido do Ministério da Saúde, o Conselho Nacional de Ética para as Ciências da Vida (CNECV) pronunciou-se em 2012 sobre a fundamentação ética para o financiamento de três grupos de fármacos: retrovirais para doentes VIH+, medicamentos oncológicos e medicamentos biológicos para doentes com artrite reumatóide[22].

O parecer 64/CNECV/2012, que resultou da consulta ministerial, baseia-se nos seguintes valores: (a) um modelo de justiça que parte do modelo de Rawls (o maior bem para o maior número) para um modelo revisto que consiste em distribuir os recursos possíveis pelo maior número de pessoas (o maior bem «possível» para o maior número); (b) não há justiça social sem equidade na saúde; (c) não há equidade na saúde sem justiça social; (d) o conceito de justiça não se limita apenas à saúde nem ao social, alarga-se a todas as políticas intersectoriais («saúde em todas as políticas»), não sendo a saúde um mundo separado; (e) a consideração dos benefícios esperados em cada acção de saúde não pode dispensar os custos incorridos (custo-efectividade) e os sacrifícios realizados para que cada acção seja escolhida no lugar de outras (custo de oportunidade).

O parecer recomenda fortemente a procura de consensos vários sobre: (i) os custos para o SNS, na distribuição dos fármacos em análise; (ii) a dimensão das desigualdades, sobretudo as que configuram injustiças inaceitáveis; (iii) os processos que se devam utilizar para reduzir as desigualdades em saúde; (iv) as políticas que se podem desenhar para corrigir eficaz e eficientemente as desigualdades identificadas; (v) como facultar toda a informação aos directamente envolvidos e exigir prestação de contas das escolhas adoptadas; (vi) como garantir justiça distributiva intergeracional, incluindo aí a discussão sobre a modulação do esforço social em função da idade e dos cuidados terminais.

---

22 Conselho Nacional de Ética para as Ciências da Vida, «Parecer sobre Um Modelo de Deliberação para Financiamento do Custo dos Medicamentos», 64/CNECV/2012, Setembro de 2012.

O modelo proposto baseia-se num modelo utilizado no Canadá, sendo composto por módulos organizados sequencialmente. Começa-se pela avaliação clínica para conhecer o estado da arte sobre os fármacos em estudo, para cada patologia. Segue-se a avaliação clínico-administrativa, em que se conhecerá a dimensão dos encargos esperados e dos recursos disponíveis, com os quais se elaborarão estudos de custo-efectividade e de custo-utilidade, em que os factores de qualidade devem ser considerados. Esta avaliação deve procurar gerar consensos entre clínicos e dirigentes das instituições de saúde, sob a forma de normas ou recomendações, em que as prioridades clínicas já surjam ordenadas. A fase seguinte será a da decisão pública, em que toda a informação anterior deverá ser considerada para tornar mais informada, transparente e livre a decisão final. Só nesta fase serão considerados os factores políticos que permitam uma decisão sobre o financiamento.

A decisão política não é a decorrência automática da fase clínico-administrativa, pois nela podem intervir factores externos ou supervenientes que não permitam a transposição automática da fase clínico-administrativa para a fase da decisão pública. Mas esta deixará definitivamente de ser casuística, pouco informada, omissa e intransparente.

Reconhece-se, como é óbvio, que o SNS deve ter o direito e até a obrigação de conter a despesa pública com medicamentos e que a escolha se deve fazer entre os mais baratos dos melhores, e não entre os melhores dos mais baratos.

Reconhece-se que as determinantes da saúde devem ser consideradas na questão geral da equidade, e não que esta se centre apenas nas escolhas concretas e imediatas; que os gastos em meios de diagnóstico e terapêuticos sejam submetidos ao mesmo escrutínio que os medicamentos dispendiosos; que os fármacos já comparticipados devem ser reavaliados em termos de custo-efectividade, para combater o desperdício e a ineficiência.

Consideramos centrais no parecer as recomendações seguintes: que se devam identificar as situações de desigualdade no acesso aos medicamentos pelos diferentes grupos de doentes, impedindo situações eticamente inaceitáveis, devendo em especial ser conhecidas as que possam reduzir desigualdades em saúde, nomeadamente as desigualdades em função da idade que possam ferir a solidariedade intergeracional; que o direito à excepção, devidamente fundamentado, deva ser contemplado, e penalizada a excepção não fundamentada. O parecer parte do princípio correcto de que, havendo uma dimensão ética na racionalidade do uso dos cuidados e bens de saúde, ela deve ser tornada transparente aos cidadãos e profissionais de saúde, valorizando os recursos disponíveis como um inestimável bem social ao serviço da solidariedade e universalidade[23]. Retoma a argumentação de Alan Williams segundo a qual a explicitação de prioridades no planeamento e na implementação dos cuidados de saúde constitui um procedimento legítimo e necessário em qualquer política de

---

[23] O parecer do CNECV suscitou reacções muito vivas, a partir de um título «Conselho de Ética dá luz verde ao racionamento de tratamentos para o cancro» (Antena 1, 27/09/2012). O *lead* da notícia afirmava que «O CNECV emitiu um parecer em que defende que o Ministério da Saúde "pode e deve racionar" o acesso a tratamentos mais caros para pessoas com cancro, Sida e doenças reumáticas». No conteúdo da notícia a informação era ligeiramente diferente: «[...] o CNECV defende que o racionamento de tratamentos é legítimo e deve ser feito depois de ouvidos os médicos, os gestores e os doentes. Tudo depende do custo dos tratamentos e da avaliação de se prolongam a vida durante tempo suficiente para justificar os gastos.» Em nota à comunicação social (26/09/2012), o presidente do CNECV Miguel Oliveira da Silva afirmou que «o CNECV considera indispensável que o Ministério da Saúde e os seus serviços procedam com colegialidade e transparência nos processos de decisão sobre o racionamento de custos. O princípio da responsabilidade para a razoabilidade implica o envolvimento da sociedade civil e dos profissionais de saúde nos processos de decisão, devendo todos realizar a respectiva declaração de conflito de interesses, à qual há que ter acesso público.»

saúde contemporânea. Todos concordando com a luta contra a ineficiência e desperdício, as grandes questões surgem na passagem do racionamento implícito – por todos condenado – a uma escolha e racionamento explícito e transparente, o qual deve ser praticado em diálogo com os cidadãos devidamente informados, para se manter a confiança dos doentes nos profissionais de saúde e num SNS racionalmente administrado.

7. As escolhas e o conhecimento

Em quase todos os países, a questão da determinação de prioridades em saúde depara com problemas de difícil solução, o mesmo se verificando também em Portugal. A explicação destas dificuldades pode ser diversa: diferenças culturais, aproximação lenta aos problemas, dominância das medidas de controlo da despesa sobre as da sua racionalização, indução de gasto pelas novas tecnologias, veiculando o imperativo moral de experimentar ou seguir tudo o que é novo, e também a escassa adesão das organizações de profissionais ao esforço de fixar prioridades. Tal dever incumbe aos políticos, afirmava-se; e descansava-se.

Não foi por falta de ocasião, tantos foram os relatórios e os estudos promovidos entre nós para ajudar a lançar luz sobre o rumo que deveria ter o nosso sistema de saúde. No entanto, as conclusões, se bem que interessantes e até importantes para outras finalidades, foram em geral pouco assertivas e escassamente aplicáveis. Várias razões concorrem para esta fragilidade: objectivos mal definidos; uso de comissões e relatórios como biombo atrás do qual os políticos se escondiam quando não tinham nem oportunidade, nem apoio, nem vontade para grandes reformas; receio de os peritos se introduzirem no que se pensava ser domínio reservado aos profissionais, quando na realidade o que estava em causa era simplesmente a distribuição de recursos, um problema de economia e de política ou, se quisermos, de economia política; receio de ferirem crenças dominantes, ancestrais e enraizadas; escasso debate prévio ou paralelo sobre o sistema de crenças e valores e sua aplicação à saúde. Daí a tendência de seguir a reboque das organizações supranacionais. Estas também pouco podem avançar neste terreno escorregadio, com medo de ferir culturas nacionais. O progresso neste debate foi sempre mais lento do que devia e os ganhos quase sempre marginais.

No plano internacional e para responder às críticas ao idealismo do lema «Saúde para Todos no Ano 2000», a OMS criou o movimento das Metas de Saúde para Todos. O idealismo passaria a ter de ser realista: deveriam fixar-se prioridades definidas por metas quantitativas, mensuráveis e viáveis. Todavia, nenhuma enunciação de metas nos diz por onde começar, onde concentrar recursos, por que questões prioritárias atalhar quando várias estão expectantes. Ou seja, as metas deslocam o problema das soluções para os resultados. Se é difícil discutir o que e como fazer, deliciamo-nos a idealizar o que gostaríamos de alcançar. A alienação pelo resultado. E quanto mais bem quantificadas forem as metas, melhor: estarão mais ungidas de credibilidade.

Para os políticos é a solução ideal. Sai-se do quotidiano, das angústias e mira-se ao longe a cidade do futuro, já construída e habitada por cidadãos felizes. Foge-se do trabalho da construção, das escolhas, não se sujam as mãos e também não identificamos os erros de concepção, de desenho, os quais só se tornam visíveis na construção. E nem sempre remediáveis. Estaremos a argumentar pela inutilidade do movimento das metas? Não. Nada será inútil se a discussão tiver sido honesta, vasta e profunda. Mesmo quando McKee nos alerta para as enormes diferenças entre países geograficamente próximos e diferentes em crenças e valores. Ainda assim, o debate sobre metas reúne conhecimento; selecciona actividades com base na evidência e descarta outras sem tal sustentabilidade; envolve o reconhecimento das determinantes da saúde e, assim, influencia outros sectores; permite conhecer melhor as necessidades e percorrer rapidamente os caminhos até à utilização em termos apropriados; melhora o funcionamento dos sistemas; e torna explícitas as estratégias nacionais e supranacionais. Finalmente, informa e educa políticos, legisladores e administradores.

Quanto a valores, a metodologia das metas permite observá-los por dentro, conhecer a sua génese, desmontar o seu sistema interno de equilíbrios para valorizar ou reduzir as componentes identificadas – sem esquecer que valores e crenças não são tábuas da lei, não são proclamações fixas e podem mudar lentamente, embora apenas «na margem», mas não impedem o progresso. E quanto mais resistirem, maior deve ser o esforço para gerar evidência, maior deve ser a tolerância perante os contrários, mais afinados terão de ser os argumentos para justificar e explicar a mudança. Tal como não pode haver boa cirurgia sem consentimento informado do paciente, as boas escolhas de valores terão de ser sempre bem informadas.

Esta realidade não é imutável. Em todos os países, existem exemplos sectoriais ou limitados do recurso à racionalidade da análise económica e social para, com respeito pelos valores éticos das profissões de saúde, poder ajudar a administração e os poderes públicos a fazerem escolhas. Um bom exemplo, entre nós, será o parecer 64/CNECV/2012, sobre um modelo para financiamento do custo de medicamentos de preço elevado, em que foi apresentado um processo decisório englobando a análise clínica, os critérios administrativos e económicos, e a decisão política final, de forma sequencial, equilibrada e com pleno respeito pela cidadania.

A Ética, como afirmou Wittgenstein, «na medida em que nasce do desejo de dizer alguma coisa sobre o significado último da vida, do bom absoluto, do que tem valor absoluto, não pode ser uma ciência. Aquilo que ela diz nada acrescenta ao nosso conhecimento, em qualquer sentido.» Todavia, os valores absolutos, tanto na relação clínica como na saúde colectiva, são, ou tendem a ser, aceites por todos. A dificuldade dos filósofos que alguma vez tentaram escrever ou falar sobre Ética ou Religião, acrescenta Wittgenstein, foi «correr contra os limites da linguagem. Este correr contra as paredes da nossa prisão é perfeita e absolutamente sem esperança»[24]. Pode não ser fácil explicitar os valores, ponderar o seu peso para escolher sabiamente. Mas quanto mais conhecermos cada alternativa, quanto menos ignorarmos os seus efeitos reais ou potenciais, mais liberdade teremos para escolher o bem ou o bom. No fundo, é do indivíduo e da sua liberdade que se trata.

Referências e leituras recomendadas

CAMPOS, A. C., *Saúde & preconceito: Mitos, falácias e enganos*, Lisboa, Livros Horizonte, 2015.

CAYOLLA DA MOTTA, L., Algumas considerações sobre responsabilidade médica no domínio da saúde pública, *Acta* Médica Portuguesa 1, 1988: pp. 105–110.

CONSELHO NACIONAL DE ÉTICA PARA AS CIÊNCIAS DA VIDA, «Parecer sobre Um Modelo de Deliberação para Financiamento do Custo dos Medicamentos», 64/CNECV/2012, Setembro de 2012.

HABERMAS, J., *Théorie de l'agir communicationnel*, Paris, Fayard, 1987.

Lei de Bases da Saúde, Lei n.º 48/90, de 24 de Agosto.

MINISTÉRIO DA SAÚDE, *Saúde: Um Compromisso. A Estratégia de Saúde para o Virar do Século (1998–2002)*, Portugal, 1999.

---

[24] WITTGENSTEIN, L., *Conferência sobre Ética*, *s.l.*, Fundação Calouste Gulbenkian, 2017 [1929].

McKee, M., Values, beliefs and implications, *in* Marinker, Marshall (org.), *Health Targets in Europe: Polity, Progress and Promise*, Londres, BMJ Books, 2002, pp. 181–205.

Ordem dos Médicos, «Código de Ética», Portugal, 2009.

Rawls, J., *A Theory of Justice*, Oxford, Oxford University Press, 1971.

Roemer, M. I., A Tribute to Henry Ernest Sigerist, *Journal of the History of Medicine and Allied Sciences* 2, 1947: pp. 529–536.

Sigerist, H. E., *Medicine and Human Welfare*, New Haven, Yale University Press, 1941, p. 145.

Simões, J. e Ferrinho, P., Contributo para a história do planeamento em Portugal, *Anais do Instituto de Higiene e Medicina Tropical* 16, 2017: pp. 517–523.

Swedish Parliamentary Priorities Commission, *Priorities in Health Care: Ethics, Economy, Implementation*, Swedish Government Official Reports, 1995, p. 5.

World Bank, *World Development Report 1993: Investing in Health*, Nova Iorque, Oxford University Press, 1993.

Williams, A., QALYs and ethics: a health economist's perspective, *Social Science & Medicine* 43, 1996: pp. 1795–1804.

Wittgenstein, L., *Conferência sobre Ética*, [*s.l.*], Fundação Calouste Gulbenkian, 2017 [1929].

A iniciativa dos cidadãos e *patient advocacy*[1]

Carlos Freire de Oliveira

Faculdade de Medicina da Universidade de Coimbra
e Núcleo Regional do Centro da Liga Portuguesa Contra o Cancro

Miguel Pina

Núcleo Regional do Centro da Liga Portuguesa Contra o Cancro

1. A iniciativa dos cidadãos

As noções de espaço público e de sociedade civil sugerem que as democracias modernas desenvolveram uma área social caracterizada pela iniciativa dos cidadãos através de associação voluntária, pela representação dos seus interesses políticos e sociais, pela ajuda e pela auto-ajuda (Ferreira, 2009).

---

[1] A *advocacy*, no âmbito dos cuidados de saúde, consiste em informar e apoiar as pessoas para as preparar a tomarem as melhores decisões possíveis. Em português poderíamos traduzir por «apoio», «protecção» ou «defesa». Contudo, o conceito de *advocacy* abarca todos estes significados e a melhor opção é preferir a expressão anglo-saxónica. Deste modo, escolhemos recorrer no texto a *patient advocacy* e *cancer patient advocacy* definindo assim, respectivamente, a *advocacy* para os doentes e para os doentes com cancro.

Os movimentos sociais em saúde são constituídos por grupos ou organizações de doentes, utentes e outros cidadãos, com diferentes identidades, características, dimensões e alcance, e que se têm tornado actores destacados no âmbito da definição de políticas públicas. Desenvolvendo uma acção colectiva organizada, expressam um conjunto alargado de preocupações relativas a diferentes aspectos no sentido de proceder a reivindicações específicas, promover um interesse comum ou alcançar determinado(s) objectivo(s) (Touraine, 1984; Giddens, 1997/1982).

Para Brown e Zavestoski (2004), os movimentos sociais em saúde representam «uma importante força política no que concerne ao acesso à saúde e à qualidade dos cuidados». Enquanto actores intermediários independentes, capazes de estabelecer ligações verticais de poder e de criar redes horizontais de envolvimento civil, colocam desafios colectivos ao Estado, aos poderes políticos, às autoridades profissionais e às políticas de saúde, com impacto nos processos de decisão. Actuam muitas vezes num espaço conflituante no qual operam grupos de interesses, com maior ou menor poder, e desempenham um papel importante a nível da complementaridade e, frequentemente, da substituição do sistema de protecção social (Hespanha, 2000). Como empreendedores sociais e de políticas, e incorporando factores de inovação ancorados numa missão social, os movimentos sociais em saúde apresentam-se como actores privilegiados para a promoção da capacitação e da obtenção, alargamento ou reforço do poder, isto é, de empoderamento[2] (do inglês *empowerment*) dos cidadãos.

---

[2] «Reforço de poder ou elevação do estatuto de um grupo social minoritário ou marginalizado», *in* Dicionário infopédia da Língua Portuguesa com Acordo Ortográfico [em linha], Porto, Porto Editora, 2003–2018. Disponível em: https://www.infopedia.pt/dicionarios/lingua-portuguesa/empoderamento [consultado em 10 de Janeiro de 2018].

Assim, com maior ou menor grau, na identidade e objectivos de cada grupo ou organização está subjacente uma reivindicação de mudança e a implementação de uma democracia mais participativa, em que as decisões são tomadas com o envolvimento e participação dos cidadãos.

Desenvolvendo acções em áreas que vão da promoção da equidade e da melhoria da qualidade dos serviços de saúde, a movimentos formados em torno de doenças específicas e da deficiência, ou de movimentos formados a partir das desigualdades em saúde em função de diferenças de género, étnicas ou outras (Brown e Zavestoski, 2004), os movimentos sociais em saúde têm assumido uma relevância crescente e obtido resultados significativos, susceptíveis de influenciar a esfera política, decisória e clínica dos sistemas de saúde, produzir mudanças efectivas nos serviços de prestação de cuidados, interferir nas prioridades de financiamento à investigação ou aprofundar a democratização e humanização das instituições e do próprio sistema de saúde (Nunes, Filipe e Matias, 2010; Serapioni, 2013, *apud* Tavares, 2016).

A análise da literatura sobre participação em saúde permite observar um amplo consenso sobre a importância do envolvimento dos cidadãos, nomeadamente através dos movimentos sociais em saúde, em aspectos como a melhoria e o aumento da aceitabilidade das decisões, a contribuição para a definição e prioridades das políticas de saúde, o maior envolvimento em actividades de promoção da saúde e prevenção da doença, a legitimidade das decisões sobre questões complexas referentes à avaliação de custo-efectividade de determinadas intervenções.

Charles e DeMaio (1993) e Tambuyzer, Pieters e Van Audenhove (2011) identificam os vários níveis em que as actividades de participação dos cidadãos podem ser desenvolvidas. O primeiro, denominado micro, situa-se na esfera da relação entre o profissional de saúde e o utente, e corresponde à participação intencional e activa do doente nas decisões referentes à escolha de tratamentos (consentimento informado e adesão). Esta participação subentende uma mudança de paradigma no papel do doente, que passa de sujeito passivo para actor com direitos, valores e interesses. O segundo nível, intermédio ou meso, relaciona-se com o envolvimento dos utentes dentro de um serviço ou programa específico, por exemplo, na participação e definição de prioridades ou na alocação de recursos. O terceiro nível, macro, refere-se à participação colectiva, isto é, quando os cidadãos são envolvidos nas decisões sobre políticas e estratégias do sistema de saúde. Neste nível, participação significa dar aos cidadãos e aos seus representantes e associações a possibilidade de influenciarem, directa ou indirectamente, as opções sobre a afectação de recursos e decisões referentes à identificação de prioridades, planeamento, organização e avaliação.

A participação dos cidadãos, sejam ou não doentes, é hoje valorizada de uma outra maneira, e vem adquirindo formas variadas e distintas, susceptíveis de influenciar as políticas e incorporar as decisões em saúde. É determinante para potenciar e exercer a cidadania activa, o que se traduz na melhoria dos serviços, na qualidade das respostas e no desenvolvimento social. Nos textos relativos à reforma dos sistemas de saúde dos países ocidentais, é frequente encontrarmos termos como «parceria, participação e empoderamento» (Serapioni e Matos, 2014). A Organização Mundial de Saúde (OMS), por exemplo, tem vindo a promover a participação enquanto estratégia para reduzir as desigualdades sociais em saúde (WHO-EUROPE, 2006).

No caso português e além do substrato de natureza constitucional que alude ao aprofundamento da democracia participativa[3], a Lei de Bases da Saúde (Lei n.º 48/90, de 24 de

[3] O artigo 2.º da Constituição da República Portuguesa define-a como «[...] um Estado de direito democrático, baseado na soberania popular, no

Agosto) e o Estatuto do Serviço Nacional de Saúde (Decreto-Lei n.º 11/93, de 15 de Janeiro) prevêem a participação dos cidadãos na saúde a vários níveis e instâncias[4].

Também o Plano Nacional de Saúde 2004–2010 reconheceu a centralidade do cidadão no âmbito do sistema de saúde (Direcção-Geral da Saúde, 2004) e determinou algumas acções estratégicas, destacando-se, por exemplo, o aumento das opções de escolha do utilizador e, consequentemente, o aumento do acesso a informação validada, isenta e pertinente ao cidadão. Este Plano reconhece, simultaneamente, a «pobreza de mecanismos formais e informais para encorajar a participação dos cidadãos no sistema de saúde» e propõe dar voz à cidadania através de organizações da sociedade civil, enfatizando a importância de reforçar o papel dos utentes e valorizar as suas contribuições nos processos de decisão política[5] (Serapioni, Ferreira e Antunes, 2012).

No contexto da União Europeia (UE), muito embora o Programa de Acção Comunitária no Domínio da Saúde, enquanto principal instrumento da estratégia de saúde (Comissão Europeia, 2013), estabeleça o empoderamento dos doentes como aspecto central na governação dos sistemas de saúde e dos cuidados centrados no doente, o Observatório Europeu de

---

pluralismo de expressão e organização política democráticas, no respeito e na garantia de efectivação dos direitos e liberdades fundamentais e na separação e interdependência de poderes, visando a realização da democracia económica, social e cultural e o aprofundamento da democracia participativa».

[4] A título indicativo, o Conselho Nacional de Saúde, os órgãos consultivos dos Conselhos Regionais de Saúde, as Comissões Concelhias de Saúde, os Conselhos Gerais dos Hospitais, os Conselhos Consultivos dos Cuidados de Saúde Primários e os Conselhos de Comunidade associados aos Agrupamentos de Centros de Saúde.

[5] Para Serapioni e Matos (2014), verifica-se em Portugal uma fragilidade evidente, quer em termos de associativismo quer de activismo, que se reflecte num baixo grau de participação dos utentes.

Políticas e Sistemas de Saúde assinala que a participação em saúde continua confinada a referências legislativas e a intenções anunciadas em documentos oficiais (Barros e Simões, 2007).

O relatório produzido pela Active Citizenship Network (2014) destaca, neste âmbito, que o papel central das organizações da sociedade civil tem sido frequentemente subestimado. Segundo aquela entidade, o valor (social) que as organizações da sociedade civil transportam decorre de uma abordagem holística, capaz de fortalecer a posição do doente na relação com o médico/profissional de saúde, nos cuidados de saúde personalizados, na participação activa nos processos de gestão da doença e na utilização eficaz dos serviços de saúde[6].

Estes aspectos enfatizam a necessidade de intervenção dos movimentos sociais em saúde, cujo papel activo nos domínios da capacitação, da literacia e da promoção da saúde se revela assim fundamental.

2. Empoderamento do doente e *patient advocacy*

A promoção da saúde com foco no cidadão perspectiva-o como alguém livre com capacidades e habilidades de liderança do seu processo de vida e de saúde. Longe vão os tempos em que se considerava o doente um receptor passivo de cuidados de saúde, em que o sistema pensava, organizava e executava as

[6] No entanto, a intervenção das organizações da sociedade civil no contexto das políticas de saúde pode assumir uma dualidade. Ao reclamar, por exemplo, maior acessibilidade a tratamentos e a fármacos inovadores, as organizações da sociedade civil induzem pressão política susceptível de agravar os aspectos económicos dos sistemas de saúde. Por outro lado, podem assumir um papel catalisador e mediador, de balanceamento entre os interesses dos doentes e a sustentabilidade dos próprios sistemas.

acções de que os doentes necessitavam, fazendo-o, com boa-fé, em seu nome e em seu benefício. O paternalismo, que continua a ter valor numa ética de compaixão, não é, todavia, o modelo dominante na relação que o doente tem hoje com as instituições e os profissionais, muito em especial nas sociedades em que a cidadania é mais robusta e a sua voz mais forte.

Neste contexto surgiu o conceito de empoderamento, entendido como um processo de «dar poder», o qual, induzido ou conquistado, permite aos indivíduos aumentarem a eficácia do seu exercício de cidadania.

O empoderamento do doente é uma filosofia de intervenção na área da saúde que tem vindo a ganhar importância e atenção crescentes, beneficiando de tendências sociopolíticas mais vastas que promovem este tipo de abordagem (Harris e Veinot, 2004). A ênfase na individualização e na responsabilização individual, o crescente aumento do consumismo em saúde, o recurso à Internet enquanto meio de informação em saúde e na doença, o incremento da participação dos cidadãos, a erosão do poder médico e as políticas de desinvestimento público prosseguidas pelos Estados são alguns dos factores subjacentes ao surgimento desta abordagem.

Numa perspectiva global (ou macro), o empoderamento relaciona-se com os processos que decorrem da relação dos doentes com o poder político e demais poderes dominantes (económicos e sociais), bem como com a intervenção sobre os elementos estruturais dos determinantes sociais da saúde[7]. Numa perspectiva individual (ou micro), procura-se caracterizar um determinado tipo de doente, pró-activo, participativo

---

[7] Factores que influenciam, afectam ou determinam a saúde dos cidadãos, frequentemente agrupados nas seguintes categorias: fixos ou biológicos (idade, género, factores genéticos); sociais e económicos (pobreza, emprego, posição socioeconómica, exclusão social); ambientais (*habitat*, qualidade do ar, qualidade da água, ambiente social); estilos de vida (alimentação,

e informado e uma relação com os profissionais de saúde, de natureza colaborativa e paritária (Roberts, 1999, *apud* Amaro, Pinto e Carvalho, 2015; Johnson, 2011). Assume-se, assim, o conceito de cidadania em saúde, através da promoção de uma dinâmica contínua de desenvolvimento que integre a produção e partilha de informação e conhecimento (literacia em saúde), numa cultura de pró-actividade, compromisso e autocontrolo do cidadão (capacitação), assente na responsabilidade e autonomia individual e colectiva (participação activa//empoderamento).

O empoderamento do doente implica, portanto, o desenvolvimento da sua consciência crítica, participação efectiva e controlo, no que diz respeito à sua experiência de saúde e de doença e aos cuidados de saúde que recebe. A participação é entendida como uma acção realizada no sentido de alcançar os resultados desejados, e o controlo como a capacidade real ou percebida de influenciar as decisões que lhe dizem respeito (Zimmerman, 2000). Ter controlo significa, deste modo, ter acesso à informação e a recursos relevantes, ter possibilidade de escolha de entre um conjunto de opções significativas e ter capacidade de decisão (Chamberlin, 2006).

O conceito de empoderamento do doente está implícito num paradigma diferente da prática médica e que resulta do conceito de *patient advocacy* (Gilkey, Earp e French, 2008). Embora este tenha surgido nos Estados Unidos da América (EUA), nos anos 50 do século passado, só nos últimos 15 a 20 anos recebeu um incremento importante na área do cancro; na Europa, esta vertente dos cuidados de saúde é ainda mais recente.

---

actividade física, tabagismo, álcool, comportamento sexual); acesso aos serviços (educação, saúde, serviços sociais, transportes, lazer) – Direcção-Geral da Saúde, Portugal.

O crescimento, nos últimos anos, da *advocacy* no âmbito dos doentes com cancro resulta de várias circunstâncias, designadamente:

(1) o aumento crescente da incidência do cancro. A nível mundial previram-se, para ambos os sexos, em 2012, cerca de 14 milhões de novos casos de cancro por ano, estimando-se que em 2035 esta cifra atinja cerca de 24 milhões de novos doentes por ano, isto é, aproximadamente, mais 70% (GLOBOCAN, 2012). Em Portugal, em 2012, foram previstos cerca de 49 500 novos casos e estima-se para 2035 cerca de 64 000 novos casos, isto é, um aumento aproximado de 29% (GLOBOCAN, 2012);

(2) a melhoria no diagnóstico precoce do cancro e nos tratamentos, associada ao aumento da incidência, determinou que, por exemplo, nos EUA, em 1970, se registassem cerca de três milhões de sobreviventes de cancro e que, em 2002, este valor tenha ultrapassado os dez milhões (Gilbert *et al.*, 2008);

(3) o desenvolvimento de novas abordagens terapêuticas, no âmbito de uma medicina personalizada e adaptada a cada tipo de cancro, em função dos respectivos comportamentos biológicos, incluindo o perfil genético do tumor;

(4) a necessidade imperiosa de maior envolvimento do doente nas decisões, ante opções diversificadas, com resultados e efeitos secundários diferentes;

(5) o aumento significativo do custo dos cuidados médicos, incompatível com o produto interno bruto (PIB) de muitas nações.

Resumidamente, podemos considerar os três grandes pilares de *patient advocacy* dos doentes com cancro: (1) os cuidados médicos centrados no doente (e não na doença), (2) o envolvimento do doente na decisão das condutas de diagnóstico e de tratamento a adoptar e (3) o desenvolvimento de sistemas de segurança para proteger o doente do erro em cuidados de saúde.

A expressão «sobrevivente» é utilizada para identificar o indivíduo que sofreu um cancro, do momento do diagnóstico até à morte (por qualquer causa). Normalmente define-se como «sobrevivente agudo» durante os primeiros 12 meses, como «sobrevivente a curto prazo» durante os primeiros cinco anos e como «sobrevivente a longo prazo» durante mais de cinco anos.

Esta problemática da *advocacy* dos doentes abarca os políticos, as organizações, as relações interpessoais e o cidadão doente. No âmbito da política incluem-se políticos, legisladores, reguladores, grupos de doentes (consumidores) e activistas da saúde; no que concerne às organizações consideram-se hospitais, escolas médicas, organizações de solidariedade sem fins lucrativos e redes comunitárias; as relações interpessoais são da responsabilidade dos respectivos pares (pessoas que passaram pela doença), da família, dos curadores, dos amigos e dos prestadores de cuidados médicos; e, finalmente, o cidadão doente deverá ser o seu próprio *advocate*.

Em oncologia, a prioridade no âmbito de *patient advocacy* tem sido a de participação do doente na decisão, considerando-se à partida que o doente tem também o direito de não querer participar nessa decisão.

São diversos os obstáculos à participação do doente na decisão enumerando-se: a complexidade do diagnóstico e do tratamento do cancro, o impacto socioemocional provocado pela doença, a insuficiente literacia em saúde, a insatisfatória comunicação médico-doente, a escassez do tempo de diálogo do profissional de saúde com o doente e a necessidade da prática de cuidados médicos centrados no doente.

A introdução de novas tecnologias no diagnóstico do cancro permite, em diversas situações, ter mais de uma opção. A imagiologia pode variar de um estudo radiológico convencional (com raios x) até técnicas mais sofisticadas como a tomografia axial computorizada (TAC), a ressonância magnética nuclear (RMN), a tomografia por emissão de positrões (PET), os variados exames com isótopos radioactivos, a ecografia nas suas várias modalidades, as técnicas de radiologia de intervenção (por exemplo, colocação de clipes metálicos para marcar o tumor), as abordagens com imagem durante um acto cirúrgico, etc. Se considerarmos a patologia, indispensável para o diagnóstico e a orientação terapêutica, temos de ter em conta as várias modalidades da biópsia, como por punção do tumor ou outra estrutura com agulha e aspiração, por incisão ou excisão do tumor, biópsia orientada por imagem, corante, emissão de radiação, etc. O estudo anátomo-patológico permite classificar o tumor segundo o tipo histológico, o grau de diferenciação, a presença ou ausência de marcadores biomoleculares (recorrendo a técnicas de imuno-histoquímica e imunocitoquímica), a avaliação do perfil genético do tumor, etc. Nas situações em que o tumor e gânglios satélites são excisados, o estudo anátomo-patológico é complementado com uma descrição macroscópica e microscópica da peça operatória com avaliação das dimensões do tumor, da invasão do órgão e de estruturas adjacentes, da profundidade da invasão, da existência de margem de segurança com tecido são, da presença de metástases nos gânglios de drenagem do tumor, etc. Por vezes há necessidade, na fase de diagnóstico, de recorrer à avaliação de marcadores tumorais no sangue periférico ou na urina.

Só esta citação, não exaustiva, das muitas técnicas de diagnóstico, que umas vezes se complementam e em outras podem ser alternativas, põe em evidência a dificuldade de decisão pelo doente, em alguns casos ainda influenciado pelas preferências do profissional de saúde e limitações de recursos das instituições.

Não é este o espaço para detalhar a variedade enorme de técnicas e meios disponíveis em relação à complexidade do tratamento, pelo que apenas faremos algumas considerações genéricas sobre a cirurgia, a radioterapia e a quimioterapia.

O tratamento do cancro é multidisciplinar e, na proposta de tratamento a apresentar ao doente, intervém o cirurgião, o radioterapeuta, o oncologista médico e muitas vezes o patologista e o radiologista. A proposta engloba, frequentemente, uma sequência dos tratamentos previstos, e este é um dos aspectos mais importantes e muitas vezes decisivo para a sobrevivência do doente. Por exemplo, iniciar por quimioterapia, em seguida praticar um acto cirúrgico e, eventualmente, depois recorrer à radioterapia e ao tratamento hormonal.

No âmbito da cirurgia a intervenção pode ser mais ou menos radical. Refere-se, como exemplo, a mastectomia *versus* a tumorectomia associada à radioterapia, no tratamento do cancro da mama. A cirurgia pode ainda, em determinadas circunstâncias, recorrer a uma abertura da cavidade abdominal (laparotomia) ou ser realizada por via endoscópica, com recurso ou não a um robô.

Em relação à radioterapia há modalidades diferentes, como a braquiterapia (aplicação da fonte radioactiva em contacto com o tumor) ou radioterapia externa com recurso a um acelerador linear. Também o tratamento médico, habitualmente designado quimioterapia, pode utilizar uma gama variada de medicamentos com resultados e toxicidades diferentes.

Para que um doente possa participar na decisão, deve ser informado de que, para um determinado tumor, existem alternativas diferentes, embora por vezes a equipa médica não tenha capacidade para as praticar todas, tendo, contudo, a obrigação de orientar o doente para a instituição na qual sejam possíveis os procedimentos escolhidos por aquele. A título de exemplo, o cancro da próstata, em determinadas etapas da sua evolução, tanto pode ser tratado cirurgicamente (prostatectomia radical) como recorrer-se à braquiterapia («sementes» radioactivas colocadas no tumor). A agressividade destes tratamentos é diferente e os efeitos secundários também o são, mas o resultado é sensivelmente o mesmo em termos de sobrevivência do doente.

Acrescenta-se a tudo o que se enumerou, em relação ao diagnóstico e ao tratamento, a possibilidade que o doente deve ter de ouvir uma segunda opinião. Para tal, a instituição onde foi atendido deve disponibilizar todos os dados clínicos, em tempo útil, para que outrem possa emitir uma opinião, idêntica ou diferente, permitindo assim ao doente fazer livremente uma escolha.

Além das considerações já feitas neste texto, não abordaremos o impacto socioemocional do cancro nem a literacia insuficiente em saúde. Contudo, não podemos deixar de apresentar a nossa posição sobre a relação médico-doente. Uma boa relação médico-doente, que deve evidenciar-se desde a primeira consulta, é imprescindível para que os cuidados médicos sejam centrados no doente e para que este adira aos procedimentos propostos e participe neles, quer em termos de diagnóstico quer de tratamento. O médico tem de ser capaz de comunicar as boas e as más notícias, as dificuldades e as limitações, bem como permitir que o doente esclareça todas as dúvidas e se envolva nos procedimentos. Além da doença, a equipa médica multidisciplinar tem de avaliar o contexto familiar e comunitário bem como identificar o(s) cuidador(es).

Os clínicos têm um papel importante na melhoria da comunicação centrada no doente e na tomada de decisões compartilhadas, ouvindo activamente, avaliando a compreensão do doente quanto às opções de tratamento, validando a participação do doente no processo de tomada de decisão e comunicando empatia verbal e não verbal.

O processo clínico informatizado, com todas as vantagens que lhe são reconhecidas, obriga, contudo, o profissional de saúde a «conversar» mais com o computador do que com o doente. A limitação do tempo disponível para uma consulta é outro grave constrangimento à relação médico-doente.

Se a literacia em saúde do doente é insatisfatória, se os profissionais de saúde comunicam mal, por incapacidade, falta de tempo ou por obrigação de cumprirem burocracias administrativas, pergunta-se: como pode o doente dialogar, esclarecer-se e optar? Esta questão é fulcral para que o novo paradigma de *cancer patient advocacy* possa ser progressivamente introduzido na rotina diária dos cuidados médicos prestados aos doentes com cancro.

3. O papel da Liga Portuguesa Contra o Cancro

Os primeiros esboços da luta contra o cancro em Portugal, independentemente das particularidades que a caracterizam, enquadram-se, antes de mais, numa nova orientação da saúde pública à escala internacional. Com efeito, é a partir de finais do século XIX e início do século XX que se começam a delinear estratégias e políticas de luta contra o cancro nos países ditos civilizados. Em 1925, é criada uma comissão do cancro por parte da Sociedade das Nações com o objectivo de coordenar os esforços das Ligas contra o cancro, que se iam multiplicando nos vários países que dela faziam parte (Raposo, 2004). A primeira estrutura de âmbito internacional de luta contra o cancro – a União Internacional Contra o Cancro – viria a ser criada mais tarde, em 1934. Em Portugal, em 1923, por iniciativa de Francisco Gentil e fruto de um forte impulso de António Sérgio, é criado o Instituto Português para o Estudo do Cancro, cujo papel passaria pela definição estratégica da luta contra o cancro em Portugal.

É num contexto de forte expansão das doenças oncológicas e, simultaneamente, de progressos nos cuidados médicos prestados aos doentes que, em 1931, é constituída a Comissão de Iniciativa Particular de Luta Contra o Cancro, a primeira organização de solidariedade social para com o doente oncológico em Portugal. Esta iniciativa, da autoria de Mécia Mouzinho de Albuquerque, Condessa de Murça, Beatriz Magalhães Colaço e Maria de Sant'Ana Bénard Guedes, coadjuvadas por um grupo de colaboradoras ligadas à elite filantrópica nacional, não negava a matriz feminina e o papel de destaque da mulher portuguesa no tocante à beneficência pública (Costa, 2010). A Comissão tornou-se rapidamente num elemento incontornável de financiamento das actividades de luta contra o cancro no nosso país, nomeadamente as relacionadas com o Instituto Português de Oncologia (IPO), mas também de sensibilização social para a doença, eventualmente o mais importante de todos os papéis desempenhados desde então.

Em 4 de Abril de 1941, por proposta do Prof. Doutor Francisco Gentil, é fundada a Liga Portuguesa Contra o Cancro (LPCC).

Desenvolvendo a sua actividade assente em dois princípios fundamentais – a humanização e a solidariedade –, a LPCC apresenta-se, no âmbito da sua missão, como a entidade de referência nacional no apoio ao doente oncológico e família, na promoção da saúde e prevenção do cancro, e no estímulo à formação e investigação em oncologia. Tendo sido reconhecida como entidade de utilidade pública em 1985, os seus estatutos, cuja última revisão data de 2012, definem a Liga como uma associação cultural e de serviço social com vários objectivos dirigidos para a problemática oncológica.

O Núcleo Regional do Centro da Liga Portuguesa Contra o Cancro organizou, em Coimbra, em 12 e 13 de Novembro de 2015, uma Conferência Internacional sobre *Cancer Patient*

Advocacy, em que se debateu pela primeira vez este tema no âmbito da organização.

Embora a LPCC não tenha ainda um projecto estruturado exclusivamente dedicado ao assunto em apreço, facto é que, há muitos anos, desenvolve actividades que se enquadram no tema que analisamos.

No âmbito da literacia em saúde (cancro), a LPCC disponibiliza no seu website uma extensa informação sobre os cancros mais frequentes, abordando tanto a prevenção como o diagnóstico e tratamento. Também decorrem campanhas dedicadas a localizações tumorais, sendo também difundida informação através de panfletos ou pequenas brochuras.

Os voluntários que participam nos movimentos de entreajuda, como o Movimento Vencer e Viver (cancro da mama) ou o MovAplar (laringectomizados), actuam como *patient advocates*, transmitindo informação e a sua própria experiência vivida.

Os voluntários hospitalares, nos centros do Instituto Português de Oncologia Francisco Gentil, são outros tantos *patient advocates* que acompanham os doentes nas várias fases de controlo do cancro (do diagnóstico aos cuidados paliativos). Os voluntários comunitários que organizam sessões de educação e outro tipo de acções para os cidadãos, incluindo doentes e sobreviventes de cancro, são outra forma de *patient advocacy* disponibilizada pela Liga.

Os apoios jurídico e psicológico facilitados gratuitamente a doentes e respectivas famílias permitem ajudar o doente a intervir, defender os seus direitos ou a participar na decisão.

Apesar do trabalho já desenvolvido, a LPCC e os seus núcleos têm a obrigação, nos próximos anos, de abarcar e estruturar esta temática de *cancer patient advocacy* trabalhando em várias áreas: literacia dos doentes e seus familiares e cuidadores; novos movimentos do voluntariado de entreajuda; formação de vários grupos de voluntários hospitalares motivados para intervirem nesta matéria; difusão junto da população de mais informação; ter, em representação dos doentes, um papel mais activo de intervenção na investigação clínica; pugnar junto das entidades competentes por que os cuidados médicos sejam centrados no doente e não na doença; colaborar com as instituições assistenciais no âmbito da segurança do doente e prevenção do erro em saúde.

4. Conclusões

Um conjunto de factores, de entre os quais se destaca a crescente consciência global sobre os problemas de saúde[8], o impacto socioeconómico de algumas doenças, como o cancro ou o VIH/SIDA, e a necessidade de alteração do paradigma do desenvolvimento sustentável, conduziu à emergência de grupos ou organizações de doentes, utentes e outros cidadãos, os quais, actuando como agentes intermediários independentes, têm procurado intervir activamente na definição de políticas públicas na área da saúde, na mobilização de recursos financeiros e na produção de conhecimento e disseminação de informação, em particular a nível da investigação social e biomédica (Callon, 1999).

Face à evolução do paradigma dos cuidados de saúde, o qual centra no indivíduo a autonomia e responsabilidade sobre a sua condição de saúde[9], os movimentos sociais assumem

---

[8] Os quais, segundo Amaro, Pinto e Carvalho (2015), resultam, por sua vez, da consciencialização dos doentes sobre os seus direitos e necessidades; do aumento da participação destes e das famílias na procura de soluções para os respectivos problemas; da crescente participação de profissionais nas associações de doentes e da maior atenção dos investigadores aos problemas sentidos pelos doentes.

[9] A qual ultrapassa a visão paternalista, através da qual a tomada de decisão é unilateral por parte dos profissionais de saúde.

uma crescente responsabilidade nos processos de empoderamento dos cidadãos e, em particular, do cidadão-doente, pela capacidade que detêm de aumentar as suas competências e o seu poder, promovendo a participação activa nos processos de gestão da doença e na utilização eficaz dos serviços de saúde.

Surge, neste âmbito, o conceito de *patient advocacy*, sobretudo associado à prática médica e que, em sentido lato, pode ser entendido como uma provedoria do doente, capacitando-o para a tomada de decisões informadas e esclarecidas sobre os processos de gestão da sua saúde/doença. Além do envolvimento do doente na decisão, o conceito de *patient advocacy* abarca ainda outras dimensões, como os cuidados centrados no doente (e não na doença) e o desenvolvimento de sistemas de segurança que visam a sua protecção face ao erro em saúde.

As doenças oncológicas, que se constituem como as principais causas de morbilidade, incapacidade e mortalidade, além de uma perspectiva clínica multidisciplinar, reclamam uma abordagem política e social concertada, que se estenda além dos muros das estruturas de saúde.

A Liga Portuguesa Contra o Cancro, enquanto organização da sociedade civil e no contexto da sua missão, tem vindo a assumir um papel de promoção da discussão pública desta temática, congregando doentes e cuidadores, voluntários, profissionais, investigadores, decisores políticos e outras organizações, através de um processo de intervenção social que objectiva a defesa dos direitos dos doentes e sobreviventes de cancro e a alteração do paradigma dos cuidados de saúde centrados no doente.

Referências e leituras recomendadas

Active Citizenship Network, «Best practices on Chronic Patients and Organizations' Empowerment», Bruxelas, 2014. Disponível em: http://goo.gl/Mbb5z9.

AMARO, F.; PINTO, C. e CARVALHO, M., *Associações de Doentes em Portugal: Problemas, necessidades e aspirações*, Lisboa, Companhia das Ideias, 2015.

BARROS, Pedro e SIMÕES, Jorge, Portugal: Health system review, *Health Systems in Transition* 9, 2007: pp. 1–140.

BROWN, Phil e ZAVESTOSKI, Stephen, Social movements in health: an introduction, *Sociology of Health & Illness* 26, 2004: pp. 679–694.

CALLON, Michel, The Role of Lay People in the Production and Dissemination of Scientific Knowledge, *Science, Technology and Society* 4, 1999: pp. 81–94.

CHAMBERLIN, Judy, A Working Definition of Empowerment, Boston University, 2006, retirado a 17 de Setembro, 2018, e http://polkcountypbsn.org/wp-content/uploads/2012/10/Working-definition-of-empowerment.pdf.

CHARLES, C. e DEMAIO, S., Lay participation in health care decision making: a conceptual framework, *Journal of Health Politics, Policy and Law* 18, 1993: pp. 881–904.

COSTA, R., *Luta contra o cancro e oncologia em Portugal: Estruturação e normalização de uma área científica (1839–1974)*, dissertação de doutoramento, Departamento de História e de Estudos Políticos e Internacionais, Faculdade de Letras da Universidade do Porto, Porto, 2010.

DIRECÇÃO-GERAL DA SAÚDE, «Plano Nacional de Saúde 2004–2010, Lisboa, Ministério da Saúde, 2004.

EUROPEAN COMMISSION, «Investing in Health», Commission Staff Working Document, Social Investment Package, Bruxelas, 2013. Disponível em: https://ec.europa.eu/health/sites/health/files/policies/docs/swd_investing_in_health.pdf.

FERREIRA, Sílvia, A invenção estratégica do terceiro sector como estrutura de observação mútua: Uma abordagem histórico-conceptual, Revista Crítica de Ciências Sociais 84, 2009: pp. 169–192. Disponível em: http://www.uc.pt/feuc/ceces/ficheiros/sf3.

GIDDENS, Anthony, *Sociologia*, Lisboa, Fundação Calouste Gulbenkian, 1997.

GILBERT, S. M. *et al.*, Cancer survivorship: challenges and changing paradigms, *Journal of Urology* 179, 2008: pp. 431–438.

GILKEY, M. B.; EARP, J. A. L. e FRENCH, E. A., What is Patient Advocacy?, *in* EARP, Jo Anne L.; FRENCH, Elizabeth A. e GILKEY, Melissa B., *Patient Advocacy for Health Care Quality*, Boston, Jones and Bartlett Publishers, 2008, pp. 3–28.

GLOBOCAN, «Estimated Cancer Incidence, Mortality and Prevalence Worldwide in 2012». Disponível em: https://goo.gl/RS734S.

HARRIS, R. e VEINOT, T., «The Empowerment Model and Using E-Health to Distribute Information», University of Western Ontario in association with Simon Fraser University & the Vancouver Coastal Health Research Institute, 2004. Disponível em: http://www.sfu.ca/act4hlth/pub/working/Empowerment.pdf.

HESPANHA, Pedro (coord.), Entre o Estado e o Mercado: As Fragilidades das Instituições de Protecção Social em Portugal, Coimbra, Quarteto, 2000.

JOHNSON, Mallory, *The Shifting Landscape of Health Care: Toward a Model of Health Care Empowerment*, American Journal of Public Health, 2011, 101(2): 265-270.

LIGA PORTUGUESA CONTRA O CANCRO, «*Cancer patient advocacy*: Cuidados centrados no doente, intervenção do doente na decisão, proteção do doente em relação ao erro em saúde», Coimbra, 2016.

NUNES, João Arriscado; FILIPE, Ângela e MATIAS, Marisa, Os novos atores coletivos no campo da saúde: O papel das famílias nas associações de doentes, *Alicerces*, ano III, n.º 3, 2010.

RAPOSO, H., A luta contra o cancro em Portugal: Análise do processo de institucionalização do Instituto Português de Oncologia, *Fórum Sociológico* 11/12, 2004: pp. 177–203.

SERAPIONI, Mauro, Sistemas de saúde e participação cidadã: algumas reflexões críticas na perspetiva da sociologia da saúde, *Saúde & Tecnologia* 10, 2013: pp. 10–18.

SERAPIONI, Mauro; FERREIRA, Pedro e ANTUNES, Patrícia, *A participação dos cidadãos nos cuidados primários de saúde: Resultados preliminares de um estudo sobre os Conselhos de Comunidade*, VII Congresso Português de Sociologia, Universidade do Porto, Faculdade de Letras e Faculdade de Psicologia e Ciências da Educação, 2012.

SERAPIONI, Mauro e MATOS, Ana Raquel (org.), Saúde, Participação e Cidadania: Experiências do Sul da Europa, Coimbra, Almedina, 2014.

TAMBUYZER, E.; PIETERS, G. e VAN AUDENHOVE, V., Patient involvement in mental health care: One size does not fit all, *Health Expectations* 17, 2011: pp. 138–150.

TAVARES, David, *Introdução à Sociologia da Saúde*, Coimbra, Almedina, 2016.

TOURAINE, Alain, Les mouvements sociaux: objet particulier ou problème central de l'analyse sociologique?, *Revue Française de Sociologie* XXV, 1984: pp. 3–19.

WHO-EUROPE, «Ninth Future Forum on health system governance and public participation», Copenhaga, World Health Organization, 2006.

ZIMMERMAN, M. A., Empowerment and community participation: A review for the next millennium, *in* ORNELAS, J. (org.), *Actas do II Congresso Europeu de Psicologia Aplicada*, Lisboa, Instituto Superior de Psicologia Aplicada, 2000, pp. 17–42.

II

DESAFIOS ÉTICOS AO LONGO DO CICLO DA VIDA

Fecundação, gestação e procriação medicamente assistida

Miguel Oliveira da Silva

Serviço de Ginecologia-Obstetrícia do Hospital de Santa Maria
e Faculdade de Medicina da Universidade de Lisboa

As questões bioéticas suscitadas pela fecundação e gestação humana assumem hoje uma reflexão mais alargada e necessária em face dos desenvolvimentos da procriação medicamente assistida (PMA).

A PMA engloba um acervo de contributos técnicos e científicos que permite a reprodução humana em quem, por razões médicas ou não, se não consegue naturalmente reproduzir, o que se tornou possível pelo progresso na investigação básica, genética, farmacológica e clínica, com um maior e melhor conhecimento da embriologia, fisiologia e patologia da reprodução humana e da medicina materno-fetal.

Conhece-se hoje muito melhor o contributo único e insubstituível que cada grávida tem no embrião *in utero* e, inversamente, o que o embrião provoca na grávida (com ADN fetal em circulação materna detectável já às sete semanas).

Como um poliedro, o já detectável embrião humano pode ser hoje encarado de diversas perspectivas: *in utero* e fora do organismo materno; e, nesta última situação, *in vitro* [na placa de Petri para fertilização *in vitro* (FIV) ou injecção citoplasmática de espermatozóide (ICSI), congelado, descongelado e sem projecto parental (como permite a lei nacional desde 2006) e investigado nas células estaminais da massa celular interna]. Em todo o caso, o embrião humano é sempre vida humana merecedora de dignidade e respeito.

Não há, porém, unanimidade sobre quando o embrião é já pessoa humana: para quando não implantado no útero, o embrião humano não tem *suficiência constitucional* (Zubiri, 1962); para alguns outros o valor em jogo é tal, que bastaria a simples probabilidade de o embrião ser pessoa humana para se justiçar a proibição na investigação[1]; e outros ainda sugerem a redefinição do conceito de embrião humano tendo em vista as suas diferentes finalidades possíveis[2], no conhecido deslizamento da escolha e interpretação semântica de vocábulos e expressões não unívocas e significado da respectiva ontologia.

A PMA foi praticada desde os anos 70 do século XX como intervenção subsidiária e então unicamente dirigida a casais heterossexuais em idade fértil que então não obtivessem uma criança viva após gravidez espontânea com relações sexuais regulares, sem protecção contraceptiva, durante dois anos consecutivos. Já então toda a PMA assentava no desejo parental de ter um filho total ou parcialmente genético, quase sempre em detrimento da adopção de uma criança[3].

---

[1] João Paulo II, *Evangelium Vitae*, §60, Roma, 1995.

[2] Federation of European Academies of Medicine (FEAM), «The application of Genome Editing in humans», Bruxelas, Outubro de 2017, p. 7.

[3] George Annas, bioeticista em Boston, critica o desencorajamento estatal e do mundo da PMA em relação à adopção e admite que só deveria ter acesso à PMA quem anteriormente já tivesse adoptado uma criança. Esta é, sem dúvida, uma atitude extrema, mas em todo o caso pertinente, uma vez que suscita a reflexão sobre duas temáticas que, embora próximas, têm estado frequentemente divorciadas. Opinião disponível em: http://www.pbs.org/wgbh/pages/frontline/shows/fertility/interviews/annas.html.

É a ilusão do *determinismo genético*, quiçá sacralização genética, hipertrofiando a respectiva importância, como se tudo o que afecta temporária ou permanentemente a expressão desses mesmos genes – a epigenética – na fecundação e na gestação não fosse essencial. De facto, há uma influência decisiva e insubstituível da grávida em que somos gerados, a qual se prolonga pela vida fora.

Outras perspectivas antropológicas, culturais e políticas na aplicação de «velhas» (inseminação heteróloga, isto é, com esperma de dador, FIV) e novas tecnologias (vitrificação de ovócitos, por exemplo – congelamento ultra-rápido que permite posterior descongelação e utilização em melhores condições do que o congelamento convencional) alargaram o acesso à gestação por PMA a mulheres isoladas, lésbicas, transexuais, transgénero, e a pares homossexuais masculinos, por razões médicas (mulher sem útero ou com útero não compatível com gravidez evolutiva) e «societais» (mulher ou homem isolado, casais homossexuais). Daqui surgem factos e dados inéditos que interpelam a razão e reflexão bioética, jurídica, antropológica, cultural, política: novas famílias, mono e biparentais, com crianças sem pai ou mãe social[4] e que, por regra, desconhecem o respectivo pai ou mãe genética.

A fecundação e a gestação na PMA têm sido exemplo paradigmático do tempo (tardio) e do modo (controverso e nem sempre consensual) com que a deliberação bioética questiona e responde à prática da tecnociência em desenvolvimento incessante. Eis a sequência cronológica dos principais sucessos humanos da tecnociência nesta área:

---

[4] Por via da inseminação anónima de mulher só ou lésbica, verifica-se o *regresso do pai incógnito*, contra o qual a sociedade e juristas tanto lutaram em Portugal; e com as barrigas de aluguer em casais homossexuais masculinos, verifica-se o abandono da criança logo após o nascimento.

– congelação de sémen humano, 1953;
– bancos de esperma, 1970;
– primeira gravidez (não evolutiva) após FIV, 1973;
– nado-vivo viável não oriundo de relações sexuais: FIV, 1978;
– ecografia ovárica, 1983;
– congelamento de embriões, 1984;
– gravidez de substituição, 1985;
– diagnóstico pré-implantatório (DPI), 1990;
– ICSI, 1999;
– vitrificação de ovócitos, 2005;
– maternidade após a menopausa, 2007;
– recém-nascido viável após transplante uterino, 2014;
– recém-nascido viável após substituição mitocondrial, 2016.

Estas técnicas e estes factos, de um ou de outro modo, suscitaram e suscitam intenso debate e, em alguns casos, viva censura bioética, desde a sua respectiva emergência e prática inicial, ainda que hoje sejam raros os que se lhe opõem na totalidade.

Discutir em que medida o tempo e resultados obtidos impõem, *de facto*, em clave utilitarista e pragmática, uma progressiva aceitação, tolerância e até uma outra compreensão das mesmas realidades é algo hoje incontornável: a tecnociência, fazendo o seu caminho, impregna mentalidades, provoca mesmo adesão, individual, no casal, em investigadores, profissionais de saúde, comissões de ética hospitalares[5].

Existem hoje sete milhões de homens e mulheres nascidos por PMA, com enorme assimetria nas respectivas taxas, mesmo

---

[5] Em hospitais do sector privado, debate-se se se deve ou não permitir a prática das novas leis de PMA, com tudo o que isso possa implicar de objectivo benefício económico da concorrência.

no mundo ocidental: 6,4% na Dinamarca (2016) e 2,9% em Portugal (2014 e 2015).

A investigação na PMA e na genética prossegue e prosseguirá: estão no presente em desenvolvimento estudos que pretendem eventual obtenção, talvez na espécie humana, atravessando fronteiras e movendo limites antes julgados intransponíveis, de:

- produção de gâmetas (espermatozóide e ovócito) *in vitro*;
- produção de placenta artificial e de ectogénese humana (desenvolvimento fetal num útero artificial)[6];
- modificação do genoma (*gene editing*) no embrião e nos gâmetas humanos[7].

O debate bioético sobre a fecundação e gestação centra-se hoje num acervo de questões interligadas:

1. direitos e deveres reprodutivos: as crianças, a grávida, o pai e a mãe;
2. obrigações do Estado social na PMA;
3. fim anunciado do anonimato no uso de gâmetas;
4. excelência do processo de decisão na nova legislação e sua regulamentação;
5. valor e actualidade de convenções e declarações bioéticas face a investigações em curso e a outras que se anunciam;
6. formação ética dos investigadores e assimetria de comportamentos em diferentes países e culturas.

---

[6] Se estas técnicas, ainda em fase de experimentação, vierem a ser exequíveis no humano, poder-se-ia então dispensar a gravidez de substituição e o transplante uterino. Em todo o caso, como por vezes se verifica neste domínio, ao resolver-se um problema, criam-se muitos outros em termos de direitos humanos e da humanidade.

[7] Para prevenção de doenças geneticamente transmissíveis, apesar de proibida pelo artigo 13.º da Convenção de Oviedo.

1. Direitos e deveres reprodutivos: as crianças, o pai e a mãe

A PMA não é, não pode ser, um recurso para se procriar quando se quer e como se quer, esquecendo os direitos das crianças e os deveres dos pais. Por isso a questão ética é incontornável e há que saber responder a: o que é que eu *devo fazer*, o que é que eu *tenho de fazer*?

Em Portugal, até 2016, a PMA estava consensualmente destinada a heterossexuais, nos termos acima descritos.

No Verão de 2016, sem debate relevante na sociedade e na comunidade científica, ocorre o alargamento de beneficiários com duas novas leis de PMA e posterior regulamentação[8]: qualquer mulher adulta (sem relacionamento sexual, sozinha ou em pares) tem acesso a «centros de inseminação» (onde, de acordo com o seu imaginário e disponibilidades existentes, escolhe o esperma, entre nós doado anonimamente até Abril de 2018) e a consultas de PMA; a gravidez de substituição é autorizada a mulheres sem útero, com útero incompatível com feto viável (por malformações ou outras patologias) e «outras situações clínicas», arbitrariamente não especificadas.

Porém, nem uma palavra é escrita sobre deveres parentais e direitos da futura criança oriunda de PMA ou sobre os direitos da grávida de substituição.

Ao reapreciar em 2016 uma lei com dez anos de existência, o legislador português deveria ter tido em atenção questões éticas controversas que vieram, ao longo do tempo, a encontrar algumas respostas relevantes, sobretudo as que decorrem de estudos realizados com crianças oriundas de PMA (espanta

---

[8] Lei n.º 17/2016 e Lei n.º 25/2016, e respectivas regulamentações: Decreto Regulamentar n.º 6/2016, Despachos n.º 679/2017 e n.º 3192/ /2017, Decreto Regulamentar n.º 6/2017.

sobremaneira que entre nós tal se não fizesse). Foi o caso da suspensão do anonimato na doação de células reprodutoras, ocorrida em todo o Norte da Europa (com excepção da Dinamarca), e o conhecimento do modo como se foi gerado numa grávida de substituição. Ou seja, está em causa o direito de se poder conhecer a respectiva história biológica: os pais genéticos coincidem com os sociais, há meios-irmãos genéticos, houve uma gestação numa barriga de aluguer?

O direito à identidade pessoal é garantido, e bem, na Constituição da República Portuguesa: «a todos são reconhecidos os direitos à identidade pessoal»[9]; e «a lei garantirá a dignidade pessoal e a identidade genética do ser humano, nomeadamente na criação, desenvolvimento e utilização das tecnologias e na experimentação científica»[10].

Do direito à identidade pessoal decorre o direito à historicidade pessoal.

Estudos recentes sugerem a importância do conhecimento, pelos adolescentes, dos meios-irmãos genéticos, oriundos do mesmo dador de gâmetas, na formação da respectiva identidade antes dos 18 anos[11], como parte da *verdade biológica* – que,

---

[9] Constituição da República Portuguesa, artigo 26.º, n.º 1.

[10] *Ibidem*, artigo 26.º, n.º 3.

[11] A revelação da inseminação por dador não parece criar dificuldades significativas ao funcionamento familiar, tal como defendem: FREEMAN, T. e GOLOMBOK, S., Donor insemination: a follow-up study of disclosure decisions, family relationships and child adjustment at adolescence, *Reproductive Biomedicine Online* 25, 2012: pp. 193–203; FREEMAN, T. *et al.*, Disclosure of sperm donation: a comparison between solo mothers and two-parent families with identifiable donors, *Reproductive Biomedicine Online* 33, 2016: pp. 592–600; PERSAUD, S. *et al.*, Adolescents conceived through donor insemination in mother-headed families: a qualitative study of motivations and experiences of contacting and meeting same-donor offspring, *Children & Society* 31, 2017: pp. 13–22; ZADEH, S. *et al.*, Children's thoughts and feelings about their donor and security attachment to their solo mothers in middle childhood, *Human*

sublinhe-se, é parte integrante da verdade global numa educação parental digna –, tudo isto em dinâmica circular com os componentes afectivos, sociais e jurídicos.

Na *indivisibilidade*[12] dos direitos humanos fundamentais e seu nexo conceptual com a dignidade humana avulta o direito natural e inato a ter-se pai ou mãe genético conhecido: quando se fragmentam direitos fundamentais, está em causa a dignidade dos mais vulneráveis – as crianças e jovens – e pode triunfar a lei do mais forte.

Os direitos reprodutivos têm como correlato *deveres de parentalidade* (para com a criança e para com a sociedade) e direitos da criança que vai nascer.

2. Obrigações do Estado social na PMA

É obrigação do Estado social lembrar aos pais prospectivos e à sociedade em geral a importância do respeito mútuo e da coesão social, através, por exemplo, de políticas públicas que se traduzam num texto de consentimento informado que respeite os mais vulneráveis na PMA, não destratando os filhos e promovendo o exercício atempado de elementares e naturais deveres de parentalidade.

Reproduction 32, 2017: pp. 868–875; Blake, L., Jadva, V. e Golombok, S., Parent psychological adjustment, donor conception and disclosure: a follow-up over 10 years, *Human Reproduction* 29, 2014: pp. 2487–2496; Gartrell, N. K. *et al.*, Satisfaction with known, open-identity, or unknown sperm donors: reposts from lesbian mothers of 17-year-old adolescents, *Fertility and Sterility* 103, 2014: pp. 242–248; Ilioi, E. *et al.*, The role of age of disclosure of biological origins in the psychological wellbeing of adolescents conceived by reproductive donation: a longitudinal study from age 1 to age 14, *Journal of Child Psychology and Psychiatry* 58, 2017: pp. 315–324.

[12] Habermas, Jürgen, *Um ensaio sobre a Constituição da Europa*, Lisboa, Edições 70, 2012, p. 36.

O Estado português comparticipa medicamentos indutores da ovulação, organiza e financia gratuitamente consultas de PMA no Serviço Nacional de Saúde (SNS), custeia as diferentes técnicas aí realizadas, referencia para o sector privado utentes em lista de espera há mais de um ano e paga (verba desconhecida do público) todas as despesas daí decorrentes. Tem, pois, funções e responsabilidades sociais na PMA.

As leis de PMA de 2016, e respectiva regulamentação, referem como valores essenciais:

- a prevalência do melhor interesse da criança;
- a equidade no acesso a consultas de PMA;
- a incorporação de recentes experiências internacionais e estudos elaborados nesta matéria.

São intenções teóricas meritórias que, todavia, não se traduziram na prática real.

Assim, no designado *melhor interesse da criança*, manteve-se o obsoleto e antiético anonimato na doação de gâmetas, não se assegurando os direitos das crianças e jovens a poderem conhecer a sua história biológica e *modus faciendi* do cumprimento de deveres parentais.

A *equidade no acesso à PMA* entre heterossexuais, mulheres sós e lésbicas coloca um sem-número de questões atinentes à respectiva prioridade e urgência clínica, deixando ao médico todo o poder de decisão, com critérios certamente heterogéneos e contraditórios nos diferentes centros de PMA, estatais (estes com listas de espera não raro já superiores a um ano) e centros privados. A regulamentação e despachos, tão pormenorizados em relação a alguns aspectos, são em relação a estes critérios particularmente vagos, muito vagos.

Desconhece-se também quais as *melhores experiências e estudos internacionais* que se terão incorporado nas políticas públicas nacionais de PMA até Abril de 2018: o espírito do texto de melhor qualidade sobre esta matéria – respeitando o direito das crianças, adolescentes e jovens a conhecer a sua história –, o do prestigiado Nuffield Council on Bioethics, em 2013, foi globalmente ignorado pelo legislador nacional nas leis de PMA de 2016 e na respectiva regulamentação.

Destacamos dois exemplos aos quais se poderia acrescentar vasta documentação francesa, alemã, italiana, entre outras. A política pública sueca, no que se refere ao consentimento informado para doação de gâmetas (não anónima), inclui cláusulas que aconselham os pais a revelarem à criança a forma como foi concebida («Swedish Study on Gamete Donation»). Entre nós, o Conselho Nacional de Procriação Medicamente Assistida (CNPMA), que se saiba, nunca debateu esta questão, nada constando sobre a mesma no respectivo website.

Também o organismo regulador da procriação no Reino Unido – Human Fertilisation and Embryology Authority (HFEA) –, em contraste flagrante com o português, no seu website, lembra aos dadores de gâmetas os seus deveres e informa as crianças nascidas de doação de gâmetas: «É natural que queira saber acerca das suas origens biológicas. A HFEA tem o registo de todos os nascimentos que resultaram de PMA autorizada em clínicas de esterilidade no Reino Unido desde 1 de Agosto de 1991. Se foi concebido anteriormente, veja, em alternativa, a seguinte informação, encorajando a que estes jovens, se o pretenderem, façam esta viagem emocional na companhia de outros»[13].

A legislação portuguesa sobre PMA, desde 2006, no n.º 3 do artigo 15.º, admite excepções ao anonimato na doação de gâmetas[14]. Mas, na verdade, tal artigo nunca foi regulamentado,

---

[13] http://www.hfea.gov.uk.

[14] Lei n.º 32/2006, artigo 15.º, n.º 3.

tais cláusulas nunca foram invocadas e não há jurisprudência sobre tal.

Acresce que o tempo – nove anos na PMA são uma eternidade, com um acervo de estudos e tendências que impõem outra realidade – confirmou serem hoje falsos os pressupostos de que o Tribunal Constitucional (TC) partiu no seu Acórdão n.º 101/2009 («a maior parte dos países consagra a regra do anonimato»; qualidade do «registo de dadores»[15]; suposição de que os pais revelam aos interessados – filhos – a sua origem genética, sem o que lhes é absolutamente impossível poderem invocar tais excepções) para ter então definido, em 2009, a nossa lei como «regime mitigado de anonimato dos dadores»[16].

3. Fim anunciado do anonimato no uso de gâmetas e o Acórdão n.º 225/2018 do Tribunal Constitucional

Na tensão de direitos entre a privacidade («paz familiar») e o anonimato de dadores e beneficiários, por um lado, e o respeito pela identidade, dignidade e historicidade das crianças e jovens oriundos de PMA, por outro, neste debate imenso que perpassa por tantos países europeus, os argumentos bioéticos prevaleceram em Portugal sobre interesses de lóbis da PMA através do notável Acórdão n.º 225/2018 do Tribunal Constitucional.

---

[15] A base de dados do CNPMA para registo de dadores a nível nacional iniciou-se apenas em 2014.

[16] Acórdão n.º 101/2009, Diário da República n.º 64/2009, Série II de 1 de Abril de 2009, pp. 12462-12463. Sublinhe-se que, em Espanha, um país com um intenso «turismo reprodutivo» e com uma forte exportação de gâmetas, o registo nacional de dadores de gâmetas apenas se iniciou em Novembro de 2017.

Por entre interesses económicos, a cumplicidade de alguns e ignorância de muitos (até decisores políticos), era crível que lóbis da PMA quisessem, se possível até ao último dia, manter o anonimato e respectivo comércio de gâmetas sob a capa altruística e solidária de «compensações»[17]. De facto, o fim do anonimato pode implicar, em alguns países e provisoriamente, dificuldades no acesso a gâmetas de dadores terceiros, correspondente aumento de custos, menor recurso a esta técnica – circunstâncias a que o «mercado» se adaptará e ultrapassará, como sempre, aparecendo até outros dadores, não anónimos e, porventura, mais responsáveis.

O referido acórdão do TC – com múltiplas declarações de voto em que se encontram praticamente todas as opiniões possíveis: da condenação de toda e qualquer gravidez de substituição à defesa objectiva de pagamento à barriga de aluguer – não declara a gravidez de substituição inconstitucional. Era a lei existente e sua regulamentação que não estavam conformes à Constituição, pela indeterminação, imprecisão, incerteza que permitiam – haverá, pois, que densificar critérios e conteúdos numa próxima lei, em que se privilegiarão os interesses da grávida e da criança (os mais vulneráveis) *versus* os do casal beneficiário.

---

[17] Em Portugal, o número máximo de filhos do mesmo dador de esperma é oito e da dadora de ovócitos é seis. Uma pessoa pode ter 12 meios-irmãos genéticos oriundos de PMA, mas o número real pode ser superior: o dador de sémen ou a dadora de ovócitos podem já ter tido e/ou vir a ter filhos em outros contextos. Em 2017 verificou-se um incremento no valor de 33,3% no pagamento (de 632€ para 843€) por «compensação» às doações «voluntárias, altruístas e solidárias» de ovócitos. Se a apontada escassez de doações diminuir ou deixar de existir, cai pela base o carácter altruísta e voluntário: estaremos, então, a falar de um negócio. Afinal, é bem possível que tudo seja relativo às necessidades e recursos de cada um: já se viu mulheres influentes e com boa situação económica a doar ovócitos?

Sobre o fim do anonimato da «doação» de gâmetas, o TC reviu, e bem, a sua posição de 2009 – inexequível, impraticável e lesiva dos interesses das crianças – e censurou tal anonimato, que, assim, não constará por regra de uma nova lei de PMA. Em todo o caso, o acesso cada vez mais facilitado e menos oneroso à tecnologia de ADN em breve resolverá esta questão.

Quer se queira quer não, era já inelutável que a prática, até mesmo doméstica, de testes de ADN intrafamiliar, *over the counter*[18], por decisão própria e sem controlo de profissionais de saúde, terminasse em breve com o segredo da doação anónima de gâmetas: os próprios adolescentes, colhendo facilmente em casa material biológico que mandam para análise, encarregar-se-ão de saber se os seus familiares o são também do ponto de vista genético (se os pais ou irmãos afectivos, sociais, são também seus pais ou irmãos genéticos).

E uma vez mais, não por razões éticas, mas por circunstâncias pragmáticas do quotidiano, a decisão ética ficaria a cargo, iria a reboque da técnica.

Prestigiados cientistas na área da PMA têm demonstrado que, com o acesso facilitado a testes de ADN, é absurdo manter-se a curto prazo a doação anónima de gâmetas, mais não seja por meras razões tecnológicas[19].

4. Excelência do processo de decisão: uma nova lei de PMA

A Ética não atende apenas ao cumprimento do dever ou à realização dos fins, mas também à deliberação sobre os res-

---

[18] https://www.23andme.com/en-int/.

[19] HARPER, J.; KENNETT, D. e REISEL, D., The end of donor anonymity: how genetic testing is likely to drive anonymous gamete donation out of business, *Human Reproduction* 31, 2016: pp. 1135–1140.

pectivos meios: a deliberação é precisamente a arte de saber eleger os melhores meios para alcançar uma dada finalidade. É possível que haja por vezes discordância, por várias razões, em relação aos fins a perseguir. Mas tal não justifica um alheamento do debate sobre a excelência dos meios em causa.

No domínio que aqui nos ocupa, diríamos que se pode discordar em absoluto da gravidez de substituição, por se entender ser uma instrumentação objectiva da mulher e, em muitos casos, um aproveitamento objectivo da vulnerabilidade – emocional ou financeira[20] – da grávida de substituição. E pode ainda discordar-se da lei de gravidez de substituição e sua regulamentação ao não impedirem:

- ausência de acompanhamento psicológico obrigatório durante a gravidez e após o parto;
- agências de intermediários na busca de eventual grávida de substituição[21];
- gravidez até aos 50 anos;
- omissão da revelação obrigatória à criança sobre a forma como foi concebida;
- desnecessária cesariana electiva, por «razões emocionais»;
- acesso irrestrito a não residentes[22]: deste modo são inevitáveis, após regresso ao país de origem, *lost to follow-up*, quer

[20] Daí que se não vejam, por exemplo, mulheres afluentes a emprestar o seu útero a mulheres pobres. É esta a posição da vice-primeira-ministra e ministra da Igualdade Carmen Calvo, do PSOE, em Espanha, em 10 de Junho de 2018: https://politica.elpais.com/politica/2018/06/09/actualidad/1528557286_424452.html?id_externo_rsoc=FB_CM.

[21] *Público*, 22 de Outubro de 2017. Profissionais de saúde que trabalham em PMA em Portugal estão a receber cartas de escritórios de advogados que se oferecem para encontrar a grávida de substituição: será isto altruísmo e solidariedade?!

[22] No Reino Unido, pelo menos um dos três intervenientes tem de ser residente.

dizer, perdas de seguimento – não se sabe se a criança foi aceite, se houve intercorrências imprevistas, se o contrato foi cumprido;

- gravidez de substituição em mulheres sem nenhum filho vivo e sem gestação prévia: óbvias dificuldades emocionais acrescidas;
- obrigatoriedade de a grávida, se optar por interrupção voluntária da gravidez (IVG) até às dez semanas, custear integralmente ao casal beneficiário os milhares de euros entretanto já gastos[23].

O primeiro caso nacional na escolha da primeira situação autorizada para eventual gravidez de substituição dificilmente seria ética e medicamente mais criticável, e espanta como o CNPMA e a Ordem dos Médicos o autorizaram: uma mãe de 50 anos a emprestar o seu útero à respectiva filha. É exemplo paradigmático do que se não deve fazer, mesmo que fosse legal – bom exemplo da dissonância entre a ética e a lei. Num insólito processo de decisão que de excelência nada tem[24], autoriza-se eventual gravidez, por transferência embrionária após FIV/ICSI, para uma mulher de 50 anos. Não resultou em gravidez evolutiva, que seria situação de alto risco mater-

---

[23] Num contrato tão pouco equitativo e elaborado pelo CNPMA, que nenhum advogado sério e isento aconselharia a um seu cliente no seu perfeito juízo, existe um verdadeiro consentimento informado, livre e esclarecido?!

[24] Verifica-se uma concentração de poderes e conflito de interesses no facto de dois profissionais pertencerem a três instâncias deliberativas diferentes – comissão de regulamentação, CNPMA, centros de PMA – até se chegar à regulamentação da lei, à aprovação de um caso concreto de pedido de gravidez de substituição novamente pelo mesmo CNPMA, à posterior auscultação de uma quarta entidade (Ordem dos Médicos) em que, pela quarta vez, intervém a mesma pessoa que já interviera nas três instâncias anteriores. Esta realidade constituirá um estudo de caso (*case study*) de sentido fortemente negativo.

no-fetal aos 50 anos: risco aumentado de aborto espontâneo, diabetes gestacional, hipertensão induzida pela gravidez, parto pré-termo, cesariana, hemorragia pós-parto.

Recorde-se que o Estado recusa consultas de PMA a mulheres a partir dos 40 anos e proíbe o tratamento simultâneo de PMA a casais de mulheres (mas autoriza-o e paga-o no sector privado)[25].

Uma coisa é acolher-se o que já existe e se não deseja, outra é planear e subsidiar a frio tal situação. Não é eticamente igual considerar, *a posteriori*, uma gravidez espontânea numa mulher de 50 anos e planear uma outra gravidez, não existente, também numa mulher de 50 anos, pensada e financiada *a priori*, com ou sem recurso directo ou indirecto ao dinheiro dos contribuintes, sem atender aos critérios de risco conhecidos.

Não pode haver boa Ética quando se pretende efectuar má Medicina: má Ética implica má Medicina, má Medicina inclui má Ética.

Neste entrelaçamento, como se viu com declarações de voto do acórdão do TC, é cada vez mais ténue, também em Portugal, a fronteira entre a genuína gravidez de substituição altruísta e a encapotada barriga de aluguer comercial.

Tudo isto deverá ser reflectido numa nova lei de PMA e respectiva regulamentação, que se desejam prudentes, modernas, estáveis, resultantes de alargada participação cívica e democrática, atentas aos interesses sobretudo dos mais vulneráveis, num diálogo concertado entre a evidência científica, a reflexão bioética plural, o saber jurídico e o esclarecimento do decisor político – sem pressões, pressas, uma vez mais contraproducentes.

---

[25] Decreto Regulamentar n.º 6/2016, artigo 6.º, n.º 4, Diário da República n.º 249/2016, Série I de 29 de Dezembro de 2016. Tem de haver sincronia razoável no ciclo ovárico da dadora de ovócito (futura mãe afectiva) e no ciclo endometrial da receptora do embrião (futura grávida de substituição).

5. Valor e actualidade de convenções e declarações bioéticas face a investigações em curso e a outras que se anunciam

As investigações em curso e as que se anunciam na área da Genética e respectiva aplicabilidade na Medicina da Reprodução – concretamente, modificação genómica[26] nas células reprodutoras humanas, com utilização, entre outras, de CRISPR/Cas9 – colocam um acervo de questões científicas, bioéticas, jurídicas, políticas.

Há quem tente suprimir a discussão logo no início: tais investigações estão proibidas pela Convenção de Oviedo (Direitos Humanos e Biomedicina)[27] – lei entre nós desde 2001 e actualmente ratificada por 29 dos 47 Estados-membros do Conselho da Europa. Outros interrogam-se acerca da necessidade de revisão da Convenção de Oviedo[28].

A Convenção de Oviedo não é dogma intocável e, à luz do desenvolvimento e prática da investigação genómica actual no embrião e gâmetas humanos, há factos novos (impossíveis de prever em toda a sua extensão em 1997, quando o texto foi aprovado) que podem impor uma revisão concreta.

Há também quem aponte uma possível contradição ou conflito no actual estado de coisas, na leitura que fazem dos interesses individuais do ser humano (artigo 2.º) quando comparados com os interesses da humanidade no seu todo (numa

---

[26] A tradução correcta das hoje consagradas expressões *genome editing* ou *gene editing* (há décadas chamava-se *gene engineering*) é muito mais do que uma querela semântica: há quem utilize o neologismo *edição de genes, edição genómica*, outros preferindo *apuramento genético* ou *genómico.*

[27] Artigo 13.º: intervenções no genoma humano (nos descendentes). Ver também Carta dos Direitos Fundamentais da União Europeia, artigo 3.º, n.º 2: proibição de práticas eugénicas com finalidade de selecção.

[28] Prevista, de resto, no respectivo artigo 32.º.

discutível interpretação do conteúdo do artigo 13.º, que defende que «uma intervenção que tenha por objecto modificar o genoma humano não pode ser levada a efeito senão por razões preventivas, de diagnóstico ou terapêuticas e somente se não tiver por finalidade introduzir uma modificação no genoma da descendência»). A verdade é que o actual DPI já pode introduzir modificações genéticas na descendência.

De resto, uma leitura conjunta dos artigos 28.º (debate público) e 32.º (revisão), na esteira da Recomendação n.º 2115 do Conselho de Ministros do Conselho da Europa de 12 de Outubro de 2017, permitirá uma outra abordagem.

À luz das investigações em curso, distingue-se a legitimidade e interesse da investigação *in vitro* devidamente controlada, sem aplicação actual na prática clínica, da modificação genética em células somáticas de um adulto e o embrião e células reprodutoras, por aqui haver possíveis consequências transgeracionais nos descendentes – veja-se a posição de 11 comités de ética liderados pela Sociedade Americana de Genética Humana[29] e também a posição do anterior presidente do Nuffield Council on Bioethics[30], que defendem a legitimidade da investigação no genoma humano.

Acresce que não é óbvio que o dador de gâmetas entenda em todo o seu alcance as consequências da investigação que se faz e fará no seu material: quanta informação é necessária e quem tem capacidade, livre de coacção, ao menos externa, para a compreender, mesmo que no contexto de um inadiável,

---

[29] Ormond, K. E. *et al.*, Human Germline Genome Editing, *American Journal of Human Genetics* 101, 2017: pp. 167–176; Lyon, J., Bioethics Panels Open Door Slightly to Germline Gene Editing, *JAMA* 318, 2017: pp. 1639–1640.

[30] Montgomery, Jonathan, intervenção no Colóquio 20 anos da Convenção de Oviedo, Estrasburgo, Conselho da Europa, 24 de Outubro de 2017.

participado e transparente debate público na comunidade científica e aberto à sociedade civil[31]?

Dada a genuína incerteza na resposta a um acervo de questões de natureza e profundidade tão diversa e decisiva, parece óbvio não ser hoje apropriado que se apliquem resultados das investigações em curso numa gravidez humana.

Há ainda outras pessoas que, considerando que não compete ao investigador básico ater-se a reflexões ou proibições bioéticas, defendem que importa não capitular nem se resignar, não «perder o comboio» em marcha e não entregar esta área, inevitavelmente, à concorrência, que, sobretudo fora do Ocidente, se não inquieta com estas «minudências» bioéticas.

6. Formação ética dos investigadores: o caso concreto dos estudos com embriões

A formação bioética contínua de profissionais de saúde e investigadores, ao longo da respectiva carreira, é tema de assinalável importância, urgência e actualidade[32]. Torna-se particularmente importante em áreas como a modificação genómica em embriões e eventual aplicação prática em PMA, tanto mais por estar proibida em documentos tidos como referência.

Acresce a notória assimetria de comportamentos em diferentes países e culturas, com um enorme liberalismo em países como, por exemplo, a China[33], aparentemente sem o escrutínio ético que no Ocidente é reclamado.

---

[31] Como ocorreu desde 2000 no Reino Unido a propósito da substituição mitocondrial, só autorizada em 2015, após vivo e participado debate na comunidade científica, aberto à participação cidadã.

[32] Parecer n.º 72/CNECV/2013.

[33] Tang *et al.*, *Molecular Genetics and Genomics*, 2017.

Em todo o caso, se teoricamente todos concordam com a necessidade de mais e melhor formação bioética contínua dos investigadores, a verdade é que não há um consenso sobre *como* e *quando* tal deve ocorrer, e nada garante que daí decorra necessariamente uma prática concreta mais consentânea com os parâmetros que genuinamente se desejam.

Estas questões são, nestes termos e no estrito domínio *de* e *para* especialistas na comunidade científica, muitas vezes deixadas sem resposta consensual ou realmente efectiva, até pelos próprios limites do conhecimento, que não permite extrapolações indevidas ou saltos no escuro: ao eliminarmos as acções deletérias de um gene, podemos estar igualmente a eliminar as acções favoráveis que ainda não conhecemos.

Impõe-se, assim, um efectivo alargamento do debate informado de cidadãos, timbre de uma genuína democracia participativa, na linha dos artigos 28.º da Convenção de Oviedo e 2.º da Constituição da República Portuguesa. Atempadamente e compreendendo o que está verdadeiramente em causa, importa considerar questões essenciais como:

– que sociedade queremos;
– em que sociedade queremos viver;
– que mundo queremos deixar às gerações vindouras.

Referências e leituras recomendadas

Callahan, Daniel, O bem social e o bem individual: aborto e reprodução assistida, *in* FLAD, *A Condição Humana*, Dom Quixote, Lisboa, 2009, pp. 15–31.

Conseil Consultatif National d'Éthique (CCNE), «Avis n.º 126 sur les demandes sociétales de recours à l'assistance médicale à la procréation (AMP)», Paris, 2017.

Frydman, René, *Le droit de choisir*, Paris, Seuil, 2017.

NUFFIELD COUNCIL ON BIOETHICS, «Donor conception: ethical aspects of information sharing», Londres, 2013.

OLIVEIRA DA SILVA, Miguel, *Eutanásia, Suicídio Ajudado, Barrigas de Aluguer*, Lisboa, Caminho, 2017, pp. 99–170.

TESTART, Jacques, *Faire des enfants demain*, Paris, Seuil, 2014.

TRIBUNAL CONSTITUCIONAL, «Acórdão n.º 225/2018», Abril de 2018.

ZUBIRI, Xavier, *Sobre la Esencia*, Madrid, Alianza Editorial, 1962.

Nascimento e infância

Maria do Céu Machado

INFARMED e Faculdade de Medicina da Universidade de Lisboa

Os progressos da ciência aplicada à saúde geram situações éticas novas e complexas, pelo que o dilema ético que se focava na relação médico-doente evoluiu para áreas como a Genética, a Genómica[1], a Medicina Reprodutiva e a Medicina Personalizada[2] e outras (Fox e Swazey, 2008).

De entre a enorme diversidade de situações de ambiguidade moral, pode dar-se o exemplo paradigmático da manipulação genética, de que se cita a tecnologia de reposição (doação) mitocondrial[3] quando a mãe é portadora de doença da mito-

[1] Genómica é uma área da Bioquímica que estuda o genoma de um organismo, ou seja, a sequência completa de ADN (ácido desoxirribonucleico), que contém as instruções genéticas.

[2] A investigação em Genética Médica permitiu a compreensão da variabilidade genética e a identificação de riscos e selecção de terapêutica específica para cada doente, e não apenas para a patologia de que ele é portador – a que se chama Medicina Personalizada.

[3] A tecnologia de doação ou substituição mitocondrial é uma forma de manipulação genética do óvulo em mulheres portadoras de doença mitocondrial. O óvulo é retirado (futura mãe) e substituído por outro de uma mulher

côndria. Quem é responsável por uma criança que tem duas mães e um pai biológicos? (Baylis, 2013).

No entanto, a discussão destes grandes temas não se deve sobrepor a uma análise constante dos problemas que se colocam na actividade assistencial e a que João Lobo Antunes chamou *a ética do dia-a-dia*.

No período neonatal e na infância, surgem inúmeras situações clínicas que envolvem dilemas éticos como a prematuridade extrema (idade gestacional inferior a 28 semanas), o iniciar ou interromper cuidados de suporte de vida, o diagnóstico precoce alargado ou o perfil genético como determinante da intervenção intensiva.

Na infância ou mesmo em qualquer idade pediátrica, há uma área ainda insuficientemente discutida do ponto de vista da ética que é a da violência sobre as crianças, nomeadamente os maus-tratos.

Também a ética da investigação em Pediatria, e mais especificamente os ensaios clínicos, essenciais para evitar a utilização de medicamentos *off-label*[4], tem evoluído largamente com regulação da Comissão Europeia desde 2007, mas não será tratada neste capítulo.

Os avanços da medicina e da tecnologia nos cuidados a prematuros – de que são exemplo a ventilação, a monitorização cardiorrespiratória, a nutrição parentérica e medicamentos como o surfactante – previnem grande número de sequelas

---

saudável (mãe biológica), e depois é fertilizado pelo espermatozóide (futuro pai). Mitocôndrias são organelos celulares essenciais para a função respiratória da célula. Existem no citoplasma do óvulo.

[4] A utilização de medicamentos *off-label* reporta-se à prescrição de medicamentos já comercializados para situações clínicas que não constam das indicações terapêuticas aprovadas na autorização de introdução no mercado. Eis o que é comum nas idades pediátricas, pois muitos medicamentos não foram sujeitos a ensaios clínicos nestes grupos etários.

e, em Portugal, há consenso entre obstetras e neonatologistas quanto ao limite da viabilidade de 24 semanas de gestação, idade gestacional em que sobrevivem mais de 50% de recém-nascidos e ficam sem sequelas cerca de 50% (Sociedade Portuguesa de Neonatologia, 2014). No entanto, fetos com ecografia tardia, idade gestacional mal definida e restrição de crescimento intra-uterino não diagnosticado poderão ser considerados inviáveis[5], pelo que também é consensual que a sala de partos não é cenário para decisão e que um feto com sinais de vida e que responde às manobras de reanimação iniciadas deve ser admitido na Unidade de Cuidados Intensivos Neonatais, ventilado e alvo dos cuidados de que necessita.

A continuação ou a interrupção do suporte de vida são mais tarde avaliadas pela equipa de saúde e discutidas com os pais, seja na prematuridade extrema, seja nas situações de deficiência ou doença genética com prognóstico muito reservado, como as doenças neuromusculares. Os pais pedem por vezes tratamentos que o médico avalia como fúteis ou inapropriados, pelo custo excessivamente elevado face ao benefício esperado, pelo que é importante ter critérios e limites para a intervenção clínica. Uma situação de prematuridade extrema, abaixo do limite de viabilidade, pode justificar a intervenção apesar da previsível menor qualidade de vida, se sobreviver sem intervenção e, por isso, com sequelas mais graves. É uma zona cinzenta na decisão neonatal.

---

[5] Em situações em que não se conhece a data da última menstruação e não há uma ecografia no primeiro trimestre da gravidez, calcula-se a idade gestacional através de uma tabela de pesos estimados do feto. Se o feto teve um problema de restrição de crescimento intra-uterino, tem um peso baixo, o que pode levar a um diagnóstico de idade gestacional abaixo do limiar de viabilidade, podendo condicionar, por sua vez, a decisão de reanimação.

O rastreio neonatal também tem sido discutido, já que, em 1981, no início deste programa, apenas se rastreava o hipotiroidismo e a fenilcetonúria, doenças para as quais há intervenção terapêutica efectiva. O actual alargamento em Portugal deste rastreio para mais de 20 doenças é eticamente discutível, uma vez que não existem formas de prevenção ou de tratamento precoce que alterem o curso destas doenças, o que os pais desconhecem, visto que não lhes é feito pedido prévio do consentimento informado. O rastreio neonatal apenas beneficia a criança quando feito para certas doenças, para aquelas em que há recursos terapêuticos, considerando-se, não obstante, a exigência de anuência dos pais não aplicável.

De maior gravidade foi o surgimento, com dimensão comercial e divulgação na Internet, de propostas de rastreio para 101 doenças raras (*Baby 101*) com a facilidade de se utilizar amostras de urina ou ADN nas células da mucosa bucal, directamente pelo consumidor (neste caso os pais). Pela informação capciosa, o rastreio que é um meio de suspeita confunde-se com um teste de diagnóstico e, além da ausência de privacidade e confidencialidade, desencadeia interpretações sem rigor científico e sem a certeza de apoio médico ou de geneticista que avalie os resultados.

Tem sido defendido que a interrupção de cuidados intensivos na infância deve ou pode ser decidida atendendo ao risco genético[6], mas discute-se se a genómica é facilitadora ou mais uma fonte de dilema ético.

[6] O risco genético é determinado pela informação genética dos progenitores, e a genómica (ver nota 1) permite determinar se um doente é mais ou menos susceptível a situações, por exemplo, de falta de oxigénio, o que condicionaria lesão cerebral grave e eventualmente não continuar cuidados.

Caracteriza-se actualmente o genoma humano, mas o genótipo não é preditor do fenótipo[7]. Uma mutação identificada pode não estar correlacionada com o fenótipo pela influência de modificadores genéticos, epigenéticos[8] ou ambientais (De Jong, Maya e Van Lith, 2015; Bodurtha e Strauss, 2012). O que se apelidou de cuidados intensivos genómicos, com recurso a técnicas como *array comparative genomic hybridization* (aCGH), sequenciação de ADN, *next-generation sequencing* (NGS), *whole exome sequencing* (WES), como apoio na decisão e na previsão do resultado funcional e das comorbilidades, tem a favor, do ponto de vista ético, a exequibilidade, o custo aceitável e a acessibilidade; mas tem contra os falsos positivos, os achados acidentais ou de valor duvidoso e a intrusão na privacidade do próprio e da família (Wilkinson *et al.*, 2016). Como já referido, uma mutação pode não se traduzir numa resposta positiva ou negativa a uma situação clínica ou a uma terapia. A epigenética ensina que a dismorfia do gene pode nunca se expressar.

Quanto às situações de maus-tratos, que envolvem problemas tão diferentes como a negligência, os maus-tratos físicos ou psicológicos e o abuso sexual, são um problema global com sérias consequências ao longo da vida. O *stress* crónico que delas decorre associa-se a disrupção do desenvolvimento precoce do cérebro e, em condições extremas, prejudica não só o sistema nervoso, mas também o sistema imunitário. Mais tarde, na vida adulta, estas crianças têm um risco acrescido de problemas físicos, mentais e de comportamento, depressão,

---

[7] O termo «genótipo» refere-se à constituição genética de um indivíduo e o termo «fenótipo» é usado para definir as características morfológicas como, por exemplo, a cor dos olhos ou do cabelo.

[8] A epigenética consiste nas modificações das funções genéticas que são herdadas: não alteram a sequência de ADN do próprio (ver genómica, nota 1), mas são transmitidas para a geração seguinte.

consumo de tabaco e álcool, e podem ser agentes de violência, nomeadamente de abuso sexual (WHO, 2016).

Os grupos mais vulneráveis são as crianças com menos de quatro anos, os adolescentes, os filhos de imigrantes, os deficientes, as famílias com pobreza, exclusão social e alcoolismo. Em todo o caso, este cenário amplamente descrito na literatura é estigmatizante, e sabe-se que os maus-tratos a crianças acontecem em todos os níveis sociais, com as famílias socialmente superiores a conseguirem esconder os factos dos profissionais de saúde e de educação.

A denúncia nas situações suspeitas é uma obrigação moral, mas o diagnóstico é difícil e passível de enganos, má interpretação e injustiça, com 60% das queixas a revelarem-se infundadas. Não obstante, é sobretudo a orientação dada a estas situações que está imbuída da maior ambiguidade moral: os maus-tratos são exemplo de conflito de interesses entre pais ou cuidadores e a equipa de saúde, sendo aceite que, neste caso, o médico e o tribunal possam ultrapassar a vontade dos pais. A legislação em vigor e o consenso ético confirmam o direito de o Estado intervir na vida da família, o que alterou significativamente o número de casos registados. No entanto, há também críticas relativas a intervenção não efectiva, inadequada e exagerada, na ignorância dos direitos dos pais (Thompson-Cooper, Fugère e Cormier, 1993).

Consideremos um exemplo, o de FM, dois meses de idade, internada num hospital nos subúrbios de Lisboa com o diagnóstico de síndrome da criança abanada, confirmado pelas hemorragias cerebrais e retinianas. Imediatamente, foi accionado o processo de protecção e a criança retirada à família e entregue, por decisão do tribunal, a uma avó, para grande aflição dos pais, que não conseguiam explicar a situação. Soube-se, passados meses, no decurso da acção judicial, que essa avó era a principal envolvida na causa do dano.

A desconfiança que se pode assim gerar altera dramaticamente a relação entre profissionais, que incluem os técnicos de serviço social que têm de proceder à investigação das situações denunciadas, e estas famílias complicadas – uma desconfiança exacerbada nos casos de abuso sexual ou de perigo iminente, em que a polícia é informada. Um outro aspecto ético não desprezível é o do efeito dos *media*, que prejudicam muitas vezes as situações já de si complexas com as notícias facciosas, pouco rigorosas, accionadas por um dos progenitores e que são causa de dano para a criança.

Nas situações confirmadas e inequívocas de perigo, o médico e a equipa multidisciplinar, com a intervenção dos Núcleos de Apoio às Crianças e Jovens em Risco existentes nos hospitais e nos centros de saúde em Portugal, decidem, pelo princípio ético *melhor interesse da criança*[9], retirá-la de casa da família e propor o acolhimento numa instituição, através de uma ordem judicial.

Importa, todavia, considerar que, por um lado, nem sempre o tribunal concorda com a retirada da criança e, se esta estiver efectivamente em perigo, pode implicar não só risco de maus-tratos mas de lesão grave ou mesmo morte, devendo a equipa de saúde defender o que, no melhor interesse da criança, limita possíveis danos. E será no seu melhor interesse que, abruptamente, se retira uma criança do seu meio, da escola e dos seus brinquedos e amigos, para um ambiente desconhecido, aparentemente hostil e agressivo com benefício do agressor, que fica na sua casa? Inúmeros estudos demonstram que estas crianças interpretam a violência e o abuso de que são alvo como sinais de afecto que falta nestas famílias, e esta

---

[9] Os princípios éticos definidos por BEAUCHAMP e CHILDRESS têm tido um foco crescente na autonomia, que, no entanto, não se aplica na idade pediátrica, pelo que o princípio ético mais estruturante em pediatria é o da beneficência, a que se atribui o imperativo do melhor interesse da criança.

súbita mudança é confusa e ainda geradora de maior ansiedade. O melhor interesse da criança ultrapassa aqui o limiar do dano?

Por outro lado, uma instituição não é um projecto de vida, mas apenas um local de acolhimento para crianças que crescem sem família e que têm consciência precocemente de que, a partir de certa idade, já não vão ser adoptadas. As instituições têm características e condições muito variáveis e são muitas vezes palco de abusos, o que é conhecido pelas equipas de saúde e pelo tribunal, havendo evidência recente de que, na puberdade, a reconfiguração cerebral assume aspectos diferentes nestas crianças, o que confere uma dimensão ética na qual é urgente reflectir.

A resposta adequada a aspectos emocionais do processo mental obriga a uma compreensão do processo mental do outro, activando-se diferentes áreas cerebrais, e os maus-tratos são um paradigma desta modulação. Através de técnicas de ressonância magnética funcional[10], que detectam lesões neurológicas e estudam a activação neuronal, identificaram-se alterações no córtex pré-frontal e cerebelo, com diminuição do volume global, o que pode ter efeitos nos processos emocionais, especialmente no medo. Também o corpo caloso, estrutura que controla a comunicação entre os dois hemisférios cerebrais, tem dimensão mais reduzida nestes grupos. O mesmo se verifica em crianças que passaram longos períodos da sua vida em instituições de acolhimento, mas, como foram retiradas da família exactamente por maus-tratos, é difícil identificar causas directas, concluindo-se que resultam provavelmente da conjunção dos vários factores (Blackmore, 2011).

[10] A ressonância magnética funcional detecta variações do fluxo sanguíneo em resposta à actividade cerebral (neuronal) e é utilizada essencialmente em investigação para mapeamento cerebral, pois não implica radiações ou contraste.

Funcionalmente, podem apresentar padrões de activação atípicos, com diminuição da activação cortical generalizada, o que condiciona recursos limitados na aquisição cognitiva e social, e predispõe para maior vulnerabilidade ao *stress* e reacções agressivas. Estes achados têm, no entanto, grande variabilidade e muitos adolescentes e jovens adultos ultrapassaram as más experiências de forma positiva, por terem forte resiliência inata ou adquirida.

Conscientes da ambiguidade moral nas decisões perante os maus-tratos na infância, paradigma de conflito entre pais, profissionais de saúde e tribunais, afigura-se fundamental a reflexão sobre o melhor interesse da criança, conceito que expressa a beneficência.

Mantêm-se actuais os clássicos princípios éticos de Beauchamp e Childress (1979) – beneficência, não maleficência, autonomia e justiça –, que tiveram um foco crescente na autonomia. Nas situações de não autonomia nem competência, como é o caso da criança nos primeiros anos de vida, o que prevalece é o princípio da beneficência, que se traduz pela expressão «o melhor interesse da criança» (MIC) ou «o superior interesse da criança» (SIC), complementado pelo princípio da não maleficência, que sublinha o anterior, focando-se em evitar dano desnecessário ou não justificável, numa abordagem por consequência.

À expressão *melhor interesse da criança* são alocadas duas funções essenciais: a de permitir ao médico e aos pais tomarem decisões em nome da criança, defendendo o interesse desta; e a de validar, a médicos e tribunais, a definição das circunstâncias em que podem interferir na autoridade e decisão parental (Pope, 2011). Diekema e Wilfond reputam o *melhor interesse da criança* apropriado para qualquer decisão consensual (a primeira), mas consideram que não representa o melhor instrumento como função limitadora (a segunda), propondo, em caso de discordância ou conflito, que se utilize a avaliação do dano.

O melhor interesse da criança é um processo de julgamento no qual os profissionais identificam as melhores opções de tratamento e os pais escolhem entre essas opções e as suas próprias e da sua família.

A autoridade parental é um direito básico de liberdade aceite como preventivo do dano e decorre da protecção às necessidades básicas da criança para crescer e se desenvolver; mas esta tem também direito a um projecto de vida aberto às suas próprias decisões quando tiver competência e autonomia, pelo que as decisões de outrem sobre a criança não podem comprometer a abertura do seu projecto de vida. Afinal, os pais são decisores por omissão (Diekema e Wilfond, 2015).

E o que significa para os pais o melhor interesse da criança? Esta expressão, além de ser difícil de definir, é muitas vezes impossível de compreender não só pelos pais como pelos tribunais, em caso de conflito de interesses. Como se coaduna, por exemplo, com as necessidades dos próprios pais e com as dos outros filhos? E o que fazer nas situações em que as decisões de pais e dos médicos em equipa multidisciplinar não são coincidentes pela diferente percepção do «melhor interesse da criança»? E nos casos de conflito de interesses, como as situações de maus-tratos?

Os profissionais de saúde têm um papel importante na determinação do melhor interesse da criança, o que implica um processo de decisão negociado com os pais envolvidos e nunca como únicos responsáveis, de forma que possíveis consequências não sejam geradoras de culpabilidade, nomeadamente no processo de luto. A equipa deve incluir as subespecialidades pediátricas envolvidas, psicólogo e outros profissionais como o assistente social. Aos pais, tem de lhes ser dado tempo para decidir e integrar uma informação compreensível e actualizada diariamente, com a variabilidade da condição clínica, assim como os factores ponderados – aliás, seja para os pais seja para os profissionais –, para que possam decidir em consciência.

O valor da pessoa e da vida é absoluto, único e não mensurável, mas a qualidade de vida pode ser avaliada. E, no entanto, o valor e a visão da qualidade variam conforme as diferentes perspectivas, de criança para criança, de família para família, entre diferentes médicos ou entre os outros profissionais de saúde (Einaudi *et al.*, 2015). As experiências das famílias são variadas e subjectivas. Nos casos de grande deficiência, os cuidados paliativos conduzem mais cedo à morte, o que pode ser considerado dano, mas poupam a criança a experiências de sofrimento relacionadas com a intervenção médica e com os tratamentos que prolongam a vida já no plano da chamada futilidade terapêutica[11]. Em todo o caso, uma intervenção médica controlada e mesmo agressiva aumenta a esperança de vida, e essa vida pode incluir vivências positivas para o próprio e para a família.

Consideremos, a título ilustrativo, o caso de RS, quatro anos, que tinha um atraso importante do neurodesenvolvimento, sem diagnóstico quanto à doença de base, com múltiplos internamentos por falências orgânicas e prognóstico muito reservado. Com a presunção de que a criança teria uma esperança de vida curta e sempre grande dependência dos cuidados de saúde, da família e da comunidade, houve consenso entre os pais e a equipa de saúde que, em caso de paragem cardiorrespiratória, RS não teria nenhuma intervenção médica nem seria admitido em cuidados intensivos.

---

[11] O conceito de «futilidade terapêutica» reporta-se à obstinação de intervenção terapêutica quando se percebe que esta é desproporcional aos resultados benéficos possíveis, isto é, não produz os efeitos desejados e pode até ser causa de maior dano ou desconforto. Chama-se obstinação ou encarniçamento terapêutico ao uso de tratamentos cujo efeito é mais nocivo do que os efeitos da doença, ou inútil porque o benefício esperado é menor do que os inconvenientes previsíveis.

No entanto, e para resolver um problema relativo ao modo de alimentação por botão gástrico (sonda de silicone colocada através da pele do abdómen até ao estômago), programado nos cuidados habituais, RS foi internado para uma cirurgia simples. No decurso da anestesia, teve uma paragem cardiorrespiratória e surgiu imediatamente discordância entre pais e na própria equipa médica quanto a intervir e enviar para os cuidados intensivos. Neste caso, sendo uma cirurgia programada, o que deve ser feito? Ou seja, o que aconteceu não foi a deterioração natural que os pais pressentiam e aceitavam, mas a situação inesperada de uma intervenção que lhes foi dita sem risco. Neste caso, a equipa de cuidados intensivos não concordava em admitir RS na unidade e a equipa cirúrgica e os pais consideravam que se justificava a reanimação, baseando-se no facto de uma ordem de não reanimação significar tolerar a morte natural e, para os pais de RS, o contexto de uma intervenção programada não era uma morte natural. Na literatura anglo-saxónica, propõe-se substituir *do not ressuscitate* (não reanimar) por *allow natural death* (permitir a morte natural), terminologia mais compreensiva e geradora de tranquilidade (Venneman *et al.*, 2008). RS não respondeu às manobras de reanimação e faleceu no bloco operatório, sem a presença dos pais.

A criança, com ou sem deficiência física ou mental, tem dignidade, valor intrínseco e direito ao respeito, protecção e tratamento médico no seu melhor interesse.

Estas crianças, sem diagnóstico e sem prognóstico, podem ser um peso para algumas famílias, mas, para outras, tornam-se objectivo de vida por terem necessidade de apoio permanente. Habitualmente, um dos elementos da família nuclear (com mais frequência a mãe) dedica-se a tempo inteiro como cuidador informal, estabelecendo uma ligação muito próxima e difícil de romper.

Um dos casos mais recentes publicados na literatura médica é o do bebé inglês Charlie Gard, nascido em Agosto de 2016, com doença mitocondrial de início precoce, e prognóstico de alteração grave do desenvolvimento e morte no primeiro ano de vida. Aos 11 meses de idade, o estado deteriorou-se apesar da terapêutica inovadora (em ensaio clínico), e os pais queriam transferi-lo para os Estados Unidos da América para terapia experimental. Tanto a equipa de saúde como o tribunal decidiram que a transferência não era do melhor interesse da criança, iria prolongar o sofrimento causando mais dano e que o suporte de vida devia ser interrompido. Charlie foi admitido em cuidados paliativos, onde morreu pouco depois (Shah, Rosenberg e Diekema, 2017).

Será esta discussão em torno do *melhor* ou *superior interesse da criança* fundamental, ou esta expressão será sempre vaga e sem oferecer um apreciável grau de confiança? Deverá então ser considerado o dano um instrumento para ajudar à decisão em prol da criança? Alguns bioeticistas propõem que o *melhor interesse* seja mediado ou substituído pela expressão anglo-saxónica *harm treshold*, traduzida livremente por «limiar do dano», gerador de melhor compreensão para os pais e até para os tribunais. Em situações de conflito entre pais e equipa de saúde no que se refere ao tratamento médico de uma criança, o estabelecimento do limiar do dano para a criança poderá permitir ao médico, equipa e tribunal ultrapassarem a decisão dos pais. O limiar do dano seria facilitador do entendimento do melhor interesse. A definição de dano – secção 31, n.º 9, do *Children Act* (1989) – como a situação que prejudica a saúde ou o desenvolvimento parece clara e não ambígua. Mas pode objectar-se que a expressão *melhor interesse da criança*, como guia e limite, tem como consequência facilitar a intervenção dos profissionais de saúde quando há desacordo com os pais. Há um limite de tolerância à decisão parental? A interferência profissional é justificada apenas quando é diferente ou contrária à de qualquer outro pai ou mãe razoável em circunstâncias semelhantes.

O que pode ser considerado abuso de direito também pode variar conforme as circunstâncias. Considere-se, por exemplo, a síndrome da criança abanada, com lesões cerebrais tão graves, que não se justifica continuar o suporte de vida. O médico propõe interrupção de tratamento, o que é negado pelos pais, não pela preocupação com a saúde da criança, mas pelo receio da incriminação pela morte. Poderá não causar dano continuar a ventilar a criança, mas a decisão dos pais é ditada por um conflito directo de interesses.

O limiar do dano, de mais fácil compreensão para legisladores, médicos e pais, pode ser um instrumento útil também para as situações em que os pais recusam a intervenção clínica e o médico a considera justificada, ou seja, o conceito de limiar do dano pode validar o desrespeito pela decisão dos pais (Diekema e Wilfond, 2015). O limiar do dano permite ultrapassar a vontade dos pais? É útil em caso de conflito de interesses? Aos pais é dada grande latitude na decisão, mas a autoridade parental não é absoluta e, se esta for causa de dano e contrária ao melhor interesse, o Estado deve intervir (Birchley, 2016a).

Todavia, como a definição de limiar do dano inclui uma enorme variedade de circunstâncias, o seu uso jurídico comporta também algum grau de indefinição. Por exemplo, o nível cultural da criança e da família afecta a avaliação da gravidade do dano, de forma positiva ou negativa, em diferentes casos. Uma mesma situação clínica, com consequências dramáticas para o desenvolvimento, pode ser aceite numa família por convicção religiosa e não noutra por dificuldade financeira.

Birchley considera que os dois conceitos, «melhor interesse» e «limiar do dano», têm os mesmos problemas e indefinições. Na prática, seriam indistinguíveis, com o mesmo nível de incerteza, sem uma base normativa e muito susceptíveis a julgamentos de valor e subjectividades. O melhor interesse significa saúde e bem-estar, e este último estado, como dinâmico, exige uma compreensão multidimensional e duas perspectivas, a objectiva e a subjectiva. Se a primeira inclui a situação material (casa e ambiente), saúde e segurança, educação, estrutura e relacionamento familiar, e comportamentos e risco, a segunda, não menos importante, reporta-se à percepção da própria criança quanto à sua saúde e bem-estar (Unicef, 2007; OCDE, 2009).

O papel do médico e do eticista é identificar as opções que colocam a criança em risco de dano, o que define a tolerância para a decisão. Os profissionais de saúde podem também ter valores diferentes dos das famílias e a abordagem deve ser criativa e compreensiva, de forma a guiar os pais. Se os pais não conseguem decidir, porque o prognóstico é incerto ou não há um equilíbrio claro entre os prós e contras das várias opções, podem ser indicados os cuidados que preservam a vida, com reavaliação regular após cada intervenção (McDougall, 2016).

O médico tem autoridade moral para ultrapassar a recusa dos pais e presume a protecção sem limites à sua autoridade; embora, em certos casos, abster-se de a exercer poder ser uma forma pragmática de manter o envolvimento parental e assegurar a capacidade de beneficiar a criança no futuro.

A vida cognitiva de Charlie Gard (a sua relação com outros não se conhece) não pode ser avaliada e é subestimada, não se sabe se existe. Poderá ser considerada vida para os que valorizam qualquer forma de vida, mas para outros terá apenas sentido desde que seja uma vida com qualidade, o que pressupõe capacidade de interagir com o outro (Shah, Rosenberg e Diekema, 2017).

Configura a teoria da escolha racional, que estipula que a escolha seria a mesma por diferentes pessoas; mas implica o conhecimento de todas as opções possíveis, de todos os resultados decorrentes, o valor para cada uma delas e as probabilidades de cada possibilidade (Birchley, 2016b).

Em caso de conflito, o padrão do melhor interesse tem pouco fundamento para restringir a escolha dos pais, uma vez que é subjectivo e carregado de valor. O limiar do dano identifica o limiar para a intervenção, mas só deve ser utilizado quando o médico considera ser necessário, urgente e inadiável interferir na decisão dos pais para impedir risco de dano importante. Neste caso, estabelecer o limite do dano é mais consistente e mais fácil de aplicar e respeita os valores e princípios dos pais.

O melhor interesse da criança será apropriado para escolher entre intervenções alternativas e fazer recomendações aos pais em nome da criança, mas, caso os pais não consigam tomar uma decisão ou haja disputa com necessidade de solicitar a intervenção do Estado, sugere-se o limiar do dano como princípio e arma intuitiva (Diekema, 2011).

Para os pais de Charlie Gard, procurar prolongar a vida não equivalia a submeter o filho a futilidade médica ou a distanásia, mas correspondia a uma esperança no tratamento, na investigação e nos progressos da medicina.

Pais, profissionais e tribunais têm de ter critérios e conceitos robustos para o exercício do seu poder, nomeadamente quando está em causa uma decisão em nome de outro, pelo que médicos, biólogos e eticistas estão de acordo que o foco deve ser na investigação nestas áreas sobre o que é razoável e não no julgamento do que se aplica melhor, pois nenhuma decisão é isenta de valor.

Referências e leituras recomendadas

Baylis, F., The ethics of creating children with three genetic parents, *Reproductive Biomedicine Online* 26, 2013: pp. 531–534.

Birchley, G., Harm is all you need? Best interests and disputes about parental decision-making, *Journal of Medical Ethics* 42, 2016a: pp. 111–115.

Birchley, G., The harm threshold and parents' obligation to benefit their children, *Journal of Medical Ethics* 42, 2016b: pp. 123–126.

BLACKMORE, S-J., Development of the social brain in adolescence, *in Labirintos da Adolescência – Roads to Whatever*, Lisboa, Edição Fórum Gulbenkian de Saúde, 2011.

BODURTHA, J. e STRAUSS, J., Genomics and perinatal care, *New England Journal of Medicine* 366, 2012: pp. 64–73.

DE JONG, A.; MAYA, I. e VAN LITH, J. M., Prenatal screening: current practice, new developments, ethical challenges, *Bioethics* 29, 2015: pp. 1–8.

DIEKEMA, D. S., Revisiting the best interest standard: uses and misuses, *Journal of Clinical Ethics* 22, 2011: pp. 128–133.

DIEKEMA, D. S. e WILFOND, B. S., Decision-making for children with disabilities: parental discretion and moral ambiguity, *Perspectives in Biology and Medicine* 58, 2015: pp. 328–331.

EINAUDI, M. A. *et al.*, How do physicians perceive quality of life?, *BMC Medical Ethics* 16, 2015: p. 50. doi: 10.1186/s12910-015-0045-5.

FOX, R. C. e SWAZEY, J. P., *Observing Bioethics*, Nova Iorque, Oxford University Press, 2008.

MCDOUGALL, R. J., Indeterminacy and the normative basis of the harm threshold for overriding parental decisions: a response to Birchley, *Journal of Medical Ethics* 42, 2016: pp. 119–120.

OCDE, *Doing Better for Children*, Paris, 2009. Disponível em: https://www.oecd.org/els/family/43570328.pdf.

POPE, T. M., The best interest standard: both guide and limit to medical decision making on behalf of incapacitated patients, *Journal of Clinical Ethics* 22, 2011: pp. 134–137.

SHAH, S. K.; ROSENBERG, A. R. e DIEKEMA, D. S., Charlie Gard and the Limits of Best Interests, *JAMA Pediatrics* 171, 2017: pp. 937–938.

SOCIEDADE PORTÚGUESA DE NEONATOLOGIA, "Limite da Viabilidade", 2014 (https://www.spneonatologia.pt/wp-content/uploads/2016/11/2014-Viabilidade.pdf).

THOMPSON-COOPER, I.; FUGÈRE, R. e CORMIER, B. M., The child abuse reporting laws: an ethical dilemma for professionals, *Canadian Journal of Psychiatry* 38, 1993: pp. 557–562.

Tom L Beauchamp and James F. Childress, *Principles of Biomedical Ethics*, Seventh Edition. Oxford University Press. 2012.

Venneman, S. S. *et al.*, "Allow natural death" *versus* "do not resuscitate": three words that can change a life, *Journal of Medical Ethics* 34, 2008: pp. 2–6.

Unicef, *An overview of child well-being in rich countries*, Innocenti Research Centre, Report Card 7, Florença, 2007. Disponível em: https://www.unicef.org/media/files/ChildPovertyReport.pdf.

WHO, «Child maltreatment fact sheet», 2016.

Wilkinson, D. J. *et al.*, Genomic intensive care: should we perform genome testing in critically ill newborns?, *ADC Fetal and Neonatal Edition* 101, 2016: pp. 94–98.

Wilkinson, D. J.; Petrou, S. e Savulescu, J., Rationing potentially inappropriate treatment in newborn intensive care in developed countries, *Seminars in Fetal and Neonatal Medicine* 23, 2018: pp. 52–58.

Adolescência

Helena Fonseca
Unidade de Medicina do Adolescente do Departamento de Pediatria
do Hospital de Santa Maria e Faculdade de Medicina
da Universidade de Lisboa

Os primeiros anos de vida são reconhecidamente determinantes no estabelecimento de atitudes e comportamentos que perduram ao longo da vida. A concepção de que a pessoa, durante os primeiros anos de vida, possui as suas próprias realidades e valores, que evoluem e se transformam no decurso das etapas sucessivas do seu ciclo de vida, devendo corresponder a cada uma delas uma intervenção educacional específica, foi já defendida por Rousseau no século XVIII.

Se é inquestionável que a primeira infância é fulcral no desenvolvimento humano, o período da adolescência é determinante para consolidar e desenvolver as aquisições adquiridas nesse período, tendo a Organização Mundial de Saúde (OMS) definido a segunda década da vida como a segunda oportunidade.

E, no entanto, o conceito de adolescência é relativamente recente. Antes de existir, passava-se directamente da infância à idade adulta, muitas vezes através de ritos de passagem ou seus equivalentes em que as crianças eram submetidas a provas que, uma vez realizadas com sucesso, lhes permitem a entrada no mundo adulto. Em algumas sociedades, ainda encontramos exemplos desses ritos de passagem, que podem assumir características religiosas, sociais ou militares. Então, as crianças são submetidas a provas que, uma vez realizadas com sucesso, lhes permitem a entrada no mundo adulto. Na nossa sociedade, podemos encontrar equivalentes deste fenómeno (por exemplo, o direito de votar ou de obter a licença de condução aos 18 anos) que representam sinais de reconhecimento por parte da sociedade de uma mudança de estatuto, conferindo novos direitos e privilégios ao adolescente, mas exigindo-lhe também novas responsabilidades.

Os limites cronológicos da adolescência são definidos pela OMS entre os 10 e os 19 anos. A OMS utiliza ainda o termo jovens (*young people*) para englobar a faixa etária dos 10 aos 24 anos e juventude (*youth*) para o período entre os 15 e os 24 anos. A adolescência é uma fase do desenvolvimento com características específicas e tarefas bem definidas. Corresponde a um período da vida extremamente vulnerável, em que qualquer interferência na integridade física ou psicológica se vai repercutir nesse equilíbrio já de si tão frágil. Das múltiplas interferências possíveis na vida dos adolescentes, a doença e a eventual hospitalização são acontecimentos marcantes que obrigam muitas vezes a tomar decisões, nem sempre lineares.

1. Transformação biológica e psicossocial

1.1. A nível biológico

A puberdade assinala o início de um período de inúmeras transformações, entre as quais a aceleração na velocidade de crescimento e o aparecimento dos caracteres sexuais secundários.

Na adolescência o corpo assume uma dimensão fundamental. O adolescente tem no seu corpo em transformação uma forma privilegiada de interacção consigo mesmo e com o mundo que o rodeia. Quando se coloca diante do espelho, espanta-se e interroga-se sobre as novas formas que o corpo está a assumir. Mais de 20% do crescimento em altura e 50% do peso em adulto são adquiridos durante este período. O adolescente sente-se frequentemente desconfortável e desajeitado num corpo que não reconhece e que não cresce da maneira mais harmoniosa, já que há partes do corpo, como os membros, que crescem a um ritmo mais rápido do que outras, como por exemplo o tronco, cujo crescimento está mais dependente da testosterona e, como tal, cresce num segundo tempo.

A grande diversidade na altura entre adolescentes da mesma idade e sexo e o *timing* diferente da aceleração da velocidade de crescimento (surto de crescimento) podem originar apreensão, frequentemente geradora de mal-estar.

A composição corporal modifica-se, acentuando a diferença entre géneros. A alteração da distribuição massa gorda/massa magra determina uma modificação importante na silhueta. Nas raparigas, a anca arredonda e as coxas alargam. Nos rapazes, os ombros alargam e a cintura estreita. A massa gorda nas raparigas aumenta e no rapaz diminui, e o inverso acontece com a massa magra.

Todos estes fenómenos podem gerar confusão e dúvidas sobre a normalidade. Podem ainda, muito em particular no sexo feminino, originar insatisfação corporal e contribuir para a génese de perturbações do comportamento alimentar.

Apesar de, na grande maioria dos casos, o corpo adolescente ser um corpo saudável, por vezes não o é. Um corpo doente poderá interferir no processo da adolescência tanto do ponto de vista físico como psicossocial.

Os primeiros anos da adolescência não são fáceis. As transformações rápidas a nível do corpo nem sempre são acompanhadas de um crescimento psicológico ao mesmo ritmo. E, sobretudo, os adolescentes não crescem todos do mesmo modo. Cada um cresce ao seu ritmo próprio, tanto a nível do corpo como da mente.

É importante perceber o ritmo específico de cada um, ritmo esse que depende de inúmeros factores, genéticos e ambientais.

1.2. A nível psicossocial

O pensamento abstracto é a marca da diferença entre a actividade cognitiva da criança e do adulto. Segundo Piaget, o estádio das operações formais surge a partir dos 12 anos. No entanto, nas fases iniciais deste pensamento operacional, o adolescente ainda não desenvolveu a mestria necessária para, por exemplo, definir soluções possíveis para problemas relativamente simples da vida quotidiana. O pensamento abstracto pleno só é conseguido mais tardiamente, e o córtex pré-frontal, responsável nomeadamente pela capacidade de antevisão das consequências de uma determinada acção, só irá atingir a maturidade adulta pelos 25 anos.

O pensamento operacional formal caracteriza-se pela capacidade de gerar abstracções, construir hipóteses, fazer a abordagem de um problema de uma maneira sistemática, usar combinações lógicas, criar as várias possibilidades a partir de uma situação específica.

O desenvolvimento psicossocial condiciona a capacidade que o adolescente tem de se ver a si próprio e de se relacionar com os outros e compreende essencialmente quatro tarefas: a autonomia que o adolescente vai construindo em relação aos pais e à família; os projectos de futuro que passam por um objectivo vocacional; o amadurecimento da sexualidade e o desenvolvimento de uma auto-imagem positiva, ambos essenciais para a formação da identidade. Considera-se que as tarefas *major* da adolescência são o desenvolvimento da autonomia e a construção da identidade.

Os cenários privilegiados da vida social, ou seja, a família, a escola e o grupo de pares jogam um papel determinante na construção da identidade.

2. Políticas de saúde

As políticas de saúde e as medidas tomadas nas últimas décadas tornaram Portugal numa referência na promoção da saúde da criança e do adolescente.

Os anos 80 e 90 caracterizaram-se por um grande investimento na saúde materno-infantil com grande sucesso. A taxa de mortalidade infantil caiu de forma consistente, resultado da melhoria das condições socioeconómicas dos portugueses e das reformas globais na saúde. Portugal tem uma das taxas mais baixas de mortalidade infantil da União Europeia (UE): o nosso país passou de uma média de 5 mortes por cada 1000 nados-vivos, em 2001, para 3,2‰ em 2016, sendo a média europeia de 3,6‰. Na base deste sucesso esteve uma importante convergência de factores, entre os quais, o transporte inter-hospitalar e o programa nacional de saúde materna e infantil com concentração de cuidados, hospitais de apoio perinatal diferenciado, a rede de referenciação e a articulação entre níveis de cuidados, a isenção de taxas moderadoras para grávidas e crianças, e o investimento na formação de profissionais de saúde. A melhoria das condições socioeconómicas com uma melhor nutrição, a generalização do saneamento básico, famílias mais pequenas e um maior investimento nos filhos, mais educação e literacia em saúde contribuíram também indubitavelmente para tal.

A evolução da saúde pediátrica em Portugal pode ser, pois, considerada uma história de sucesso. Entretanto, novos desafios se colocam, entre eles a grande mudança da realidade social e das famílias, o envelhecimento da população, o declínio da fecundidade que é acompanhado pelo adiamento da maternidade e a evidência de que, enquanto os indicadores de mortalidade e morbilidade na infância têm melhorado, as taxas de mortalidade na adolescência têm-se mantido relativamente constantes, com os acidentes a continuarem a ser a principal causa de mortalidade neste grupo etário.

Viner *et al.* analisaram a evolução das taxas de mortalidade de crianças e jovens em 50 países (desenvolvidos e em desenvolvimento) num período de 50 anos e verificaram que, entre 2000 e 2004, a taxa de mortalidade de jovens do sexo masculino com idades entre 15 e 24 anos foi duas a três vezes superior à das crianças do sexo masculino com idades entre os 1 e 4 anos, o que evidencia que, enquanto os indicadores de mortalidade na infância têm melhorado, tal não tem acontecido na adolescência. É assim essencial analisar os indicadores de saúde relativos a este grupo etário para, através de uma acção concertada intersectorial, conseguir identificar as áreas prioritárias de intervenção.

Apesar de alguns avanços, os serviços de saúde no nosso país ainda não estão completamente adaptados à segunda década da vida, tanto no que se refere aos aspectos de ordem física (por exemplo, a inadequação das instalações sem garante de privacidade, adolescentes internados lado a lado com crianças pequenas), como no que respeita à diminuta formação dos profissionais de saúde nesta área específica.

Para que a evolução da saúde pediátrica continue a ser uma história de sucesso em Portugal, importará consolidar os resultados da saúde infantil e investir na saúde dos adolescentes, através do desenvolvimento de esforços equivalentes nas áreas da educação, nutrição, vacinação, promoção da saúde e controlo dos factores que a influenciam negativamente (acidentes, gravidez, aborto, infecções sexualmente transmitidas, consumos, doença mental, suicídio e violência).

Entre nós, a Secção de Medicina do Adolescente da Sociedade Portuguesa de Pediatria, criada no ano 2000 e transformada em 2013 em Sociedade de Medicina do Adolescente, tem desenvolvido esforços notáveis nesse sentido, promovendo nomeadamente o treino dos pediatras na área da adolescência. Os serviços de saúde foram-se também progressivamente adaptando a este grupo etário.

O alargamento efectivo da idade de atendimento até aos 17 anos e 364 dias pelos serviços de pediatria (no serviço de urgência, consulta externa, hospital de dia e internamento) veio só a ser determinado em 11 de Junho de 2010 (Despacho n.º 9871/2010). Nesse despacho pode ler-se: «Considerando que no seu percurso de crescimento e desenvolvimento as crianças têm necessidades muito diversas, deverá atender-se às especificidades das diferentes características da idade da criança e adolescente, criando as condições para o cumprimento das recomendações das Nações Unidas e da Carta da Criança Hospitalizada no âmbito da rede de cuidados pediátricos.» Acrescenta que «a implementação do alargamento da idade de atendimento deverá ser gradual e progressiva, em termos a definir por cada instituição, em articulação estreita com a respectiva administração regional de saúde, atendendo às especificidades de cada área de intervenção».

Esta harmonização da idade de atendimento à criança e ao adolescente, assegurando a acessibilidade à rede de cuidados pediátricos do Sistema Nacional de Saúde a todos os utentes até aos 18 anos, veio ao encontro da realização plena dos direitos decorrentes da Convenção das Nações Unidas sobre os Direitos da Criança.

Mais recentemente, outro marco relevante ocorreu no nosso país, com a isenção da taxa moderadora até aos 18 anos (26/2/2015). A Secção de Medicina do Adolescente da Sociedade Portuguesa de Pediatria desde sempre defendeu e advogou este alargamento da isenção, especificamente através do envio de uma carta à Ministra da Saúde, em 2010, em que se lia «[...] A definição dos 12 anos como idade limite de pagamento de taxas moderadoras fazia sentido num contexto de atendimento pediátrico exclusivamente até esta idade, que era a realidade portuguesa até há alguns anos atrás. A recente alteração da organização do atendimento pediátrico em Portugal, com a inclusão dos adolescentes até aos 18 anos de idade, veio alterar esta realidade, deixando de fazer sentido a manutenção dos 12 anos como idade limite para o pagamento das referidas taxas. A sua manutenção, no nosso entender, constitui uma questão de desigualdade em relação à restante idade pediátrica e dificulta o recurso dos adolescentes aos serviços de saúde, comprometendo uma das principais metas do Programa Nacional de Saúde dos Jovens. Assim, tendo em conta todas as considerações atrás referidas, vimos por este meio solicitar a Vossa Excelência que seja revista a obrigatoriedade de pagamento de taxas moderadoras neste grupo etário específico (13 aos 18 anos), à semelhança do que ocorre já na restante população pediátrica.»

Em Portugal, os cuidados de saúde primários ao adolescente são prestados essencialmente por dois grupos de médicos: os pediatras e os especialistas em medicina geral e familiar. Os pediatras reclamam-se como prestadores de cuidados de saúde especializados para este grupo etário. No entanto, a grande maioria dos médicos acaba por ver adolescentes na sua prática clínica (exemplo: o ortopedista que recebe um adolescente acidentado), o que só por si justifica a inclusão da Medicina da Adolescência no ensino pré-graduado das Faculdades de Medicina, que beneficiariam em acompanhar esta realidade em mudança, desenvolvendo os seus *curricula* segundo o ciclo de vida: nascer com saúde, crescer com segurança e afecto, promover a saúde e prestar mais e melhores cuidados de saúde nas sucessivas fases do ciclo de vida.

Só a acção concertada, intersectorial, com envolvimento de outras áreas poderá resultar na melhoria progressiva da saúde da criança e do adolescente.

O Programa Nacional de Saúde Infantil e Juvenil constituiu a orientação técnica dada ao Sistema Nacional de Saúde em matéria de avaliação do crescimento e desenvolvimento das crianças e adolescentes até aos 18 anos. Contempla na sua última actualização três consultas de vigilância de saúde para o grupo etário dos 10 aos 18 anos: aos 10 anos, 12–13 anos e 15–18 anos.

A inclusão de uma consulta de vigilância de saúde programada para os 10 anos foi uma medida importante. No entanto, a inexistência de uma consulta planeada especificamente para os 18 anos foi uma perda. No programa actual está contemplada uma única consulta entre os 15 e os 18 anos, enquanto o anterior incluía uma consulta aos 15 e outra aos 18 anos. Uma consulta aos 18 anos é particularmente importante, já que assinala a transição para a idade adulta. A nosso ver, as questões da transição não podem ser restringidas à doença crónica.

Com o alargamento do grupo etário, a pediatria tem visto o seu campo de intervenção alargado, tentando cada vez mais dar resposta a questões que ultrapassam, frequentemente, o âmbito da intervenção médica tradicional. Tem-se vindo a assistir a uma tomada de consciência crescente da necessidade de contextualizar, do ponto de vista psicológico, familiar e social, o motivo que faz o adolescente, num determinado momento, recorrer aos serviços de saúde. Há evidência de que todo o empenho depositado no tratamento de um adolescente poderá sair frustrado se não se estiver atento à sua fase de desenvolvimento e realidade circunstancial.

A diversidade dos problemas suscitados no atendimento ao adolescente levou, desde o início, à constituição de equipas multidisciplinares, nas quais os pediatras, enquanto internistas do ser em desenvolvimento, sempre estiveram incluídos e desempenharam um papel fulcral.

3. Como facilitar o acesso dos adolescentes aos serviços de saúde

Existem múltiplas barreiras que o adolescente pode ter de enfrentar para procurar cuidados de saúde para além de razões financeiras. No seu documento «Adolescent Friendly Health Services» (2003), a OMS discutiu algumas dessas barreiras e definiu as características de que os serviços de saúde destinados a adolescentes se deveriam revestir, entre as quais a acessibilidade e a garantia de privacidade e confidencialidade.

A Direcção da Secção de Medicina do Adolescente da Sociedade Portuguesa de Pediatria elaborou, em 2005, um consenso sobre os requisitos para o atendimento ao adolescente, que foi publicado na *Acta Pediátrica Portuguesa*, a revista oficial da Sociedade Portuguesa de Pediatria, e que passo a transcrever, pois considero que o conteúdo se mantém, na sua essência, actual:

> O desenvolvimento na adolescência faz parte de um percurso cheio de oportunidades mas também com alguns riscos. Um adolescente saudável terá oportunidade de percorrer a caminhada até entrar na vida adulta tirando o máximo partido dos seus recursos e potencialidades e escolhendo livremente os seus riscos.
>
> Os Serviços de Saúde devem dar resposta às necessidades de saúde dos adolescentes de um modo integrado e proporcionando-lhes um ambiente adequado. A competência técnica deve ser acompanhada de respeito e sensibilidade para compreender a realidade de cada adolescente e descobrir os problemas subjacentes que possam não ser a causa imediata de vinda à consulta. [...]

O adolescente é por regra geral um indivíduo saudável, que recorre pouco aos Serviços de Saúde. O hábito de vigilância de saúde nos primeiros anos de vida, felizmente instituído entre nós, quebra-se progressivamente a partir da idade escolar. Assim, perde-se a oportunidade de prestar cuidados antecipatórios e muitas afecções específicas da adolescência vão passando despercebidas.

Alguns exemplos dessas afecções são as alterações do crescimento e do desenvolvimento pubertário, a acne, a patologia do foro ginecológico, as perturbações da adaptação reactivas a acontecimentos de vida ou à fase do desenvolvimento, as perturbações do comportamento alimentar e os comportamentos de experimentação (comportamentos adictivos, actividade sexual não protegida, acidentes). Essas patologias são frequentemente coexistentes e necessitam ser inseridas no «todo» que é o adolescente, exigindo uma abordagem global, somática e psicossocial, feita num espaço próprio que respeite a sua privacidade e autonomia e com profissionais interessados, disponíveis e com formação adequada. Tem sido amplamente demonstrado que este tipo de abordagem permite evitar duplicação de consultas, proporcionando uma maior adesão e menor absentismo escolar.

Nos últimos 15 anos têm vindo a surgir, tanto nos hospitais centrais como nos distritais, consultas de adolescentes ligadas aos serviços de pediatria, coordenadas por pediatras que, na sua maioria, fizeram estágios nas unidades de adolescentes consideradas idóneas pelo Colégio da Especialidade da Ordem dos Médicos para dar formação específica nesta área. A Unidade de Medicina do Adolescente (UMA) do Departamento de Pediatria do Hospital de Santa Maria foi a primeira a que foi reconhecida idoneidade, e o trabalho nela desenvolvido tem sido determinante para o crescimento desta área a nível nacional.

Importa repensar a adequação dos serviços que são prestados a este grupo etário, da qual faz parte integrante não só o treino específico dos profissionais de saúde como factor determinante da qualidade, mas também o investimento na formação pré-graduada nesta área.

4. Legislação relevante

De acordo com a lei portuguesa, um menor é todo o indivíduo com menos de 18 anos de idade (artigo 122.º do Código Civil). De acordo com o artigo 1877.º, as crianças estão sob o poder parental até atingirem a maioridade ou a emancipação.

O artigo 1878.º estabelece que os pais são responsáveis pela saúde dos filhos e que, em função do nível de maturidade destes, deverão ter em linha de conta a opinião dos filhos.

Segundo o artigo 1886.º do Código Civil, os adolescentes aos 16 anos podem decidir livremente qual a religião que pretendem praticar.

Com base no artigo 1901.º, n.º 2, do Código Civil, se houver desacordo entre os pais e o adolescente no que diga respeito a tópicos relevantes relativos ao exercício do poder parental, o juiz tem a obrigação de escutar o adolescente maior de 14 anos.

Os menores com mais de 16 anos que se casem sem consentimento parental são objecto de penalizações, contudo, o casamento é válido (artigo 1649.º do Código Civil).

Segundo a lei portuguesa, o acesso à educação sexual e planeamento familiar, bem como o acesso livre às clínicas de planeamento familiar, é garantido a toda a população sem discriminação (artigo 5.º, Lei n.º 3/84).

Com base na Portaria n.º 52/85, artigo 10.º, «Os profissionais a prestar serviço nas consultas de planeamento familiar [...] ficam sujeitos ao dever de sigilo profissional sobre o objectivo, conteúdo e resultado das acções em que tiveram intervenção[...]».

Relativamente à questão se um profissional de saúde pode prescrever um método de contracepção a um adolescente com menos de 16 anos e se tem obrigatoriedade de dar conhecimento ao responsável, segundo a Lei n.º 120/99 e o Decreto-Lei n.º 259/2000, os adolescentes podem decidir livremente sobre a sua vida sexual e reprodutiva. O respeito à autonomia faz que passem de objecto a sujeito de direito. Deve estimular-se o sentido da responsabilidade do adolescente. A orientação médica deve abranger todos os métodos recomendados, com ênfase na protecção dupla (incluindo sempre o preservativo). Deve ter-se em consideração o método solicitado por parte do adolescente, respeitando, no entanto, os critérios médicos de elegibilidade. O responsável legal será informado se o adolescente expressar essa vontade.

A adolescente com mais de 16 anos pode optar por interromper uma gravidez dentro dos limites legais (nas primeiras dez semanas, Lei n.º 16/2007, artigo 1.º, n.º 1). Se tiver menos de 16 anos, terá de ter consentimento do seu representante legal (Lei n.º 16/2007, artigo 1.º, n.º 5), sendo desejável respeitar a vontade da adolescente independentemente da idade. Em caso de discordância entre adolescente e responsável poderá ser accionada a via jurídica.

4.1. Sigilo e confidencialidade

Apesar de as questões relativas ao sigilo profissional serem válidas em todas as idades, na adolescência revelam-se verdadeiramente cruciais para o sucesso de um acompanhamento.

Segundo o artigo 29.º do Código Deontológico da Ordem dos Médicos[1], o segredo médico é condição essencial ao rela-

---

[1] Código Deontológico da Ordem dos Médicos, Diário da República n.º 139, Série II de 21 de Julho de 2016.

cionamento médico-doente, assenta no interesse moral, social, profissional e ético, que pressupõe e permite uma base de verdade e de mútua confiança.

O conceito de confidencialidade (não transmissão da informação sem consentimento ou vontade do adolescente) deve ser explicitado e discutido com o adolescente e com quem o acompanhe, bem como as suas excepções, nomeadamente se estiver presente risco para a vida do próprio ou de terceiros (artigos 30.º, 32.º e 33.º).

A linguagem utilizada deverá ser adequada à fase de desenvolvimento do adolescente e à realidade sociocultural da família. Poder-se-á utilizar exemplos para clarificação, para nos certificarmos de que o conceito foi apreendido.

Há estudos muito interessantes que mostram como a explicitação da confidencialidade, no início de um acompanhamento médico, pode ser determinante para a colheita de uma história clínica fidedigna e para o sucesso da intervenção.

4.2. Consentimento informado

Com base no artigo 38.º, n.º 3, do Código Penal, o consentimento é reconhecido aos adolescentes com mais de 16 anos que estejam na posse completa das suas capacidades para compreender o significado e implicações desse consentimento.

A lei portuguesa estabelece assim, inequivocamente, que os adolescentes acima dos 16 anos, com capacidade de avaliar o significado e implicações do consentimento no momento em que é solicitado, têm o direito de o dar ou recusar. É, porém, menos clara relativamente a como, quando e quem avalia essa capacidade.

De acordo com os artigos 19.º, 20.º e 21.º do Código Deontológico da Ordem dos Médicos (2016), o médico tem o dever de prestar esclarecimento sobre o diagnóstico, terapêutica e prognóstico da doença, devendo utilizar linguagem adequada e ter em conta o estado emocional do doente, a sua capacidade de compreensão e o seu nível cultural.

De igual modo, na Carta de Direitos e Deveres do Doente está claramente definido que as crianças devem ser informadas, na medida do possível, das acções e exames necessários para o seu estado de saúde, em função da sua idade e capacidade (Direcção-Geral da Saúde, Carta de Direitos e Deveres do Doente, 2005).

Esta avaliação não é fácil de ser efectuada por múltiplas razões e exige o domínio de várias competências por parte do médico, nomeadamente, na área da comunicação.

O ensino médico pré-graduado deveria incluir, no seu conteúdo curricular, o treino na avaliação da competência do adolescente na tomada autónoma de decisão. Esta competência tem de ter em linha de conta os aspectos cognitivos e emocionais do desenvolvimento e a sua evolução ao longo da adolescência.

No ensino médico mais tradicional, o treino de competências na área do consentimento informado é ainda insuficientemente valorizado. Do mesmo modo, a nível dos serviços de saúde, a implementação generalizada de uma política de consentimento informado beneficiaria de ser objecto de avaliação e monitorização apertada.

Consideramos que a complexidade da avaliação da competência do adolescente neste domínio é um dos aspectos mais interessantes desta área de charneira entre a ética e a clínica.

As neurociências têm evidenciado que a capacidade de antever as consequências de um comportamento específico ou de uma tomada de decisão está não apenas prejudicada pela imaturidade do córtex pré-frontal, como também depende do contexto emocional. O ritmo do desenvolvimento afectivo e cognitivo é distinto de um adolescente para outro e, muitas vezes, é discrepante do que se esperaria fruto da idade cronológica. A capacidade de compreender as consequências de uma determinada acção a curto e a longo prazo vai ainda depender da situação em causa. O ritmo do desenvolvimento afectivo e cognitivo varia muito de adolescente para adolescente e, muitas vezes, é discrepante do que se esperaria fruto da idade cronológica.

Apesar de a maturidade socioemocional aumentar com o avanço em idade, os adolescentes reagem de modo diverso dependendo do seu estado emocional, o que levou à definição de dois tipos de cognição – analítica *versus* heurística –, respectivamente designados «fria» (quando o processo decisional ocorre num clima de não *stress*) *versus* «quente» (quando decorre em circunstâncias de grande *stress* emocional). Para uma optimização da capacidade de tomada de decisão, dever-se-á promover um clima empático, garantir a confidencialidade, explorar o pensamento do adolescente «degrau a degrau», utilizando uma complexidade crescente em diferentes momentos de avaliação e promovendo um clima de cognição «fria» na interacção.

A qualidade da relação estabelecida entre o adolescente e a equipa de saúde é fundamental para aumentar a competência dos adolescentes, numa perspectiva de «autonomização». Os adolescentes têm de ser vistos como parceiros do processo de decisão, e mesmo os adolescentes mais novos evidenciam frequentemente competências porventura inesperadas. É comum que os adolescentes que aprenderam a viver com uma doença crónica sejam capazes de tomar decisões acertadas de um modo autónomo desde uma idade precoce. Deste modo, os critérios para avaliar a competência têm vindo a basear-se mais na realidade individual e na capacidade de compreensão do que no mero estabelecimento de uma idade cronológica.

Tem sido muito discutido quem estará mais bem posicionado para avaliar a capacidade de um adolescente pensar sobre a sua condição de saúde e opções terapêuticas. Em alguns países, este processo é delegado a psicólogos ou psiquiatras. Há, no entanto, evidência de que o médico que acompanha directamente o adolescente estará mais bem colocado para a avaliação da competência, por conhecer profundamente o adolescente e o seu processo de desenvolvimento, bem como as consequências/implicações das várias opções diagnósticas e terapêuticas. No caso de doença crónica, em que frequentemente múltiplas especialidades estão envolvidas, é importante que seja instituído um gestor de caso que centralize a informação, interaja com a equipa e tenha um relacionamento privilegiado com o adolescente e a família.

O médico que tenha a seu cargo a avaliação deve conduzir o processo de tal modo, que consiga facilitar a compreensão progressiva da situação por parte do adolescente. Será importante explorar o modo como o adolescente aplica um pensamento lógico para clarificar uma informação ou justificar uma alteração/persistência de opinião com base na informação recebida. O adolescente deverá ser solicitado a ponderar os riscos e benefícios das diferentes opções e decisões a tomar: «Consegue explicar porque acha que esta opção é melhor do que a outra?»; «Consegue comparar as duas opções e listar os riscos e benefícios associados a cada uma delas?»; «E de entre esses riscos e benefícios, quais os que considera mais importantes para tomar uma decisão em relação ao seu futuro?» – são exemplos de questões a considerar. É também importante avaliar de que modo as opiniões da família e de outras pessoas significativas para o adolescente podem influenciar a sua escolha.

Poderá ser difícil para um adolescente antever as consequências a longo prazo de uma determinada opção, dada a sua ainda limitada capacidade de antevisão e de pensamento formal. Uma adolescente grávida de 15 anos, por exemplo, poderá ter dificuldade em imaginar a sua vida com um bebé daí a dois anos.

A avaliação da competência do adolescente na tomada autónoma de decisão constitui parte integrante de todos os processos que incluam dilemas éticos envolvendo adolescentes menores. É dever do profissional de saúde reforçar a autonomia (*empowerment*) do adolescente na sua capacidade de decisão. Para tal, é essencial que os profissionais de saúde desenvolvam competências nas áreas da comunicação e do desenvolvimento psicossocial na adolescência, bem como na condução das questões éticas.

Referências e leituras recomendadas

ALBERT, D. e STEINBERG, L., Judgment and decision making in adolescence, *Journal of Research on Adolescence* 21, 2011: pp. 211–224.

FONSECA, H., *Compreender os Adolescentes: Um Desafio para Pais e Educadores*, Barcarena, Editorial Presença, 2012, 6.ª edição.

GIEDD, J. N., The teen brain: Insights from neuroimaging, *Journal of Adolescent Health* 42, 2008: pp. 335–343.

KLACZYNSKI, P. A., A dual-process model of adolescent development: Implications for decision making, reasoning, and identity, *Advances in Child Development and Behavior* 32, 2004: pp. 73–123.

MACHADO, M. C., Saúde Infantil: uma história de sucesso, *in* SAKELLARIDES, C. e ALVES, M. V. (org.), *Lisboa, Saúde e Inovação: do Renascimento aos dias de hoje*, Lisboa, Gradiva, 2008.

SECÇÃO DE MEDICINA DO ADOLESCENTE DA SOCIEDADE PORTUGUESA DE PEDIATRIA, *Requisitos para o atendimento ao adolescente*, Acta Pediátrica Portuguesa 36, 2005: pp. 223–224.

STEINBERG, L., Does recent research on adolescent brain development inform the mature minor doctrine?, *Journal of Medicine and Philosophy* 38, 2013: pp. 256–267.

VINER, R. M. et al., 50-year mortality trends in children and young people: a study of 50 low-income, middle-income, and high-income countries, *Lancet* 377, 2011: pp. 1162–1174.

WHO, «Adolescent Friendly Health Services: An agenda for change», Genebra, 2003.

WHO, «Health for the world's adolescents: A second chance in the second decade», Genebra, 2014.

Vida adulta e prevenção da doença

Jorge Torgal
NOVA Medical School|Faculdade de Ciências Médicas
da Universidade Nova de Lisboa

O Homem, enquanto adulto, deverá ter conhecimento das principais medidas de promoção da saúde e agir prevenindo a doença de acordo com os seus conhecimentos e com a sua capacidade de confronto com os determinantes sociais de doença.

A chamada literacia em saúde dos cidadãos é, pois, de enorme importância; em todo o caso, não ilude a necessidade crucial de medidas de saúde pública.

Hoje em dia, a generalidade das Constituições dos países tem na sua matriz a Declaração Universal dos Direitos Humanos (1948), que consagra o direito à saúde. A notória excepção da Constituição dos Estados Unidos da América é paradoxalmente contornada, há muito, por programas governamentais de apoio gratuito aos mais frágeis socialmente, os quais, por não terem meios para custear seguros de saúde, não têm acesso a cuidados de saúde. Assim, em geral, no cumprimento dos princípios constitucionais e de acordos multinacionais, existem medidas de saúde pública que, numa ética do bem-estar social e de uma melhor saúde dos cidadãos, condicionam as sociedades e os indivíduos[1].

Em que medida a defesa da saúde e do bem-estar da sociedade pode limitar a liberdade e os direitos individuais? Em que circunstâncias e dentro de que limites os interesses e as liberdades individuais podem sobrepor-se ao interesse da comunidade? Estamos perante um quadro em que quaisquer decisões exigem uma fundamentação ética.

1. Saúde pública

A saúde de um indivíduo, a saúde de uma comunidade estão fortemente dependentes de condicionantes sociais, ambientais, culturais e económicas. Esta evidência foi quantificada por Edwin Chadwick, já no início dos anos de 1800, por um indicador simples, mas objectivo: a esperança de vida à nascença, ao mostrar que esta era mais de duas vezes superior na classe social alta do que nas classes mais baixas.

A saúde pública visa a saúde das comunidades, das nações, a saúde da humanidade, a saúde global, recorrendo a estratégias orientadas para a sociedade, e consistindo numa abordagem social para promover e proteger a saúde[2]. Nascida na Medicina, a Saúde Pública é hoje multidisciplinar, diferindo da medicina clínica, da prestação de cuidados de saúde, dado esta ter a sua prática dirigida à saúde de cada indivíduo.

---

[1] São exemplos mais correntes e generalizados o ser forçoso fazer a ligação a uma rede de saneamento das instalações sanitárias dos edifícios e a obrigatoriedade de desinfecção, em geral com cloro, da água dos sistemas de abastecimento para consumo humano.

[2] Os planos nacionais de vacinação, que não são legalmente obrigatórios, são o exemplo mais eficiente e generalizado.

Todos os actos comportam, na decisão, uma componente ética, na assunção de esta ser uma disciplina dedicada à racionalização do que deve ser feito. Deixando a metaética (o que é o bem) e a ética normativa, situamo-nos na área da ética das práticas.

Assim, é clara a distinção entre Ética da Saúde Pública e a Bioética – esta originariamente mais ligada à prática da clínica médica, à investigação clínica e laboratorial e às biotecnologias, na sua exigência da confidencialidade e do respeito pelo segredo médico, privilegiando a autonomia e os direitos individuais – e a ética própria da decisão em saúde pública, a qual impõe transparência, fundamentação científica e técnica perceptíveis pela sociedade, visando o bem comum, a justiça e a equidade. Os fundamentos, as condicionantes, os objectivos, os meios e as práticas conduziram à estruturação de duas áreas distintas, por vezes mesmo opostas, na Ética da Saúde.

A saúde pública, ao visar o bem comum, promover condições para uma vida mais saudável, diminuindo riscos para a saúde no contexto colectivo, tem prioritariamente em consideração o bem comum, face aos direitos individuais. O sistema público de abastecimento de água potável, o programa nacional de vacinação, a obrigatoriedade de uso de cinto de segurança nos automóveis, a identificação e o registo das causas de morte, a investigação epidemiológica são exemplos de práticas da saúde pública hoje instituídas, e que partem de valores e princípios civilizacionais globalmente aceites (ou que o deveriam ser...).

O mandato da saúde pública para assegurar e proteger a saúde dos cidadãos, sendo eminentemente moral, está ligado ao exercício do poder, exigindo o respeito pelos princípios basilares da ética da saúde pública. A construção desta começou na década de 1990, em múltiplos países, vindo a ser explicitada e sintetizada, em 2002, sob a forma de um Código de Ética para a Saúde Pública, adoptado e divulgado pela Public Health

Leadership Society, constituída por várias instituições dos Estados Unidos da América, sob os auspícios da American Public Health Association.

Um conjunto universal de valores e crenças, próprios da perspectiva da saúde pública, estão na sua base, a saber:

- o Homem tem direito aos recursos necessários para a saúde, no respeito pelo artigo 25.º da Declaração Universal dos Direitos Humanos, que afirma «todos têm direito a um nível de vida adequado à saúde e bem-estar»;
- os Homens são seres sociáveis e interdependentes;
- a eficácia das instituições depende essencialmente da confiança da sociedade;
- as parcerias e a colaboração são cruciais para a saúde pública;
- as pessoas e o ambiente são interdependentes;
- cada indivíduo de uma comunidade deve ter a possibilidade de contribuir para o discurso público;
- o objectivo primordial da saúde pública é identificar e promover as condições fundamentais para a saúde da comunidade;
- o conhecimento, o acumulado e o resultante da investigação, é um instrumento poderoso para melhorar a compreensão da saúde e dos meios para a proteger;
- a ciência é a base para o saber da saúde pública;
- os cidadãos são responsáveis por agir na base do conhecimento de que dispõem;
- a acção não se baseia apenas na informação, mas também numa decisão fundamentada.

Consequência da reflexão sobre estes considerandos, e após amplo, participado e continuado debate, os 12 Princípios Éticos para a Prática da Saúde Pública integrantes do Código são:

1. A saúde pública deve abordar principalmente as causas fundamentais de doença e os requisitos relativos à saúde, tendo em vista prevenir efeitos negativos para a saúde.
2. A saúde pública deve concretizar a saúde da comunidade no respeito dos direitos dos indivíduos e da comunidade.
3. As políticas, os programas e as prioridades de saúde pública devem ser elaborados e avaliados por processos que assegurem a possibilidade de haver contributos dos membros das comunidades.
4. A saúde pública deve defender e trabalhar pela capacitação dos membros desfavorecidos da comunidade, com o objectivo de garantir que os recursos básicos e as condições necessárias à saúde sejam acessíveis a todos.
5. A saúde pública deve procurar obter a informação necessária à implementação efectiva de políticas e de programas que protejam e promovam a saúde.
6. As instituições de saúde pública devem proporcionar às comunidades a informação de que dispõem, a qual é necessária para as decisões sobre políticas e programas, e devem obter o consentimento das comunidades para a sua implementação.
7. As instituições de saúde pública devem agir em tempo útil com as informações que possuem, dentro dos limites dos recursos e do mandato que lhes foi dado pelo poder público.
8. As políticas e os programas de saúde pública devem incorporar uma gama de abordagens que antecipem e respeitem a diversidade de valores, crenças e culturas da comunidade.
9. As políticas e os programas de saúde pública devem ser implementados de forma a reforçar o ambiente físico e social.

10. As instituições de saúde pública devem proteger a confidencialidade das informações que, tornadas públicas, possam causar prejuízo aos indivíduos ou à comunidade. Podem ser justificadas excepções com base numa elevada probabilidade de danos significativos para o indivíduo ou para terceiros.
11. As instituições de saúde pública devem assegurar a competência profissional dos seus funcionários.
12. As instituições de saúde pública e os seus funcionários devem empenhar-se em colaborações e afiliações que conduzam à confiança pública e à eficácia institucional.

A promoção da saúde, a redução de riscos e a prevenção da doença, as intervenções para reduzir as disparidades estruturais e económicas, a investigação em saúde pública, o meio ambiente e a justiça, a saúde pública global são áreas que colocam questões éticas específicas no campo da saúde pública. Sucintamente, olhemos para algumas.

2. Promoção da saúde

A promoção da saúde coloca uma multitude de questões éticas aos profissionais de saúde, às autoridades e aos cidadãos, entre as quais destacaremos algumas das mais relevantes, partindo já da consideração de que a generalidade das actividades de saúde pública são, de algum modo, acções de promoção da saúde – entendendo esta como um ideal normativo e uma prática.

A Carta de Otava (1986) desenha um quadro idealista da promoção da saúde, para uma sociedade melhor, o que implica alterações estruturais e uma participação dos cidadãos, que também tomam em suas mãos os caminhos, as práticas para uma saúde melhor. De facto, este documento vem reforçar a Declaração de Alma-Ata (1978), que defendeu a «Saúde para Todos» definindo-a como resultando mais das condições sociais do que da prestação de cuidados de saúde, e acentuando a importância da equidade, da capacitação e da justiça, ao enfatizar como «condições e recursos fundamentais para a saúde a paz, a protecção, a educação, a alimentação, o rendimento, um ecossistema estável, recursos sustentáveis, justiça social e equidade».

Porém – perguntamo-nos –, o que é uma boa sociedade, uma sociedade saudável? Como definir saúde? Como atingir um objectivo, para mais um bem público, sem o enunciar?

A controvérsia mantida, e não resolvida, sobre o significado de saúde é eticamente relevante. Ultrapassada que foi a definição que afirmava saúde como ausência de doença, a Organização Mundial de Saúde (OMS) retomou, em Alma-Ata (1978), e mantém o conceito positivo que tinha sido aprovado em 1946, o qual afirma saúde como «um estado de completo bem-estar físico, mental e social e não apenas a ausência de doença». Consequentemente, a promoção da saúde terá como propósito conseguir que cada cidadão atinja um estado completo de bem-estar, o que se afigura uma tarefa irrealizável, criando um vazio entre a retórica e a prática. E continuamos a interrogar-nos: a saúde é um fim em si mesma ou é um meio fundamental para atingirmos os nossos objectivos de vida? O «completo bem-estar» é compatível com a procura da compreensão dos valores que consideramos relevantes, da busca das condições para os vivermos? A promoção da saúde tem uma significação amplamente compreendida e aceite pelos cidadãos e pela sociedade?

Malgrado estas dificuldades, podemos afirmar a promoção da saúde como o conjunto de medidas e de atitudes que visam melhorar a condição de saúde, a qualidade de vida e o bem-estar. Estas devem ter por base evidências científicas e ser eticamente aceites. A evidência e a ética estão implicitamente relacionadas, podendo considerar-se que as práticas baseadas no conhecimento são mais éticas e aquelas que cumprem os princípios éticos são mais eficazes.

As intervenções de promoção da saúde devem ter, pois, uma finalidade fundamentada pelo conhecimento científico, conhecida e entendida pela comunidade, que irá produzir o resultado desejado, exigindo que sejam considerados os problemas éticos inerentes às concepções morais do que é positivo ou negativo. Lembremos que, sob uma perspectiva moral, se uma acção de promoção de saúde visa elevar um bem social para a nobre causa de uma melhor saúde da comunidade, tem de respeitar os princípios éticos dessa comunidade. As acções de promoção de saúde procuram frequentemente modelar ou modificar comportamentos, influenciar aspectos da vida das pessoas que estão ligados à sua cultura, aos seus valores, às suas práticas e que não são uniformes socialmente, dadas as múltiplas culturas, aliás em crescimento, das comunidades. Impõe-se assim uma transparência límpida do processo, de forma que os cidadãos possam conhecer as razões, os fundamentos, os meios, os custos e os fins da acção de promoção de saúde que visa o bem da comunidade no respeito dos direitos individuais, possibilitando a intervenção dos cidadãos para expressarem o seu entendimento e a sua sensibilidade.

Sublinha-se um cuidado acrescido quanto à aceitabilidade, do ponto de vista ético, de acções de promoção de saúde quando estas recorrem a técnicas de publicidade, muitas vezes desrespeitadoras dos sentimentos dos cidadãos, usando apelos emocionais, provocações, omitindo ou exagerando factos, ou recorrendo a crianças nas suas mensagens. Também o recurso a tecnologias digitais pode comportar violações da privacidade dos cidadãos, cada vez mais frequentes, não obstante eticamente inaceitáveis. As acções de promoção de saúde têm de merecer credibilidade dos cidadãos, têm de ser conformes aos valores culturais da comunidade e por ela eticamente aceites para que o seu propósito seja conseguido, também por uma resposta positiva da comunidade.

3. Prevenção da doença

As medidas ou programas de prevenção de uma dada doença, reduzindo os riscos da sua eclosão ou minorando a morbilidade ou mortalidade dela decorrentes, exigem preparação, planeamento que, embora variando consoante a premência ou emergência em causa, têm condicionantes comuns e coloca em primeiro plano a relação com a comunidade.

Em casos de emergência, podem ocorrer limitações por interesse público no exercício pelos cidadãos dos seus direitos civis. O interesse da comunidade pode sobrepor-se aos direitos individuais, sendo que as medidas limitadoras destes devem apenas ocorrer se necessárias; devem ainda ser razoáveis, proporcionais, equitativas, não discriminatórias e devem respeitar a legislação nacional e internacional. Os decisores devem basear as suas resoluções no conhecimento científico mais actual e envolver, no planeamento, as mais relevantes entidades interessadas, as quais devem tornar pública a sua participação e posição. As decisões sobre as actividades a desenvolver num programa de prevenção de uma dada doença devem ser tornadas públicas e ser passíveis de escrutínio: a transparência é essencial para que a comunidade tome conhecimento claro dos riscos que corre, ganhe confiança nas medidas previstas, aceite eventuais medidas profilácticas ou terapêuticas e conheça os desenvolvimentos possíveis, o que é particularmente importante nos casos de eventuais perdas de vidas ou de prejuízos materiais. A informação completa e esclarecedora e a educação dos cidadãos sobre os riscos incorridos, as possibilidades existentes de resposta e a abertura de canais de comunicação possibilitando o diálogo, aferindo assim o sentir e os valores da comunidade, são cruciais para que as medidas de prevenção da doença sejam adoptadas pela comunidade de forma esclarecida.

Em 1859, John Stuart Mill, na sua obra *On Liberty*, explicitou o «princípio do prejuízo» (*The Harm Principle*), que afirma haver apenas uma única justificação para interferir na liberdade de um indivíduo, contra a sua vontade, que é prevenir o mal, o prejuízo de outros. Na prevenção de certas situações em que uma dada doença põe em risco a vida de terceiros, a protecção da saúde pública pode exigir medidas drásticas de restrição da liberdade e dos direitos individuais dos doentes ou dos seus contactos. As medidas devem ser o menos restritivas possível, e o isolamento ou medidas de quarentena, apenas praticados no caso de riscos graves e iminentes para a comunidade e bem fundamentados cientificamente. No conflito entre a utilidade das medidas e a liberdade, a restrição desta deve ser usada com equidade, de forma não discriminatória, devendo causar o menor prejuízo pessoal possível, mantendo o conforto e a qualidade de vida máximos, e poder vir a ser compensada posteriormente. A restrição de liberdade deve poder ser objecto de recurso, particularmente nos casos em que haja um processo legal, o que nos interpela sobre a necessidade de as medidas serem resultado de um processo transparente e democrático. Estas medidas podem ser transnacionais, como recentemente ocorreu com a epidemia de Ébola; o compromisso ético assumido pelos países-membros da OMS, signatários do Regulamento Sanitário Internacional, é garante do cumprimento estrito da defesa da saúde da população e do respeito pelos limites de privação de direitos dos cidadãos.

A ocorrência de situações em que existe um risco efectivo para a saúde da comunidade, mas não há conhecimento científico que permita fundamentar medidas de protecção aos cidadãos, coloca dificuldades ao cumprimento das regras de prevenção da doença e de minimização de riscos para a saúde e levou a desenvolver o princípio da precaução. Este, que hoje em dia está vertido na legislação da União Europeia, afirma que, quando uma actividade cria riscos de prejuízo para a saúde humana ou para o ambiente, devem ser tomadas medidas de precaução mesmo que as relações de causa-efeito não estejam completamente fundamentadas cientificamente. O princípio da precaução, enunciado inicialmente nos anos 70 do século passado, na Alemanha, no domínio do ambiente, afirmando a importância da ponderação objectiva das consequências antes de qualquer acção de impacto ambiental, veio a ser adoptado pela saúde pública numa lógica inversa: em determinadas circunstâncias, é preferível agir sem ter certezas científicas, para obstar à evolução ou eclosão de um quadro de consequências negativas para a saúde de uma população, a não fazer nada, aguardando eventuais progressos no conhecimento. Assim, a ideia-chave é a de tomar medidas preventivas que possam antecipar consequências negativas quanto à incerteza científica. A introdução do princípio da precaução no Tratado de Maastricht, a sua adopção pelos Estados-membros da Região Europeia da OMS, que realçaram a sua importância como instrumento de gestão de risco, e a sua utilização como princípio orientador na formulação de políticas de saúde pública nos Estados Unidos da América e no Canadá evidenciam a sua relevância na saúde pública global.

A crise europeia motivada pela encefalopatia espongiforme bovina, cujo agente causal era desconhecido, e o aparecimento no homem de uma nova variante da doença de Creutzfeldt-Jakob ilustram como foram tomadas medidas para evitar a sua disseminação, embora não se conhecessem as vias de transmissão. Nos casos de aplicação do princípio da precaução, devem ser considerados os benefícios e os custos da acção ou da inacção; quando se prevê uma deterioração da saúde pública, não há que aguardar pelo progresso no conhecimento científico para agir, antecipando acções cautelares preventivas. Se bem que decidindo em nome do bem, da preservação da saúde da comunidade, as autoridades encontrarão conforto ético para a sua decisão unicamente *a posteriori*.

O conhecimento científico tem evidenciado a multidisciplinaridade da saúde pública, o que é também muito relevante na prevenção das doenças. A importância que têm as doenças de origem animal e o seu condicionamento pelo ambiente conduziram à aproximação da medicina humana e da medicina animal aos ambientalistas. O espaço de saber da saúde pública, hoje designado por «*one health*», uma só saúde pública humana, animal e ambiental, confronta-se com novas questões éticas, em que à saúde humana se junta o bem-estar animal e a qualidade ambiental. O princípio da interdependência, baseado na perspectiva da saúde pública de que cada pessoa afecta e depende de outros, expresso no ponto 2 do Código de Ética atrás pormenorizado, tem assim uma dimensão alargada, hoje com forte relevo na saúde ambiental e na saúde pública global.

4. Justiça ambiental e saúde pública global

O impacto na saúde dos cidadãos e das comunidades de factores ambientais é preocupante, e com riscos elevados, apesar dos progressos tecnológicos e das preocupações ambientalistas. Nos países desenvolvidos, observa-se que são as comunidades mais desfavorecidas que correm mais riscos, não apenas por uma maior exposição, mas também por uma menor capacidade para lidar com as ameaças e pelo seu escasso poder de influência política. Os lixos tóxicos, as radiações e os pesticidas afectam a saúde pública de forma desigual, são fonte de iniquidades quanto à exposição aos riscos e às suas consequências ambientais. A responsabilidade ética das autoridades, particularmente as de saúde, vem-se confrontando com lógicas desenvolvimentistas que menosprezam as suas eventuais consequências negativas, não acautelando a saúde e o bem-estar social.

Em relação à humanidade, quanto à saúde pública global, a situação é ainda mais preocupante, e coloca questões relevantes de filosofia política. Qual é a responsabilidade dos países ricos, chamados de desenvolvidos, relativamente aos países com escassos recursos? Qual é a responsabilidade ética dos antigos colonizadores na situação dos novos países, no caso vertente, quanto à saúde das suas populações? Como superar as desigualdades determinantes das perversidades observadas na saúde entre comunidades, nos países desenvolvidos? Como contribuir para um maior nível educacional, como eliminar os riscos ambientais, em países em que a maioria da população não tem acesso a água potável, com as inevitáveis e gravíssimas consequências em termos de morbilidade e de mortalidade, tão evidentemente expressas na baixa esperança de vida à nascença das populações desses países? Como fazer face à flagrante iniquidade global existente, em que permanece um tão desigual acesso a uma nutrição adequada, à vacinação, aos antibióticos, à educação? Como conseguir igualdade de oportunidades para os cidadãos? Como enfrentar estas determinantes sociais da saúde? Que estratégias de acção?

As múltiplas interrogações que interpelam os que trabalham em saúde pública, que se confrontam quotidianamente com situações correntes muito gravosas, que diariamente constatam e avaliam epidemias e pandemias, se confrontam com riscos locais com potencial de difusão na comunidade ou globalmente, vão tendo respostas pontuais e progressos limitados, prontamente confrontados com a eclosão de novos problemas de saúde, com novas ameaças à saúde, com dilemas éticos de difícil solução num mundo desigual, perante a escassez de meios, fruto da falta de vontade política para uma melhor saúde global, para um maior bem-estar social.

Considerando o propósito e a ambição da ética da saúde pública de promover a saúde pública nas comunidades, nos países, na humanidade, através de procedimentos justos, respeitáveis e eficazes, a mobilização e a consciência social dos cidadãos, particularmente dos mais esclarecidos e responsáveis, é um caminho.

Referências e leituras recomendadas

BAYER, B. e FAIRCHILD, A. L., The genesis of public health ethics, *Bioethics* 18, 2004: pp. 473–492.

BLOOM, G., Equity in health in unequal societies: meeting health needs in contexts of social change, *Health Policy* 57, 2001: pp. 205–224.

CARTER, S. M., *et al.*, Evidence, ethics and values: a framework for health promotion, *American Journal of Public Health* 101, 2011: pp. 465–472.

CARTER, S. M.; CRIBB, A. e ALLEGRANTE, J. P., How to think about health promotion ethics, *Public Health Reviews* 34, 2014: pp. 1–24.

COLEMAN, C. H.; BOUËSSEAU, M-C. e REIS, A., The contribution of ethics to public health, *Bulletin of the World Health Organization* 86, 2008. Disponível em: http://www.who.int/bulletin/volumes/86/8/08-055954/en/.

FADEN, R. e SHEBAYA, S., Public Health Ethics, *Stanford Encyclopedia of Philosophy*, 2015. Disponível em: http://plato.stanford.edu/entries/publichealth-ethics/#pagetpright.

GILLON, R., Ethics in health promotion and prevention of disease, *Journal of Medical Ethics* 16, 1990: pp. 171–172.

GUTTMAN, N., Ethical Issues in Health Promotion and Communication Interventions, *in Oxford Research Encyclopedia of Communication*, EUA, Oxford University Press, 2017.

KASS, N. E., Public health ethics: from foundations and frameworks to justice and global public health, *Journal of Law, Medicine and Ethics* 32, 2004: pp. 232–242.

MAITLAND, I., Priceless goods: how should life-saving drugs be priced?, *Business Ethics Quarterly* 12, 2002: pp. 451–480.

MARTUZZI, M., The precautionary principle: in action for public health, *Occupational & Environmental Medicine* 64, 2007: pp. 569–570.

NUFFIELD COUNCIL ON BIOETHICS, *Public Health: Ethical Issues,* Reino Unido: Londres, 2007.

PATRÃO NEVES, M. C. (coord.), Ética: dos Fundamentos às Práticas, Lisboa, Edições 70, 2016.

PETERS, K. R. *et al.*, A conceptual framework and ethics analysis for prevention trials of Alzheimer Disease, *Progress in Neurobiology* 110, 2013: pp. 114–123.

PUBLIC HEALTH LEADERSHIP SOCIETY, «Principles of the Ethical Practice of Public Health», 2002.

ROCK, M. e DEGELING, C., Public health ethics and more-than-human solidarity, *Social Science & Medicine* 129, 2013: pp. 61–67.

SELGELID, M. J., A moderate pluralist approach to public health policy and ethics, *Public Health Ethics* 2, 2009: pp. 195–205.

SHAW, J. E. e FINEBERG, D., Cardiovascular disease prevention in diabetes: uncertainties and ethics, *Diabetes Management* 4, 2014: pp. 285–292.

STUART MILL, J., *On Liberty and Others Essays,* EUA, Oxford University Press, 1998.

VERWEIJ, M. e BOVENKERK, B., Ethical promises and pitfalls of OneHealth, *Public Health Ethics* 9, 2016: pp. 1–4.

WEED, D. L., Precaution, prevention, and public health ethics, *Journal of Medicine and Philosophy* 29, 2004: pp. 313–332.

WEIR, E. *et al.*, A Canadian framework for applying the precautionary principle to public health issues, *Canadian Journal of Public Health* 101, 2010: pp. 396–398.

WHO, «Ethical considerations in developing a public health response to pandemic influenza», 2007. Disponível em: http://www.who.

int/csr/resources/publications/WHO_CDS_EPR_GIP_2007_2c.pdf.

Wolff, J., Global justice and health: the basis of the global health duty, *in* Millum, J. e Emanuel, E. J. (org.), *Global Justice and Bioethics*, EUA, Oxford University Press, 2012.

World Health Assembly, «Resolution WHA 58.3. – Revision of the International Health Regulations». Disponível em: http://www.who.int/ipcs/publications/wha/ihr_resolution.pdf.

Vida adulta e previsão da doença[1]

Fernando J. Regateiro

Faculdade de Medicina da Universidade de Coimbra e Conselho de Administração do Centro Hospitalar Universitário de Coimbra

O conceito de vida adulta terá menos que ver com a idade cronológica – embora os referentes legais baseados na idade devam ser acautelados – e mais com a capacidade da pessoa, de cada pessoa, para o exercício da autonomia. Entende-se «autonomia» como capacidade para a pessoa se autodeterminar nas atitudes e nos comportamentos à luz do seu contexto e das regras gerais de vida em sociedade, pelo uso da razão e do pensamento crítico, pela tomada de decisões informadas, por um agir fundado na vontade própria e no querer, pela assunção das responsabilidades e das consequências das escolhas pessoais. Uma idade adulta cronológica pode coexistir com a ausência de autonomia. E, nestas condições, terá de entrar na equação do agir ético em relação à pessoa em causa a ponderação da sua condição de vulnerabilidade. O princípio da vulnerabilidade é aplicado a pessoas com incapacidade

[1] Agradeço, penhoradamente, aos Profs. Doutores Jorge Saraiva, Henriqueta Coimbra Silva e Ana Teresa A. Santos a leitura crítica do texto e as sugestões formuladas.

reconhecida para decidir de forma autónoma, como ocorre com crianças portadoras de défice intelectual ou com doentes em coma. Prevalece, nestas condições, o princípio da beneficência, no agir de terceira pessoa que venha a tomar decisões em nome da pessoa em causa e no melhor interesse desta, também na presunção de que esta tomaria decisão idêntica.

O Decreto-Lei n.º 131/2014, de 29 de Agosto, enquadra estas situações no n.º 3 do seu artigo 8.º: a «opinião dos menores e maiores incapazes deve ser tomada em consideração como um fator determinante, devendo estes ser envolvidos no processo de tomada de decisão e obter-se, pelo menos, o seu assentimento, em função da sua idade e do seu grau de maturidade e capacidade de compreensão, devendo ser respeitada a sua oposição». Contudo, este envolvimento aplica-se, exclusivamente, a testes diagnósticos e não a testes preditivos ou outros.

Quanto à previsão da doença, estará subjacente, ainda que não explicitamente afirmada, que se trata da fracção de risco acrescida ao risco-base para a ocorrência de uma doença num indivíduo, quando está presente uma alteração quantitativa ou qualitativa da informação genética. O risco-base corresponde ao valor estimado para a população geral. Falamos, assim, de um risco gerado por uma causa genética – risco genético.

O risco genético diz respeito à probabilidade de um indivíduo portador de uma determinada anomalia genética vir a ter a doença associada à anomalia em causa, ou de os descendentes de um casal virem a ser afectados pela doença presente num ou nos progenitores.

1. Genes, expressão génica e informação genética

Nas células nucleadas do corpo humano, o ácido desoxirribonucleico (ADN) é o suporte prevalente da informação genética. Está presente no núcleo e, em muito menor quantidade, nas mitocôndrias. Como moléculas informacionais, encontram-se também múltiplas formas de ácido ribonucleico (ARN): umas têm como função a transcrição da informação presente no ADN e a sua tradução em proteínas; outras têm funções reguladoras. São ainda consideradas moléculas informacionais múltiplas proteínas como as que, isoladamente ou em associação com moléculas de ARN, transportam informação crucial para as primeiras fases do desenvolvimento de um novo embrião.

A expressão génica diz respeito aos acontecimentos que conduzem à manifestação funcional de um gene, da quantidade de cópias de uma sequência de ADN ou de um gene, à disponibilidade para a informação codificada no ADN ser transcrita em ARN, ao processo de transcrição do ADN em ARN, à tradução em proteínas da informação transportada no ARN mensageiro, no citoplasma celular, à eventual modificação das proteínas após a tradução e mesmo à associação de moléculas entre si ou de moléculas proteicas com outro tipo de moléculas para se constituir um complexo funcional.

O conceito de genoma refere-se ao total do material genético presente em cada célula de um organismo, e não apenas aos genes. Estima-se que cada célula humana nucleada seja portadora de um pouco menos de 20 000 genes destinados a codificar proteínas. Sendo este número muito próximo do que se encontra em seres vivos de muito menor complexidade do que o homem, a complexidade humana advém não apenas do total da informação genética codificada no ADN, mas da forma como é expressa a informação e de como funciona a grande parcela de ADN humano não codificante, que é igualmente parte integrante do genoma humano, com envolvimento na regulação da expressão da informação genética.

Um gene ocupa um determinado *locus*. Um *locus* é constituído por duas extensões homólogas de cada par de cromossomas homólogos (uma em cada cromossoma). Assim, cada *locus* aloja duas das formas alternativas de um determinado gene, e só desse. As formas alternativas de um gene designam-se alelos ou variantes alélicas, com alguns genes a apresentarem centenas de variantes. As variantes alélicas foram-se acumulando e transmitindo ao longo das gerações, através de mutações do ADN, não letais. A grande maioria das variantes alélicas não afecta significativamente a saúde dos seus portadores, embora, por interacção dos produtos que codificam com factores ambientais, a possam afectar. Algumas variantes alélicas podem provocar anomalias graves ou doenças, embora nem sempre:

a) seja porque a presença de uma proteína alterada não afecta a saúde sem interacção com factores ambientais e/ou factores adicionais de natureza genética;
b) seja porque se trata de uma variante recessiva (com perda de função) presente em heterozigotia, condição em que, num *locus*, ocorre um alelo mutado e um alelo normal, bastando a presença deste para, com a sua expressão, assegurar a função do gene em causa;
c) seja ainda porque uma variante alélica, embora de natureza dominante, tem uma expressividade fruste e considerada dentro dos limites da normalidade, ou é de expressão tardia e o seu portador «ainda não chegou à idade», ou ainda porque se observa penetrância incompleta e, por isso, nem todos os portadores da variante patogénica desenvolvem doença.

Na abordagem da correlação genótipo-fenótipo é relevante ter presente o conceito de expressividade – a intensidade com que um genótipo é expresso a nível do fenótipo, podendo a expressão de um caracter ou doença variar de pouco acentuado a grave (grau de expressão individual). Nas condições de expressão pouco acentuada (fruste) de uma anomalia, doença ou síndrome, pode ser muito difícil distinguir entre normalidade e doença, na linha que é comum da variabilidade humana.

Compreende-se, assim, a necessidade que o médico tem de avaliar a intensidade dos sintomas, a idade de aparecimento e a probabilidade ou não de ocorrência de complicações que perturbem o que é entendido e sentido como normal. A expressividade depende do tipo de mutação e do gene envolvido. Para uma mesma alteração genética associada a uma determinada doença, a sua expressividade pode variar entre diferentes portadores da alteração, seja dentro de uma única família, seja entre diferentes famílias.

As doenças comuns ocorrem, com frequência, devido à interacção entre diferentes variantes alélicas que criam predisposição (susceptibilidade genética) e factores ambientais.

A predisposição genética, ou susceptibilidade genética, diz respeito ao aumento da probabilidade de um indivíduo vir a desenvolver uma determinada doença associada a variantes genéticas específicas herdadas de um dos progenitores. Embora haja variantes alélicas patogénicas, cuja presença equivale sempre a desenvolvimento de doença, é frequente os portadores de uma determinada predisposição genética não desenvolverem a doença que lhe está associada: algumas provocam doença numa percentagem elevada dos portadores, como acontece para o cancro da mama, com algumas variantes patogénicas do gene BRCA1, e outras têm um peso pouco significativo ou nulo, quando tomadas individualmente.

A informação genética, para a Lei n.º 12/2005, de 26 de Janeiro, «é a informação de saúde que verse as características hereditárias de uma ou de várias pessoas, aparentadas entre si ou com características comuns daquele tipo, excluindo-se desta definição a informação derivada de testes de parentesco ou estudos de zigotia em gémeos, dos estudos de identificação genética para fins criminais, bem como do estudo das mutações genéticas somáticas no cancro».

De uma forma abrangente, a informação genética pode ser obtida através de estudos de biologia molecular, citogenéticos, bioquímicos, fisiológicos ou imagiológicos, ou pela simples recolha da história clínica pessoal e familiar, podendo os dados obtidos por cada meio enunciado, ou conjugados entre si ou com informação adicional, enunciar o estatuto genético de uma pessoa e seus familiares.

2. Testes genéticos

Um teste genético consiste na análise de material de natureza genética, para detectar a presença, ausência ou modificação de uma determinada sequência de ADN, gene ou cromossoma, incluindo os testes indirectos de expressão genética, indicativos de uma alteração genética na linha germinal. Os resultados podem evidenciar normalidade ou anomalias dos cromossomas, a presença ou ausência de um gene ou de determinada forma alélica de um gene, mutações génicas, alterações quantitativas ou qualitativas dos produtos da expressão génica.

Além das amostras de natureza genética, há outras fontes a partir das quais se pode inferir uma causa genética para a doença, como sejam as proteínas, os produtos resultantes do metabolismo de determinadas moléculas, os açúcares ou os lípidos. A própria história familiar e a avaliação do fenótipo externo são recursos importantes para obter informação genética, na medida em que podem gerar informação sobre o estatuto genético de um indivíduo, com valor preditivo em termos de saúde futura tão significativo como os resultados de testes genéticos laboratoriais.

A escolha dos testes genéticos – técnicas de citogenética, sequenciação de um só gene ou de vários genes em simultâneo, do exoma (parte do genoma responsável pela codificação das proteínas) ou de todo o genoma, e outras técnicas emergentes – é da responsabilidade do médico prescritor, a quem compete também a interpretação e valorização dos resultados. Estas devem ser fundamentadas de acordo com a situação clínica e contexto individual da pessoa e/ou protocolos locais.

2.1. Indicações para os testes genéticos

São indicações para a realização de um teste genético:

a) a necessidade de confirmar a presença de variante alélica patogénica associada a doença de causa genética que pode ocorrer como condição familiar ou que é conhecida como causa relevante de condições esporádicas;
b) a identificação da causa genética de uma doença familiar, devendo o estudo começar pelos doentes com manifestações mais graves e, dentro destes, pelo mais novo. Não se conhecendo a variante alélica específica responsável pela doença numa família, não devem ser estudados os membros em risco, por não haver forma de interpretar um resultado negativo;
c) a identificação, numa família em que foi identificada uma variante alélica patogénica, dos membros em risco (pais, irmãos e filhos do doente), embora assintomáticos, que são portadores da variante patogénica e exclusão dos que não são portadores;
d) a detecção, em contexto clínico, de variantes alélicas germinais capazes de predizer o perfil de resposta de um indivíduo a uma determinada droga ou plano terapêutico;
e) a identificação de pessoas em risco de virem a ter doença por conjugação da presença de uma determinada

variante alélica com um determinado estilo de vida ou exposição a conhecido agente ambiental;

f) o diagnóstico pré-natal, quando exista evidência de risco aumentado de o feto ser portador de doença genética grave, com origem nos antecedentes familiares ou em exames imagiológicos ou laboratoriais realizados durante a gravidez;

g) a necessidade de distinguir condições hereditárias de esporádicas.

Os resultados obtidos com a realização de um teste genético podem evidenciar a presença de uma variante alélica associada à doença estudada (resultado informativo, positivo) ou não evidenciar a presença de variante associada à doença (resultado não informativo, negativo). Um resultado positivo confirma o diagnóstico. Já um resultado negativo não permite, por regra, excluir a presença de uma variante alélica patogénica.

As variantes genéticas identificadas através de testes genéticos devem ser classificadas em: patogénicas; provavelmente patogénicas; de significado clínico desconhecido; provavelmente benignas; ou benignas.

Na valorização de um resultado positivo, dever-se-á ter em atenção a possibilidade de ocorrer expressividade variável, a variabilidade da idade do início dos sintomas e ainda a possibilidade de se estar perante um falso positivo. Um resultado positivo pode:

a) ajudar no diagnóstico;

b) ser útil para a decisão terapêutica e para definir o prognóstico;

c) ser útil para estimar o cálculo do risco de recorrência;

d) permitir a realização de testes genéticos preditivos nos familiares em risco, de modo a identificar os portadores da variante alélica patogénica e poder fazer o seu seguimento médico;

e) ser usado no diagnóstico genético pré-natal ou pré-implantatório;
f) permitir tranquilizar os membros da família que não herdaram o alelo mutado, já que terão um risco para a doença idêntico ao da população em geral.

Nos casos em que se obtém um resultado negativo, tal pode dever-se:

a) à existência de heterogeneidade genética (etiologia monogénica, cromossómica ou multifactorial), de heterogeneidade de *loci* (monogénica, mas podendo envolver diferentes genes) ou de heterogeneidade alélica;
b) ao envolvimento de genes causais ainda não identificados;
c) ao facto de a mutação responsável pela doença se encontrar no gene em causa, mas em região não analisada;
d) a causas epigenéticas – modificações moleculares do ADN que alteram a regulação da expressão génica, sem alterar a sequência nucleotídica;
e) a erro, a falta de sensibilidade ou de adequação do teste realizado;
f) à presença de uma fenocópia – a expressão do fenótipo tem apenas que ver com factores ambientais e não com factores genéticos.

Perante um resultado negativo, por vezes, está recomendada a repetição de estudos genéticos que se tenham revelado negativos, como ocorre com variantes alélicas de significado clínico desconhecido – quando não existe evidência que sustente a sua relevância clínica – e quando o fenótipo de um doente não coincide com o conhecimento que a Genética proporciona no momento do estudo.

2.2. *Tipos de teste genético*

Há testes genéticos que podem ter implicações imediatas para o seguimento médico da saúde de um indivíduo – testes genéticos de diagnóstico, de farmacogenética, de rastreio neonatal, pré-natais e pré-implantatórios. Devem ser prescritos pelo médico assistente do Serviço Nacional de Saúde.

E há testes genéticos que não têm implicações imediatas para o estado de saúde do indivíduo estudado – testes de heterozigotia para doenças recessivas, testes de detecção de alterações cromossómicas estruturais equilibradas e testes preditivos (de diagnóstico pré-sintomático de doenças monogénicas e de susceptibilidade genética em pessoas saudáveis). Devem ser prescritos por médico especialista em Genética Médica.

Com alcance diferente, há ainda os testes de rastreio populacional e os testes genéticos forenses.

Os *testes genéticos de diagnóstico* permitem estabelecer ou confirmar o diagnóstico de uma doença de que se suspeite num indivíduo ou em vários membros de uma família, no âmbito de um estudo familiar. Permitem também excluir a presença de uma doença de que se suspeite, bem como de outras com fenótipo idêntico à doença em estudo. A realização de testes de diagnóstico tem implicações pessoais e familiares que devem ser esclarecidas, carecendo, por isso, de consentimento informado antes da sua realização e comunicação.

Os *testes de farmacogenética* permitem a detecção de predisposições para respostas diferenciadas no tratamento com um dado medicamento ou a susceptibilidade para reacções adversas derivadas da toxicidade do medicamento utilizado.

Os *testes de rastreio neonatal* são realizados logo após o nascimento de um indivíduo. Destinam-se a detectar doenças para as quais há tratamento em fase assintomática e doenças incuráveis em que o tratamento precoce melhora o prognóstico (por exemplo, a fibrose quística).

Os *testes pré-natais* são realizados durante a gravidez e destinam-se a confirmar ou a excluir a presença no feto de uma anomalia congénita grave. Assentam no estudo de células fetais obtidas por biópsia de vilosidades coriónicas ou por amniocentese. Actualmente, já é possível a identificação de mutações presentes no feto, pela análise de ADN fetal circulante no sangue materno.

Os *testes pré-implantatórios* implicam a obtenção de embriões por injecção do espermatozóide no citoplasma do ovócito (ICSI). São realizados numa célula embrionária ou mais de uma, consoante a fase do desenvolvimento embrionário em que se procede ao estudo (mórula ou blastocisto). São usados como suporte do aconselhamento genético pré-implantatório quando se suspeita da presença de uma anomalia genética que, pela gravidade das anomalias que iria provocar no feto e no recém-nascido, aconselha a não implantação do embrião no útero materno. Sem deixar de ponderar que a relevância ética associada à destruição de um embrião precoce possa conduzir à sua recusa, é também antecipável, em conspecto dicotómico, que o casal a considere menos penosa do que uma eventual interrupção de gravidez durante a fase fetal, após diagnóstico pré-natal.

Os *testes de heterozigotia* são usados para detecção de portadores de mutações associadas a condição recessiva, em doenças mendelianas (monogénicas). Permitem identificar a condição de portador (habitualmente saudável), ou seja, de heterozigoto – no *locus* para o gene em causa, encontra-se uma variante alélica normal e uma variante alélica patogénica. A identificação da condição de portador permite calcular o risco de ter descendentes doentes, se o outro membro do casal for também portador. O rastreio deve ser feito em famílias em que ocorra doença em homozigotia (quando as duas posições do *locus* são ocupadas por variantes alélicas patogénicas), ou quando a frequência do alelo mutado é elevada numa determinada população.

Os testes para detecção de *alterações cromossómicas estruturais equilibradas* são exemplos de testes em cascata – estudos genéticos de familiares, após identificação de uma anomalia genética numa família. Permitem identificar, num casal saudável que tenha um filho com múltiplas malformações atribuíveis a uma anomalia cromossómica estrutural, se esta está presente na forma equilibrada e se foi herdada de um dos progenitores. Na família de um portador, permitem identificar os membros em risco de ser portadores e o seu estudo. E possibilitam, a partir daqui, realizar análises genéticas, no decurso de futuras gravidezes, para verificar se um feto descendente de um indivíduo saudável, portador da anomalia estrutural, herdou ou não a anomalia presente no progenitor.

Os *testes preditivos* englobam os pré-sintomáticos, para rastreio de doenças monogénicas, e os testes de susceptibilidade genética, para doenças de natureza multifactorial:

a) *testes pré-sintomáticos* – permitem a identificação de uma pessoa assintomática como portadora de um genótipo inequivocamente responsável por uma dada doença monogénica; numa família, permitem identificar, entre os membros em risco, os que herdaram a variante alélica patogénica presente na família e que, por isso, têm risco elevado de desenvolver a doença, e os membros da família que não herdaram o alelo mutado e que terão apenas o risco da população em geral de ter a doença; permitem, ainda, contrariar a incerteza, planear a vida activa, instituir medidas de prevenção, de diagnóstico precoce e, por vezes, de tratamento; devem ser usados em todos os familiares em risco que o desejem;
b) *testes de susceptibilidade* – permitem a detecção de genes associados a predisposição genética para doenças com

hereditariedade multifactorial, habitualmente com início na vida adulta; podem ser usados em indivíduos em risco, assintomáticos, de uma família em que está presente uma doença familiar e em que tenha sido identificada uma variante alélica patogénica associada; podem também ser usados na ausência de risco conhecido; a sua realização faz sentido se houver tratamento, ou se for possível o diagnóstico precoce ou a prevenção; quando o risco diz respeito a doença de início na vida adulta e sem cura nem tratamento comprovadamente eficaz, deve ser feita uma avaliação psicológica e social prévia e disponibilizada a possibilidade de acompanhamento após a comunicação dos resultados do teste.

Os *testes de rastreio populacional* são utilizados numa população como um todo ou numa parte de uma população sem que, em relação aos indivíduos estudados, haja suspeita de que são portadores da variante alélica estudada. São estudos de base populacional, assumidos por uma entidade promotora do rastreio, não dirigidos a um indivíduo em concreto. Podem ser testes diagnósticos, de heterozigotia, pré-sintomáticos, preditivos ou pré-natais.

Os *testes genéticos forenses* são realizados geralmente em material obtido em cenários de crime e para estudo de paternidade ou maternidade.

2.3. *O bom e o mau uso dos testes genéticos*

Hoje, há oferta de testes genéticos para rastreio de múltiplas situações. O cidadão comum, mesmo com a «ajuda» da Internet, não tem conhecimento suficiente para decidir quais os testes adequados para esclarecer uma condição individual que presume ser de natureza genética e para perceber os seus limites, vantagens e desvantagens. Muito menos tem capacidade para avaliar os resultados, sobretudo se houver variantes alélicas patogénicas associadas a incerteza na interpretação do seu efeito. Sem enquadramento por médico com conhecimentos de Genética e do uso de testes genéticos, os resultados podem gerar uma visão determinística com níveis insuportáveis de ansiedade, sentimentos de culpa, complexos dilemas morais e éticos e discriminação.

Assim, pela relevância dos testes genéticos e pelas suas especificidades, é exigível uma elevada qualidade laboratorial e das normas éticas e profissionais aplicadas, em conformidade, aliás, com a legislação portuguesa.

O uso adequado dos testes genéticos está sintetizado, de forma directa e sucinta, no Parecer n.º 56 (2008) do Conselho Nacional de Ética para as Ciências da Vida (CNECV) quando se afirma que:

a) os testes genéticos relacionados com a saúde não devem ser oferecidos sem indicação e supervisão médica individualizada, no respeito pelos princípios da beneficência e não maleficência;
b) no caso de fornecerem ou poderem fornecer informação preditiva relacionada com a saúde, não devem ser realizados sem se disponibilizar aconselhamento genético antes e depois dos resultados;
c) a venda de testes genéticos directamente ao público pode induzir falsas necessidades, criar expectativas irrealistas e ultrapassar a necessidade de indicação médica, pelo que lesa o direito ao aconselhamento genético e à informação de doentes e público em geral, e sobrecarrega o sistema de saúde;
d) testes genéticos relacionados com a saúde, com finalidade diagnóstica ou preditiva, não devem ser oferecidos para venda directa ao público, no respeito pelos princípios éticos fundamentais.

O Código Deontológico da Ordem dos Médicos, de 2016, também é claro quando se pronuncia sobre o uso dos testes genéticos, no seu artigo 75.º, e estabelece que «a realização de testes genotípicos de diagnóstico pré-sintomático de doenças genéticas e de testes de suscetibilidade deve apenas ter lugar para fins médicos ou de investigação médica, visando o bem do indivíduo em que forem realizados, não podendo servir propósitos de que decorra discriminação do indivíduo».

Constituirá sempre um mau uso dos testes genéticos quando a sua realização não for antecipada e seguida por aconselhamento genético e autorizada mediante prévio consentimento livre, específico e informado, prestado por escrito (a forma escrita não é obrigatória em Portugal para testes genéticos diagnósticos, pelo menos em adultos), pelo próprio ou pelo representante legal, na sequência de extenso e completo esclarecimento – sobre as finalidades, riscos, benefícios e procedimentos – da pessoa em quem vai ser realizado. Perante um diagnóstico de doença hereditária, o médico deve informar o utente dos mecanismos de transmissão e dos riscos para os familiares, e orientá-lo para uma consulta de Genética Médica.

Constituirá ainda um mau uso quando testes genéticos preditivos forem realizados em pessoas de menor idade, para detectar anomalias genéticas associadas a doenças de início habitual na vida adulta, sem que haja intervenções preventivas ou curativas comprovadamente eficazes. O mesmo se verifica se um diagnóstico pré-natal para doenças de início habitual na vida adulta e sem cura for realizado apenas para informar os pais e não para prevenção da doença ou deficiência.

A realização de um teste genético só deve ser proposta a um doente se for necessária para o seu próprio bem ou de familiares seus, através do rastreio da mutação nos membros da família, por ser indispensável na procura de um diagnóstico ou prognóstico, para o estabelecimento de uma terapêutica ou para o aconselhamento genético. Poderá ainda ser proposto a um doente para finalidades de investigação. Em condições bem determinadas pela saúde pública, os testes genéticos podem ainda ser realizados nos membros de uma determinada população.

Genericamente, quando as manifestações clínicas de uma doença permitem um diagnóstico seguro, não devem ser realizados testes genéticos. Quando as manifestações clínicas orientam para um diagnóstico de presunção que precisa de ser confirmado, está indicado o uso de todo e qualquer teste genético considerado adequado. O mesmo se passa quando a avaliação clínica não permite o diagnóstico.

1.4. Testes genéticos preditivos ou pré-sintomáticos em crianças

A realização de testes em crianças pode gerar problemas sérios, entre os quais se destacam:

a) a anulação do princípio da autonomia, quando adulto, embora a decisão seja tomada pelos pais ou por quem tenha a sua tutela legal;
b) uma potencial discriminação se não houver preservação da confidencialidade, em termos de educação, relações interpessoais, constituição de família, emprego e seguros;
c) uma eventual perturbação da auto-estima da criança e da relação afectiva dos pais com a criança, seja por excesso de protecção seja por rejeição.

São exemplos de condições em que está indicada a realização de testes genéticos em crianças:

a) a presença na família de um alelo mutado de expressão precoce, como ocorre para alguns tipos de cancro hereditário;

b) a necessidade de esclarecer uma condição familiar, devendo o resultado ser apenas comunicado na idade adulta e se for expressa vontade clara de querer saber;
c) a relevância da identificação de um genótipo hereditário predisponente para uma determinada doença por interacção com factores ambientais, para prevenir que a conjugação genótipo-ambiente deletério ocorra.

A realização de testes genéticos preditivos ou pré-sintomáticos não deve ocorrer em crianças para condições de expressão tardia, mesmo que o risco genético seja elevado. Pelo contrário, os testes genéticos devem ser realizados em crianças quando a penetrância de um gene de susceptibilidade para doença grave é precoce e se verifica na infância ou adolescência, e há possibilidade de intervenção médica para prevenir, tratar, minorar ou atrasar os efeitos da doença.

3. Aconselhamento genético e testes genéticos

Para Harper (2001), o «aconselhamento genético é o processo pelo qual uma pessoa doente ou os seus familiares em risco para uma doença, que pode ser hereditária, são informados sobre as consequências da doença, a probabilidade de a desenvolver ou transmitir e os modos de a prevenir ou melhorar».

O aconselhamento genético estabelece-se no âmbito da relação médico-doente. Está indicado sempre que uma etiologia genética seja evidente ou possível, ou quando for necessário identificar uma causa hereditária e, por isso, associada a risco de recorrência. Pode ser realizado durante uma relação pré-matrimonial, em tempo pré-concepcional de um casal, ou para enquadrar um diagnóstico pré-implantatório, pré-natal ou pós-natal. Inclui as seguintes etapas:

a) elaboração de um diagnóstico seguro e, quando tal não for possível, exclusão de algumas doenças (uma etapa essencial para suportar as etapas subsequentes);
b) identificação da forma de transmissão hereditária e do risco para o próprio ou para a descendência;
c) determinação do curso da doença, do prognóstico e das formas de tratamento ou prevenção;
d) identificação das opções de seguimento, perante um determinado risco de recorrência;
e) comunicação dos factos ao consulente (outra etapa crucial e de grande exigência e sensibilidade) com indicação das consequências da doença em termos fenotípicos, do seu curso e dos riscos de ocorrência no próprio ou em descendentes, dos meios de tratamento, de prevenção ou de minorar as suas consequências, das opções reprodutivas para evitar o nascimento de descendentes doentes;
f) definição de formas de actuação no respeito pelas aspirações do consulente e da família e pelos seus princípios éticos, morais e religiosos, bem como de seguimento com destaque para o apoio psicológico, tendo presente que haverá frequentemente um processo de adaptação pessoal ou de uma família face a uma anomalia ou doença, ou a um risco de recorrência.

No curso de um processo de aconselhamento, são registadas, com alguma frequência, dificuldades na realização de um diagnóstico em base genética, nomeadamente quando:

a) se está perante uma doença genética de aparecimento tardio e o progenitor morreu precocemente sem manifestações da doença genética presente num filho;
b) não há um diagnóstico de certeza sobre a doença presente na família;

c) é assumido como verdadeiro um diagnóstico errado num familiar ou no doente;
d) é difícil estabelecer a correlação entre o fenótipo presente e o genótipo associado;
e) por questões éticas, há inibição para a realização de testes preditivos.

A determinação de um risco genético e a sua comunicação devem ter em conta as consequências para a pessoa em risco e para a família em termos de benefícios e do mal (ou prejuízo). A comunicação de um risco absoluto ou de um risco relativo estimados para um consulente, bem como do risco de recorrência – probabilidade de uma determinada condição voltar a ocorrer em próxima gravidez, num filho gerado pelo mesmo casal, ou para outros membros da família –, deve ser apresentada e explicada até que se tornem bem compreendidos.

No momento em que o médico propõe a realização de um teste genético, deve ter presente e analisar com o seu consulente a ansiedade que pode gerar, quanto às suas preocupações com a privacidade, com os reflexos que pode vir a ter nas escolhas de vida, com o sofrimento psicológico, familiar e social, com os reflexos na família, com os dilemas que terá sobre a comunicação ou não comunicação dos resultados à família se estes forem relevantes para os seus membros, com uma eventual estigmatização e discriminação social, ou com a discriminação no emprego e por seguradoras (em ambos os casos, de uso proibido). Deve ainda ter presente que o uso da informação genética deve respeitar o primado da pessoa e a equidade de acesso aos cuidados de saúde.

O médico deve ainda esclarecer o utente que a propriedade da informação genética, como informação de saúde que é, está protegida pela Lei n.º 12/2005, de 26 de Janeiro, sendo «as unidades do sistema de saúde os depositários da informação, a qual não pode ser utilizada para outros fins que não os da prestação de cuidados e a investigação em saúde e outros estabelecidos pela lei». E lembrar que o uso de informação genética e da sua história clínica e familiar está sujeito às regras deontológicas de sigilo profissional dos médicos e dos restantes profissionais de saúde, durante a vida do utente e após a morte.

Relativamente aos testes preditivos pré-sintomáticos, o médico deve relevar que, entre os benefícios, cabem a libertação da necessidade de testes periódicos para os que não herdaram a variante alélica patogénica, uma melhor aceitação dos rastreios, tratamentos, actos preventivos médicos ou cirúrgicos ou mesmo de investigação, a redução da ansiedade, uma melhor adaptação aos acontecimentos futuros, no caso dos portadores, e uma eventual escolha de percursos de vida mais realistas.

Entre os malefícios que podem surgir devem ser tidas em conta as perturbações psicológicas (ansiedade, medo, sentimentos de culpa), por dificuldade em lidar com a certeza de ser portador do gene de susceptibilidade, a depressão, o risco de suicídio e, quando a confidencialidade não é acautelada, a discriminação social, no trabalho ou por entidades seguradoras. Acentuam a ansiedade, a incerteza decorrente da penetrância incompleta de muitas condições de predisposição genética e a ignorância sobre a forma de a prevenir, sobre a intensidade da expressão da doença e sobre a idade em que se manifesta.

Com a realização de testes genéticos, surgem ainda os achados acidentais, como acontece com os estudos do exoma e da totalidade dos genomas, sem esquecer as dificuldades que surgem perante múltiplas variantes de significado clínico incerto.

Nos rastreios das aneuploidias – quando há um cromossoma a mais ou a menos do que o número normal (46) –, a complexidade dos algoritmos de decisão é cada vez maior. As múltiplas opções disponíveis, não sendo nenhuma delas perfeita, levantam questões sérias aos pais, sendo que só eles, após completo esclarecimento, podem escolher o caminho a seguir.

Um resultado negativo também não deve deixar sem atenção cuidada o consulente, já que não é raro o membro da família que não herdou a variante alélica patogénica desenvolver a síndrome da «culpa do sobrevivente».

Num casal com um filho que herde um alelo mutado presente num dos progenitores, ainda que de expressão tardia e de penetrância incompleta e, por isso, saudável nas primeiras dezenas de anos de vida, e podendo nunca vir a desenvolver a doença, é necessário prever a possibilidade de repercussões relacionais dentro do casal, de os pais desenvolverem sentimentos de culpa, de passarem a olhar os filhos como «doentes», mesmo sem sintomas de doença, de praticarem excesso de protecção ou gerarem sentimentos de rejeição que conduzam a diminuição da auto-estima do filho, de haver exclusão social de toda uma família.

4. Testes genéticos e o futuro

Um olhar sobre as consequências do uso futuro dos testes genéticos traz, para as preocupações do presente, a necessidade de reflexão adicional.

Atente-se, como exemplo, na ponderação a ter sobre o dever de confidencialidade perante uma condição em que o uso da informação genética pertencente a um membro de uma família, com doença grave, tenha vantagens consistentes para um familiar seu em risco, embora, ao ser usada, possa atentar contra o direito à privacidade de quem a gerou e que nega o acesso a essa informação. Até onde deverá ir o respeito pela confidencialidade em contraponto com o dever de proteger a saúde de outro membro da família, quiçá a vida de múltiplos cidadãos, em função da profissão do indivíduo em risco?

E ante futuros e antecipáveis ganhos de segurança na manipulação do genoma, poderão os resultados de um estudo genético ser usados para modificar a informação genética germinal ou a regulação da expressão génica da informação germinal, para bem do indivíduo e dos descendentes, curando doenças hereditárias na família?

E que dizer da tentação de o homem ser «perfeito», isento de doenças, modelado à imagem do que os progenitores entendam como desejável?

Hoje, já se antecipa que os estilos de vida podem influenciar a condição em que transmitimos os nossos genes aos descendentes, em termos de normalidade ou anormalidade da sua expressão quantitativa (para não falar em alterações mutacionais qualitativas), e, logo, o seu modo de funcionamento futuro. Quando os testes genéticos garantirem a identificação das alterações epigenéticas induzidas «de novo» no genoma humano, por determinados estilos de vida, e transmitidas à descendência, como iremos encarar um eventual condicionamento da liberdade, à luz da solidariedade com o futuro?

Só que a «normalidade» em bases genéticas não pode assentar num padrão ideal de genoma, devendo ser estabelecida em função do par genoma-ambiente e não tendo apenas em conta o que é considerado forma «normal» de um gene ou genes. A sobrevivência das espécies tem na diversidade o seu melhor recurso. Um gene alterado, ainda que traga desvantagem em condições ambientais habituais, pode salvar o seu portador e permitir a sua reprodução em condições de excepção ambiental. E um gene considerado normal, num determinado tempo ou lugar, pode, noutras condições ambientais, ser prejudicial para o seu portador.

Por isso, o eugenismo, além de ser um atentado contra a diversidade, não é a melhor forma de proteger o futuro do Homem.

Com Saint-Exupéry: «Si je diffère de toi, loin de te léser, je t'augmente.»

Referências e leituras recomendadas

Harper, Peter S., *Practical Genetic Counselling*, Londres, Arnold, 2001, 5.ª edição.

Sequeiros, Jorge *et al.*, The wide variation of definitions of genetic testing in international recommendations, guidelines and reports, *Journal of Community Genetics* 3, 2012: pp. 113–124. doi: 10.1007/s12687-012-0084-2.

Ministério da Saúde, Decreto-Lei n.º 131/2014, de 29 de Agosto, *Diário da República n.º 166/2014, Série I*, 2014.

Assembleia da República, Lei n.º 12/2005, de 26 de Janeiro, *Diário da República n.º 18/2005, Série I-A*, 2005.

Conselho Nacional de Ética para as Ciências da Vida (CNECV), «Parecer sobre Venda Directa de Testes Genéticos ao Público», 56/CNECV/08, Julho de 2008.

Direcção-Geral da Saúde (DGS), «Prescrição, Execução Laboratorial e Tratamento da Informação de Testes Genéticos relacionados com a Saúde em Idade Pediátrica e no Adulto», Norma n.º 007/2018, 28 de Fevereiro de 2018.

Vida adulta e doença crónica

Luís Campos

Centro Hospitalar de Lisboa Ocidental;
NOVA Medical School|Faculdade de Ciências Médicas
da Universidade Nova de Lisboa

1. Definição de doença crónica

Alguns dos principais conceitos em saúde, a começar pela própria definição de saúde, não são claros e não estão actualizados. Entre estes está o de doença crónica.

O Department of Health and Human Services dos EUA define «doença crónica» como uma doença que dura pelo menos um ano, requer atenção médica continuada e/ou limita as actividades da vida diária; já o Australian Institute of Health and Welfare propõe uma definição com base em critérios mais epidemiológicos e clínicos, afirmando que doenças crónicas são «condições de duração prolongada com efeitos persistentes e com as seguintes características: uma causalidade complexa, um longo período de desenvolvimento, no qual pode não haver sintomas da doença, e um curso de doença prolongado, levando a outras complicações médicas, associadas a disfunção funcional ou deficiência». A definição da Organização Mundial de Saúde (OMS) é ainda menos precisa: «uma condição permanente, que deixa limitações residuais, causada por alterações patológicas não reversíveis e que é expectável requerer um longo período de supervisão, observação ou cuidados». No entanto, a OMS usa, em muitas publicações, o termo «doenças não contagiosas», ou seja, não provocadas por um agente infeccioso, como uma designação intercambiável com doenças crónicas. Um problema associado a esta designação é que há doenças provocadas por agentes infecciosos, como a infecção pelo VIH ou a hepatite C, que são consideradas doenças crónicas.

Outra dificuldade adicional para a definição de doença crónica é que algumas doenças agudas podem transitar para crónicas e algumas doenças fatais no passado podem hoje também assumir um carácter crónico. Esta imprecisão gera também uma importante variabilidade nas listagens de doenças crónicas elaboradas pelas diferentes instituições. Após revermos as muitas definições existentes, podemos verificar inúmeras confusões, como identificar doença crónica com incapacidade, o que não é verdadeiro em muitos casos, ou com incurabilidade, o que também não é universal.

Algumas doenças crónicas estão definidas por parâmetros numéricos. Antes de 1998, por exemplo, considerava-se que uma pessoa com valores de glicemia superiores a 140 mg/dl era diabética; desde então esse limite passou para 126 mg/dl. Anteriormente, considerava-se que existia hipertensão arterial a partir de valores de pressão arterial de 160/95 mm Hg; depois, esses valores baixaram para 140/90 mm Hg e nas *Guidelines* (Normas Clínicas de Orientação), de 2017, da American Heart Association, estes valores desceram ainda mais, para 130/80 mm Hg. A obesidade é definida por um índice de massa corporal superior a 30 kg/m^2; a hipercolesterolemia por um nível sérico de colesterol superior a 190 mg/dl. Esta dificuldade, que decorre de definir doenças crónicas através de parâmetros numéricos que vão mudando com o tempo, tem levado alguns autores a falarem do fim da doença e a defenderem que hoje se deve falar sobretudo de risco (Agus, 2011).

No meio desta complexidade, encontram-se alguns denominadores mais constantes que nos permitem arriscar uma definição própria: doença crónica é uma doença de longa duração, vulgarmente superior a um ano, que habitualmente causa algum grau de limitação funcional e é geralmente irreversível, necessitando de cuidados médicos continuados. Cabem nesta definição doenças como as cardio e cerebrovasculares, o cancro, a diabetes, a hipercolesterolemia, a hipertensão arterial, a doença pulmonar obstrutiva crónica (DPOC), a depressão, as doenças auto-imunes, as doenças degenerativas e outras.

2. Determinantes do aumento das doenças crónicas

O aumento das doenças crónicas é explicável por vários factores, embora seja mais difícil determinar a contribuição de cada um. O aumento da esperança de vida, os comportamentos de risco e os factores ambientais são os mais importantes. As características genéticas, as condições socioeconómicas e o acesso a cuidados de saúde são factores adicionais necessários para compreender a variabilidade entre pessoas e grupos populacionais. O rápido envelhecimento da população, mais acentuado em Portugal do que em muitos outros países europeus, é o principal indutor deste aumento. Em Portugal, entre 1981, pouco depois do início do Serviço Nacional de Saúde (SNS), e 2011, a população idosa passou de 1125 milhões para 2023 milhões, e as projecções demográficas apontam para que o país tenha em 2050 uma percentagem de idosos superior a 35%, tornando-se no terceiro país da Organização para a Cooperação e Desenvolvimento Económico (OCDE) com mais idosos, depois do Japão e Espanha (OCDE, 2017). A prevalência das doenças crónicas e da multimorbilidade aumentam com a idade, pelo que esta é uma das principais causas do aumento das doenças crónicas (WHO, 2017).

Este fenómeno já está a ter consequências que se vão tornar devastadoras, com a ocupação dos serviços de saúde por uma população predominantemente idosa, muitos com algum grau de incapacidade, com problemas sociais e com muitas doenças crónicas. O impacto desta mudança já foi apelidado de *silver tsunami* (*tsunami* de pessoas de cabelos brancos).

Os comportamentos de risco representam cerca de 40% dos determinantes da saúde. Em Portugal, temos assistido a uma diminuição progressiva do tabagismo e também do consumo de álcool, mas, em contrapartida, tem havido um aumento da inactividade física e dos maus hábitos alimentares que têm induzido um acréscimo da obesidade e da diabetes numa dimensão alarmante (OCDE, 2017).

Relativamente aos hábitos tabagísticos, assistiu-se a uma diminuição de 20,6% da população com 15 anos ou mais, em 1999, para 16,8%, em 2014, embora esta diminuição tenha acontecido à custa dos homens, porque nas mulheres houve um ligeiro aumento. Este valor situa-nos um pouco abaixo da média da OCDE (18,4%). No entanto, esta redução tem acontecido em todos os países, e Portugal está entre os três onde foi menos conseguida.

O consumo de álcool desceu nos últimos dez anos, tendo passado de 13,5 litros por pessoa, em 2004, para 9,9 litros, em 2014, mantendo-se mesmo assim acima da média dos países da OCDE (9,0 litros).

No que se refere à actividade física, percebe-se que os Portugueses não são muito aficionados: apenas 57,1% da população adulta tem uma actividade física moderada semanal; menos do que nós só a Itália e a Espanha, sendo o valor médio dos países da OCDE de 66,5%.

Relativamente à dieta, a análise dos indicadores mostra que, diariamente, 70,9% da população adulta come fruta, muito acima da média dos países da OCDE (56,8%); mas só 55,2% come vegetais, abaixo da média da OCDE (59,8%), valor que ainda baixa mais nas nossas crianças (23%). Complementando estes indicadores com os do 2.º Inquérito Alimentar Nacional e de Actividade Física 2015–2016 (DGS, 2017), em que verificámos que comemos três vezes mais proteínas animais do que o recomendado pela OMS, consumindo também sal e açúcar em excesso, percebemos porque a obesidade auto-referida nos adultos cresceu em Portugal, nos últimos 15 anos, de 12,8% para 16,6%. Se incluirmos a sobrecarga ponderal, esta percentagem sobe para 53% da população adulta, muito próximo da média da OCDE (53,9%). Este número é subestimado se analisarmos a diferença desta mesma percentagem nas crianças, consoante se baseia em medição do peso (28,5%) ou peso auto-referido (15,5%). Também entre as crianças a tendência para o aumento da sobrecarga ponderal ou obesidade é transversal a todos os países, com a excepção notável da Dinamarca.

O impacto dos factores ambientais é crescente, a começar pelo aquecimento global determinado pela emissão de gases com efeito de estufa, mas também com o crescimento populacional, a degradação dos ecossistemas, a poluição sonora, a qualidade do ar, a presença de matéria particulada, a falta de transportes adequados e outros.

Ainda de acordo com a OMS, a exposição a poluentes em ambientes interiores e exteriores matou, em 2012, sete milhões de pessoas, e a desnutrição, por sua vez, é responsável por três milhões de mortes por ano nas regiões mais pobres. Globalmente, acredita-se que, entre os anos de 2030 e 2050, as alterações climáticas poderão vir a ser responsáveis por 250 mil mortes por ano (WHO, 2014). As doenças crónicas mais relacionadas com o ambiente são as doenças alérgicas, a asma, as doenças vasculares e as doenças mentais.

O conjunto destes factores não atinge as pessoas da mesma forma, existindo iniquidade no nível de saúde entre países, grupos populacionais e indivíduos com diferentes níveis económicos e de escolaridade, etnias, géneros e outros. Por exemplo, em Portugal a taxa de mortalidade dos trabalhadores por conta de outrem é sete vezes maior do que a dos empregadores, sendo que a prevalência da obesidade nas pessoas de nível de escolaridade baixo é de 38,5%, enquanto nas pessoas com nível superior é de 13,2% (Machado *et al.*, 2011; DGS, 2017).

Um dos dilemas éticos nesta área é suscitado pelas propostas de estratégias de modificação dos comportamentos de risco. Estas têm surgido em alguns países, baseadas na penalização financeira das pessoas que mantêm esses comportamentos. Ora, uma vez que estes são mais prevalentes nas populações mais desfavorecidas, tal resulta numa dupla penalização.

Uma outra consideração relevante é a do conhecimento de que 80% dos casos de doença coronária, de acidentes vasculares cerebrais, de diabetes do adulto e 40% dos casos de cancro podiam ser prevenidos pela alteração dos comportamentos de risco, o que torna o empenho nesta modificação uma obrigação ética, não só em termos individuais mas também em todos os níveis da sociedade.

3. Epidemiologia e carga da doença crónica

Segundo a OMS, estima-se que 40 milhões de mortes a nível global, em 2015, sejam devido a doenças crónicas, o que corresponde a 70% do total de 56 milhões de óbitos (WHO, 2017). Em Portugal, no Inquérito Nacional de Saúde (INS) de 2005/2006, tínhamos mais de 5,2 milhões de pessoas afectadas com pelo menos uma doença crónica, e cerca de 2,6 milhões sofriam de duas ou mais doenças crónicas, havendo mesmo cerca de 3% da população que sofria de cinco ou mais doenças crónicas (Campos, 2009). Estes números estão subestimados na medida em que se trata de inquéritos populacionais. Os estudos epidemiológicos mostram que a prevalência real das doenças é, em muitos casos, pelo menos o dobro do que aparece no INS (Tabela 1).

Tabela 1: Epidemiologia das doenças crónicas em Portugal

	INS 2014	Inquéritos Epidemiológicos
Hipertensão	**25,3%**	**42%**
Depressão	**11,9%**	**16,5%**
Diabetes	**9,3%**	**13,3%**
Asma	**5,0%**	**10%**

Por outro lado, estes dados estão desactualizados, calculando-se que as doenças crónicas aumentem cerca de 1% ao ano na população em geral e 2,5% ao ano nos idosos (Campos, 2009). Em Portugal, é sobretudo preocupante o aumento das doenças associadas a comportamentos de risco. Estes contribuem para que mais de um terço da nossa população seja hipertensa, cerca de 13% diabética, tenhamos uma mortalidade por acidente vascular cerebral (AVC) cerca de uma vez e meia superior à média da Europa e seis em cada dez adultos tenha sobrecarga ponderal ou obesidade. Esta é ainda mais grave nos idosos: oito em cada dez (OCDE, 2017; DGS, 2017).

Na análise das principais causas de morte em Portugal, verificamos que as doenças vasculares seguidas do cancro continuam no topo, representando 54% dos óbitos em 2015, sendo as doenças do aparelho circulatório a maior causa de morte (29,8%). Entre estas, a doença cerebrovascular é a mais representativa (36,3%). Na doença cerebrovascular temos uma mortalidade superior à média da OCDE (85 por 100 mil habitantes contra 65 por 100 mil habitantes). É notável a redução de 55% na mortalidade por doença cardiovascular e de 74% por doença cerebrovascular nos últimos 25 anos (OCDE, 2017). Em relação à doença oncológica, Portugal tem hoje cerca de 500 mil sobreviventes de cancro e perto de 100 mil doentes em tratamento, números que demonstram como esta doença se tem tornado cada vez mais numa doença crónica e já não tanto numa doença fatal.

A carga das doenças crónicas recai sobre os doentes mas também sobre a família, os cuidadores, os empregadores, as seguradoras, a segurança social, o sistema de saúde e a sociedade em geral. Os DALY (*disability-adjusted life years*) são um indicador que mede este impacto de forma global, reunindo os anos de vida perdidos por morte prematura aos anos de vida com incapacidade. A análise do País feita pelo Institute for Health Metrics and Evaluation mostra que as principais causas de anos de vida perdidos por morte prematura em 2016 foram a doença isquémica cardíaca, que representa 11,3% do total, a doença cerebrovascular (10,0%) e a doença de Alzheimer (5,6%), mas enquanto as duas primeiras diminuíram respectivamente 38,5% e 55,9% entre 1990 e 2016, a doença de Alzheimer aumentou 81,8% neste período. Em relação ao segundo indicador, as doenças crónicas foram responsáveis por 88,5% dos anos de vida saudável perdidos por doença ou incapacidade, estando no topo as doenças musculoesqueléticas (23%), seguidas das doenças mentais (19%). As doenças crónicas foram responsáveis em Portugal por 86,5% da carga global da doença (DALY), sendo a maior percentagem atribuída às neoplasias (17,7%), seguida das doenças vasculares (17%) (DGS, 2017).

Outra consequência que não tem merecido a devida atenção é a irrupção de um grupo particular de doentes idosos, os mais frágeis de todos, muitos com algum grau de dependência, e que são os utilizadores frequentes do sistema e os que consomem mais recursos. Nos Estados Unidos da América (EUA), 1% dos doentes representam 22% dos gastos em saúde e 5% dos doentes representam 50% desses gastos (Blumenthal, 2012). Em relação aos beneficiários do Medicare[1], 14%, os que têm seis ou mais doenças representam 46% do orçamento global do sistema de seguros de saúde (Centers for Medicare & Medicaid Services, 2012).

Em Portugal não se conhecem estes números, mas um estudo que realizámos mostrou que 5% dos doentes com maior número de dias de internamento nos hospitais do SNS foi responsável, em 2012, por 30% do total de dias de internamento (Campos *et al.*, 2014). Estes doentes têm necessidade de apoio médico, mas também de enfermagem, dietético, de reabilitação e, em mais de metade dos casos, de apoio social.

Todos estes doentes consomem cada vez mais cuidados médicos. Como exemplo, entre 1980 e 2012, o número de consultas hospitalares passou de 2,7 para 16,7 milhões, o que representa cerca de seis vezes mais (INE, 2014).

4. Evolução das características dos doentes crónicos

Além de os doentes crónicos serem cada vez mais idosos, com mais multimorbilidade e mais incapacitados, existem outras características importantes a considerar na *interface* entre a procura de cuidados de saúde e a sua prestação. Uma delas é a elevada expectativa que os doentes têm em relação à capacidade de a medicina modificar o curso natural das doenças. Este é o resultado do impacto da introdução de muitas

---

[1] Medicare é um sistema de seguros de saúde gerido pelo governo dos Estados Unidos da América, destinado aos idosos ou a pessoas com menos de 65 anos, com deficiência ou doença renal, com vários tipos de planos, de serviços e que exige mesmo assim um co-pagamento.

inovações que vieram trazer novas esperanças para doenças em que, até há pouco tempo, não tínhamos *armamentarium* eficaz, mas esta expectativa é, em geral, excessiva no que concerne à realidade da medicina actual, em que a incerteza e o fracasso recheiam o nosso quotidiano. Para este fenómeno, muito contribuem as séries de televisão em ambiente hospitalar, que quase só mostram casos de sucesso, em que todos têm diagnóstico, tratamento e são reanimados.

Outra característica é a má utilização dos serviços de saúde a começar pelo recurso excessivo às urgências: somos o país europeu em que os cidadãos mais recorrem às urgências hospitalares (sete em cada dez portugueses visita anualmente um serviço de urgência), quando a média europeia é menos de metade deste valor; por outro lado, 40 a 50% destas admissões não são urgentes e podiam ser resolvidas noutro local (Berchet, 2015). A outra tendência é o recurso directo às subespecialidades sem procurarem primeiro o médico assistente, o que origina consumo excessivo de exames complementares, terapêuticas desnecessárias e atrasos de diagnóstico. Existe ainda por parte de muitos doentes uma pressão sobre os médicos para a prescrição de exames complementares, mercê de uma mitificação da sua relevância para o diagnóstico.

Assiste-se ainda a uma transição de uma relação médico-doente paternalista para uma relação de respeito pela autonomia deste último. Neste tipo de relação, a partilha de decisão será cada vez mais uma realidade e está a ser potenciada pelo aumento do acesso dos doentes, via Internet, à informação sobre as suas doenças ou sintomas, pelo crescimento das possibilidades de escolha de médicos e entidades prestadoras de cuidados e de instrumentos de monitorização domiciliária de muitas doenças crónicas. Os doentes assumirão progressivamente uma maior capacidade de gestão da sua saúde e das suas doenças e de participação na escolha de alternativas terapêuticas, o que é um novo paradigma positivo e desejável.

Existem, ainda, outras tendências manifestas por parte dos doentes crónicos que estão também a mudar e são muito relevantes: o número de cidadãos com seguros de saúde tem crescido paulatinamente, o que tem feito aumentar a procura no sector privado; a aprovação da directiva sobre os cuidados de saúde transfronteiriços vai permitir maior mobilidade aos doentes e facilitar a procura de alternativas para cuidados médicos em países estrangeiros (OCDE, 2017).

5. A evolução dos cuidados de saúde prestados aos doentes crónicos

Uma determinante fundamental da prestação de cuidados é o crescimento exponencial do conhecimento: anualmente, são realizados mais de 23 mil ensaios clínicos e editados cerca de 2 milhões e 500 mil artigos médicos só em língua inglesa. Calcula-se que em 2020 o conhecimento em Medicina duplique em 73 dias (Densen, 2011), ou seja, grande parte do que ensinamos nas nossas faculdades estará obsoleto no momento em que estes conhecimentos forem aplicados na prática clínica.

Esta realidade, transversal a muitas áreas do conhecimento, tem várias consequências de relevância fundamental: a tendência de os profissionais restringirem as áreas de conhecimento a que se dedicam, o que gera o crescimento da especialização e o aparecimento de superespecialistas que sabem quase tudo sobre quase nada. Este fenómeno é inexorável, e mesmo desejável, para a abordagem de patologias mais raras ou para a realização de procedimentos em que haja uma relação entre volume e qualidade. No entanto, quanto mais se acentuar, maior será a necessidade de sintetizadores, pessoas que tenham uma visão global sobre os problemas e façam a ponte entre os saberes (Wilson, 1998), porque os problemas são também cada vez mais transversais e multidisciplinares (Morin, 1999).

Isto é particularmente verdade na medicina, em que temos a consciência de que um doente não é uma soma de órgãos ou sistemas, mas um ser complexo em que tudo se relaciona e está interdependente. É ainda mais verdade em função da evolução dos doentes que tratamos: cada vez mais velhos, com associações de doenças crónicas e polimedicados, doentes que precisam de alguém que olhe para eles como um todo. Barbara Starfield citava um doente numa urgência americana: «Estive em tantos médicos nos últimos meses, necessito de um médico para pôr tudo junto [...]» Assim, quanto mais aumentar a hiperespecialização, mais se tornarão necessárias as especialidades generalistas como a Medicina Interna e a Medicina Geral e Familiar.

O fenómeno da hiperespecialização, que se está a verificar de forma acelerada dentro das próprias especialidades médicas, está também a modificar o paradigma do exercício da medicina hospitalar, que passou a ser um trabalho de equipa, única forma de permitir a diferenciação. Esta mudança de paradigma obriga ao aumento de escala dos hospitais para albergar estas equipas: em 1970 existiam 634 hospitais; em 2007, antes da reforma das urgências, existiam 73 hospitais de agudos, dos quais 55% com menos de 200 camas; hoje existem apenas 41 hospitais de agudos, dos quais apenas três com menos de 200 camas. Esta evolução foi determinada pelo Despacho n.º 5414/2008, que definiu os pontos da rede das urgências e permitiu acelerar uma mudança essencial: a concentração tem sido feita principalmente à custa da criação de centros hospitalares (actualmente 22), de unidades locais de saúde (ULS) (actualmente 8) e da mudança de missão dos hospitais mais pequenos, que, em larga medida, têm sido incorporados na rede de cuidados continuados integrados.

Esta concentração, sem paralelo na Europa, atingiu um nível perto do ideal, embora se possa assistir ainda à fusão, num único hospital, de alguns destes centros hospitalares, se a recuperação económica permitir. Apesar de tudo, persiste um número de camas hospitalares por mil habitantes inferior à média da OCDE (3,4 contra 4,7). No entanto, somos o segundo país da OCDE com menor taxa de ocupação (64%), quando a média da OCDE é de 75,7%, o que representa um desperdício e aponta a necessidade de mudar a gestão comum de camas, numa organização demasiado fragmentada dos hospitais (OCDE, 2017).

Em relação ao número de camas de longo termo somos, no contexto europeu, um dos países com o rácio de camas *per capita* mais baixo (OCDE, 2017). A criação, em 2006, da Rede Nacional de Cuidados Continuados Integrados (RNCCI) permitiu começar a reduzir este atraso. Contudo, o número de camas, que era 8400 em 2016, continua muito insuficiente. Também as camas de cuidados paliativos (278 em 2016) são poucas. Além de escassas, estão mal distribuídas, havendo um mínimo de 161 por 100 mil habitantes com idade igual ou superior a 65 anos na Região de Lisboa e Vale do Tejo e um máximo de 350 no Algarve (ACSS, 2017).

As tecnologias têm conhecido um desenvolvimento fantástico: a primeira tomografia axial computorizada (TAC) foi introduzida no SNS em 1982, o primeiro sistema informático de registo de doentes em 1983, a ressonância magnética nuclear (RMN) em 1987 e a tomografia por emissão de positrões (PET) em 2001. Existe muita inovação no horizonte próximo no campo dos novos fármacos, equipamentos e técnicas, o que representa uma esperança para muitos doentes, constituindo também uma ameaça para a sustentabilidade do sistema, porque a introdução das inovações tecnológicas é o principal indutor do crescimento das despesas da saúde. No que concerne aos medicamentos inovadores, em Portugal, nos últimos cinco anos, a sua introdução no mercado duplicou e a despesa com os mesmos triplicou.

O crescimento da despesa com medicamentos representa a maior ameaça à sustentabilidade do sistema e é já percebido como incomportável, o que obrigará a enfrentar dilemas éticos cada vez mais complexos, como seja definir quanto é que o Estado está disposto a pagar por cada ano de vida potencial ganho pela introdução de um determinado fármaco.

Os avanços no campo da genética introduziram uma nova ambição na Medicina: a medicina personalizada, em que as terapêuticas poderão ser adaptadas a cada doente de acordo com um mapa individual de risco genético. Esta possibilidade de predição e de manipulação genéticas será uma das áreas geradoras de desafios mais difíceis para a ética no futuro próximo.

Além disso, assiste-se a uma diversificação de prestadores de saúde, possibilitada pela existência de mais de 2 milhões e 500 mil habitantes com subsistemas ou com seguros de saúde (Campos, 2009), com um acentuado crescimento da actividade e da capacidade instalada no sector privado da saúde.

No que respeita aos recursos humanos, verificamos que Portugal é o terceiro país da OCDE com mais médicos por mil habitantes (4,6), sendo a média da OCDE de 3,4 médicos, e é o segundo país em que este número mais cresceu nos últimos 15 anos. Em qualquer caso, a tendência nos países da OCDE é de aumento do número de médicos. Outro dado em que nos destacamos positivamente é que somos o segundo país com maior percentagem de médicos generalistas (51%), sendo a média da OCDE de 30%.

Em relação aos enfermeiros, temos 6,3 enfermeiros por mil habitantes, muito abaixo da média da OCDE (9,0), com um rácio enfermeiros/médicos (1,4) também muito abaixo da média da OCDE (2,8) (OCDE, 2017).

No que tange às despesas em saúde *per capita*, em 2016 foi de 2734 dólares, mais 1088 dólares do que há 15 anos, inferior à média da OCDE (4003 dólares). Todavia, no conjunto dos

35 países, em quatro deles essa despesa caiu entre 2009 e 2016 e Portugal é o segundo onde caiu mais (-1,3%). Cruzando a despesa em saúde *per capita* com a esperança de vida em cada país, verifica-se que Portugal tem um claro desvio positivo.

A despesa em saúde em Portugal representa 9,9% do produto interno bruto (PIB), muito próximo da média da OCDE (9,0%). No entanto, 33% da despesa é privada, percentagem acima da média da OCDE (26%), e esse valor tem crescido nos últimos seis anos.

O gráfico da distribuição da despesa por tipo de serviço revela que Portugal ocupa quase dois extremos em sentido contrário: é o país que dedica a maior percentagem da despesa aos cuidados ambulatórios (46%), sendo a média da OCDE de 33%, mas é o segundo país em que é atribuída menos verba aos cuidados de longa duração (3%), sendo a média da OCDE de 14% (OCDE, 2017).

6. A qualidade dos cuidados prestados aos doentes crónicos

Que cuidados estamos a prestar aos doentes crónicos? De uma forma geral, continuamos a prestar cuidados episódicos, reactivos, nas fases agudas, através das urgências e centrados na doença e não no doente. Na realidade, apesar de termos uma elevada esperança de vida, a nossa população idosa é doente e incapacitada: o número de anos de vida saudável depois dos 65 é de 6,2 anos, inferior à média da OCDE (9,4) e muito inferior à da Suécia, onde os idosos podem contar ainda com 16,3 anos de vida saudável, e a percentagem da população idosa com algum tipo de incapacidade é de 45,5%, muito superior aos 32,7% de média nos países da OCDE (OCDE, 2017).

No que se refere à qualidade dos cuidados, destaco pela negativa que somos o segundo país, de um grupo de 16 países da OCDE, que tem maior taxa de prescrição de benzodiazepinas por mil idosos com duração superior a um ano (54), mais do dobro da média deste grupo de países (25). Outro indicador preocupante, com relação directa com a mortalidade, é o de que apenas 46,5% dos doentes admitidos por fractura do colo do fémur são operados nos primeiros dois dias. Nos países da OCDE a média é de 80,9%. Mais grave ainda é termos sido o único país em que este tempo aumentou nos últimos dez anos. Também a sobrevivência por cancro colorrectal aos cinco anos é de 60,9%, inferior à média da OCDE (61,0%) (OCDE, 2017).

Pela positiva destaco o facto de sermos o terceiro país que teve, em 2015, menos internamentos por asma ou DPOC (74/100 mil habitantes), o que representa menos de um terço da média da OCDE, e o quinto com menos internamentos por complicações da diabetes (66/100 mil habitantes), o que significa que estamos a fazer um bom trabalho no tratamento destas doenças. Também na insuficiência cardíaca (167/100 mil habitantes) estamos abaixo da média (228/100 mil habitantes), mas com menos destaque. Outro indicador impressivo é a taxa de mulheres que fazem rastreio de cancro da mama por mamografia entre os 50 e os 69 anos: 80,9%. Apenas somos ultrapassados pela Suécia e a média da OCDE é de 60,8%. Também temos uma taxa de sobrevivência aos cinco anos por este mesmo cancro superior à média dos países da OCDE (87,6% contra 85,0%) (OCDE, 2017).

Quanto ao acesso a cuidados de saúde, destaco a percentagem de população que não faz medicação por razões de custos dos medicamentos (10,1%), superior à média de um grupo de 15 países da OCDE que reportaram este indicador (7,1%); também a taxa dedicada a despesas de saúde no conjunto das despesas domésticas (3,8%) é superior à média da OCDE (3,0%), sendo que os Portugueses são quem canaliza maior percentagem desta despesa para cuidados ambulatórios, incluindo consultas (56%), e os terceiros que menos gastam em fármacos (25%).

Ainda no que se refere ao acesso, Portugal é dos países da OCDE que apresentam uma maior diferença na densidade de médicos por mil habitantes nas zonas urbanas (5,4) em relação às zonas rurais (2,2) (OCDE, 2017).

Em relação a tempos de espera para cirurgia, apresentamos tempos melhores (em dias) do que a média da OCDE para cataratas (104 contra 128) e prótese da anca (135 contra 159), mas piores para colocação de prótese do joelho (208 contra 182). Portugal aparece no quadro evolutivo dos tempos de espera para cirurgia, entre 2006 e 2015, em que podemos constatar que, depois de ter diminuído significativamente estes tempos entre 2006 e 2011, se assiste a uma inversão desta descida a partir desse ano (OCDE, 2017).

A variabilidade geográfica ou interunidades no acesso a cuidados de saúde com nível de qualidade semelhante é preocupante (Mateus *et al.*, 2014). Apesar de termos muitas fontes de dados – como os Grupos de Diagnóstico Homogéneo, as prescrições informatizadas, a Consulta a Tempo e Horas, o sistema de gestão das listas de espera, o Sistema Nacional de Avaliação em Saúde, os indicadores recolhidos pela IASIST Portugal: Consultadoria na Área da Saúde ou os que integram a contratualização, os registos de doenças das sociedades científicas – e de se publicar *rankings* com os melhores serviços e hospitais, pouco se tem olhado para os piores e não existe uma estratégia para melhorar o seu desempenho. Eis um grave atentado à equidade no acesso a cuidados de saúde com qualidade que pode vir a ser mediatizado por algum escândalo, desencadeando então medidas reactivas, precipitadas, piores e mais custosas. Este processo de ocultação sistemática de uma realidade que atenta contra o direito a cuidados de saúde com qualidade, sem discriminação pela localização geográfica, poderá ser considerado um caso de falta de ética institucional.

A fragmentação da abordagem dos doentes crónicos tem outras expressões, como a verticalização dos programas nacionais dirigidos a doenças específicas, a persistência de uma organização em silos em muitos hospitais e o modelo de organização que alguns centros hospitalares adoptaram, repartindo os serviços pelos vários hospitais, o que obriga os doentes a deslocarem-se de hospital em hospital, às vezes de cidade em cidade, para obterem cuidados hospitalares.

Entre a população que sofre de doença ou doenças crónicas, o já referido grupo dos doentes idosos, frágeis, com multipatologias, polimedicados, com necessidade de apoio médico, de enfermagem, de reabilitação, dietético, farmacêutico, psicológico e social, e que são já os grandes consumidores de recursos na saúde, tem sido particular e paradoxalmente ignorado.

7. Os desafios da organização dos cuidados prestados aos doentes crónicos

A resposta aos doentes crónicos, sobretudo os doentes com multimorbilidade, é o maior desafio para os sistemas de saúde, devido ao crescimento deste grupo de doentes, aos encargos que representam e à dificuldade em encontrar modelos eficazes e eficientes para lhes responder. O grande objectivo das mudanças a operar será a melhoria da qualidade de assistência, através da implementação da melhor evidência clínica em termos de processos diagnósticos e terapêuticos.

Curiosamente, foi uma empresa de consultadoria que, através de um dos seus líderes (Dave Matheson), introduziu, em 1987, o termo «gestão da doença crónica». A primeira geração de programas de gestão da doença crónica focou-se em doenças isoladas e algumas estratégias provaram melhorias; contudo, na generalidade falharam na demonstração de evidência no que respeita a mudança de comportamentos nos resultados clínicos, no grau de utilização de serviços ou na redução das despesas (Mattke, Seid e Ma, 2007). Estes programas conheceram uma certa notoriedade por a focagem numa única doença ser mais simples; porém, a maior parte destas doenças não apareceu isolada, pelo que se evoluiu para uma segunda geração de programas mais dirigidos a doentes com multimorbilidade e diferentes tipos de necessidade, através de novos modelos integrados de cuidados.

Foi também nos EUA que surgiu a primeira proposta de um modelo de resposta global aos doentes crónicos: *The Chronic Care Model*, apresentado como uma solução multidimensional para um problema complexo (Bodenheimer, Wagner e Grumbach, 2002). O impacto deste modelo tem sido amplamente estudado com resultados clínicos e económicos de satisfação muito positivos. Têm sido considerados particularmente relevantes o redesenho da prestação de cuidados com destaque para o trabalho em equipa, o carácter colaborativo das decisões, a melhoria dos autocuidados e a implementação de auxiliares de apoio à decisão.

Em Inglaterra, também foi desenvolvido, em 2005, um modelo global apelidado de *Social Care Long-Term Conditions Model*, que recuperou a classificação de Donabedian em estruturas, processos e resultados.

Em Portugal, eu próprio propus uma adaptação deste modelo no I Fórum Internacional sobre o Doente Crónico (Campos, 2006), conforme Figura 1. O modelo proposto apoia-se num trabalho de equipa em que os internistas e os médicos de medicina geral e familiar são as pedras basilares, mas integrando outros profissionais como enfermeiros, farmacêuticos, assistentes sociais, fisioterapeutas, dietistas, psicólogos. A decisão dos cuidados mais adequados para cada doente deverá ser tomada em equipa, de acordo com as necessidades e a complexidade de cada caso, cabendo aos internistas o papel de garantir a continuidade de cuidados dentro do hospital, entre episódios, e de fazer a ponte com os médicos de família, com os quais formam equipas integradas de cuidados que ultrapassem os limites das paredes das instituições.

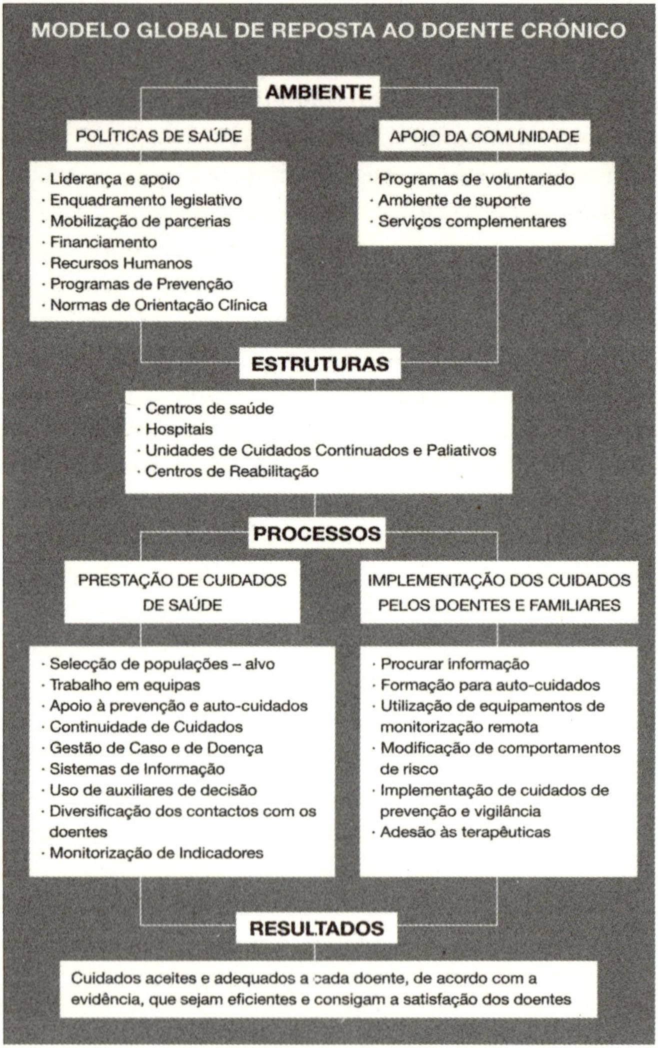

Figura 1: Modelo global de gestão da doença crónica (Campos, 2006).

O modelo proposto integra grande parte dos componentes que aparecem noutros modelos, enfatizando a importância das macrocondicionantes, como sejam o nível político e a comunidade, diferenciando as estruturas, os processos e os resultados, destacando a criação de programas pró-activos, de equipas, de formas de integração de cuidados, de processos de responsabilização dos doentes e famílias na implementação dos cuidados. As experiências a desenvolver necessitarão de novas alternativas de financiamento.

A necessidade de uma mudança de paradigma na prestação de cuidados de saúde a estes doentes é consensual: de cuidados centrados em episódios agudos para cuidados a longo prazo; do tratamento agudo para a prevenção; de cuidados fragmentados para a integração de cuidados; de um financiamento por acto para um financiamento por capitação ou, pelo menos, misto. Existe evidência de sucesso em algumas estratégias, como a estratificação do risco dos doentes e a identificação das suas necessidades, a coordenação ou integração de cuidados, o trabalho em equipas multidisciplinares, o apoio ao autocuidado, algumas estratégias para a modificação de comportamentos de risco, a diversificação dos contactos com os doentes, a necessidade de bons sistemas de informação e de monitorização dos resultados, para que todos os programas sejam avaliáveis (Nolte e McKee, 2008).

A nível internacional, a resposta aos doentes crónicos tem-se imposto como uma prioridade política em muitos países, particularmente nos países desenvolvidos e organizações. Alguns dos primeiros exemplos bem-sucedidos para melhorar a resposta a estes doentes resultaram de profundas reengenharias organizacionais e vieram de organizações americanas que servem quase o mesmo número de doentes que a população portuguesa. Referimo-nos à Veterans Affairs Health Care System (VAHCS) e à Kaiser Permanente (KP).

As vias seguidas pelos países têm sido diversas: uns apostaram num único tipo de programa, outros ensaiaram diversos tipos de solução. De uma forma geral, os países com fortes cuidados primários, como o Reino Unido, a Holanda e a Suécia, implementaram programas liderados por enfermeiros, gestão de casos ou programação de altas. A Alemanha, França, Holanda, Suécia, Dinamarca e Austrália investiram em programas de gestão da doença crónica. A Suécia, França e Alemanha aplicaram programas baseados no reforço da coordenação entre prestadores. A Holanda e o Reino Unido lançaram, ainda, programas com estratégias mistas. Na generalidade, trata-se quase sempre de respostas parciais.

Uma iniciativa que comparou os diversos programas a nível europeu, chamada *developing and validating disease management evaluation methods for European health care systems* (DISMEVAL), concluiu que os programas focados em doenças específicas apresentaram resultados modestos e que havia poucos programas centrados nos doentes com multimorbilidades, os que estão a exercer mais pressão nos sistemas de saúde (Rand Corporation, 2012).

Também nos EUA foram comparados oito programas comerciais de gestão da doença, que abrangeram 242 417 doentes, e não demonstraram resultados na diminuição de admissões nas urgências ou de internamentos (McCall e Cromwell, 2011).

Portugal foi dos países na Europa que mais tardiamente ensaiou uma visão global e uma resposta integrada a estes doentes.

No entanto, existem alguns exemplos de programas pioneiros, centrados em doenças, com implementação continuada de multi-intervenções e resultados demonstrados. Um desses programas é o da diabetes, primeira doença em que se responsabilizou o doente pelos seus cuidados e em que a importância da educação como arma terapêutica é reconhecida desde o início dos anos 70. Em Portugal, este pratica-se de forma sistemática desde os anos 20, quando foi fundada, pelo Dr. Ernesto Roma, a primeira associação mundial de diabéticos, a Associação Protectora dos Diabéticos de Portugal (APDP). A execução do Programa Nacional de Controlo da Diabetes, a partir do lançamento da Estratégia de Saúde para o Virar do Século, em 1998, através da melhoria da educação, dos registos, das políticas sociais, da avaliação, da criação de consultas de referência e outras medidas, conseguiu reduzir mais de 85% os internamentos por complicações da diabetes.

Em Portugal, com a criação do Departamento da Qualidade na Saúde da Direcção-Geral da Saúde (DGS), iniciaram-se algumas experiências-piloto de gestão integrada da doença nas áreas da obesidade, esclerose múltipla, diabetes e doença renal crónica, cujos resultados não foram avaliados. A revisão da Estratégia Nacional para a Qualidade na Saúde retirou a gestão da doença crónica deste departamento, ficando apenas os programas verticais na dependência directa do director-geral da saúde.

Nos últimos anos, a integração de cuidados foi o tema que se inscreveu na agenda de muitos sistemas de saúde como forma de resposta aos doentes crónicos, sobretudo aos que sofrem de multimorbilidade, tendo a OMS dedicado, em 2015, um relatório a este tema: *Global Strategy on People-Centred and Integrated Health Services* (WHO, 2015). Creio que a integração de cuidados é a maior oportunidade de mudança para o nosso sistema de saúde no horizonte próximo e aquela que poderia ter mais impacto na centragem da organização nas necessidades e preferências dos doentes.

Como nalgumas outras áreas em que Portugal foi pioneiro na década de 90, também o foi na tentativa de integrar diferentes cuidados de saúde, por meio da criação das ULS, tendo a primeira sido criada em 1999. No entanto, algumas das inovações organizacionais introduzidas nessa década sucumbiram na transição dos ciclos políticos ou não foram devidamente avaliadas. A experiência das ULS expandiu-se, existindo hoje oito, mas nunca foi avaliada com rigor e os estudos que foram feitos não demonstram resultados positivos dos indicadores de continuidade de cuidados, o que nos permite concluir que não basta fundir hospitais e centros de saúde sob a mesma administração para garantir integração de cuidados.

Em 2017, o Ministério da Saúde lançou as chamadas Reformas de Proximidade, que incluem a gestão de percursos, a literacia e a integração de cuidados, mas contingências têm feito que esta reforma avance lentamente e com pouco estímulo financeiro, embora seja positiva a introdução, pela primeira vez em Portugal, na contratualização entre a Administração Central do Sistema de Saúde e os hospitais, de incentivos a este tipo de programas.

A integração de cuidados beneficia mais as populações no topo da pirâmide de risco da Kaiser Permanente (Figura 2), mas algumas das experiências de maior sucesso evoluíram de programas centrados numa doença ou num grupo-alvo para programas de base populacional. Na Europa podemos citar o programa Barcelona-Esquerra, que envolve mais de meio milhão de habitantes desta cidade, o modelo Gesundes Kinzigtal, na Alemanha, o programa Norrtaelje, na Suécia, e o North West London Whole Systems Integrated Care, em Londres, entre outros.

A multidisciplinaridade é uma das características das equipas envolvidas nestes programas e, apesar de todas as dificuldades sentidas no SNS, quando as mudanças beneficiam os doentes, os profissionais de saúde continuam a envolver-se de forma comprometida em programas inovadores que façam a diferença na melhoria dos cuidados.

A Medicina Interna e os médicos de família são duas especialidades médicas cruciais para o êxito deste desafio. Portugal tem o privilégio de ter uma Medicina Interna forte e empenhada que manteve um perfil generalista e que é a especialidade mais vocacionada para fazer a ponte, a partir dos hospitais, com os outros níveis de cuidados.

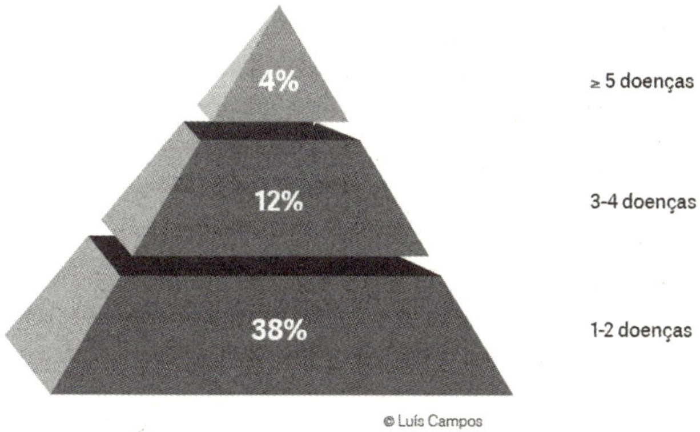

Figura 2: A pirâmide de estratificação de risco da Kaiser Permanente adaptada à população portuguesa (CRISP *et al.*, 2014).

A integração de cuidados não se cinge à articulação com os cuidados primários, mas estende-se também aos outros níveis de cuidados, sendo fundamental, no contexto actual, a ligação à assistência social, porque os serviços de Medicina Interna estão transformados em centros de resolução dos problemas sociais. A Escócia tem sido exemplar na resposta a este problema, tendo promovido uma integração completa, a nível nacional, entre a saúde e a assistência social.

Estes programas estão a surgir em várias regiões, como no Hospital de São Francisco Xavier/Agrupamento de Centros de Saúde (ACES) de Oeiras, ULS do Litoral Alentejano e ULS de Matosinhos, entre outros, mas não se afigura um caminho fácil, havendo que vencer barreiras e desconfianças. Existem barreiras estruturais como sejam a ausência de órgãos de coordenação conjuntos entre hospitais e centros de saúde fora das ULS, o modelo de financiamento que não tem estimulado estes programas, os modelos organizativos das unidades de saúde familiar (USF) que fecharam demasiado estas organizações a objectivos de impacto transversal, a falta de médicos de família nalgumas regiões, a insuficiência de internistas e a carga assistencial a que estão sujeitos, a dificuldade de contratação que existe no SNS, a pouca capacidade do equipamento informático, as dificuldades na comunicação e partilha de informação. Alguns destes aspectos estão a ser corrigidos. No entanto, desde que seja garantido o apoio activo fundamental das administrações, é possível vencer barreiras de desconfiança, tendo o cuidado de escolher bem as lideranças, garantir o envolvimento das múltiplas profissões, assegurar espaços, orçamentos e profissionais dedicados a estes projectos, explicar bem os objectivos aos profissionais envolvidos e aos doentes, partilhar os problemas e as soluções e demonstrar os benefícios alcançados.

Creio que a integração de cuidados é uma oportunidade fantástica para o SNS e para os doentes. Em Portugal, temos muito boas condições para o seu sucesso, porque dispomos de cuidados primários fortes e de uma Medicina Interna bem implantada, mais do que em qualquer outro país europeu. Pode ser um longo caminho, mas não há outro.

8. A literacia e os autocuidados

A OMS define literacia em saúde como o conjunto de «competências cognitivas e sociais e a capacidade de os indivíduos ganharem acesso a compreenderem e a usarem informação de formas que promovam e mantenham boa saúde» (WHO, 2018). Ou seja, é a capacidade para tomar decisões fundamentadas no âmbito da saúde, no decurso da vida do dia-a-dia, em casa, na comunidade, no local de trabalho, no mercado, na utilização do sistema de saúde e no contexto político.

Aumentar a literacia nos doentes crónicos é uma das componentes essenciais de todos os modelos de resposta aos doentes crónicos, melhorando os resultados em saúde e tornando os doentes mais capazes de assumir uma maior quota-parte na gestão da sua saúde e da sua doença.

O modelo conceptual de literacia em saúde proposto por Sørensen (Sørensen *et al.*, 2012) distingue três domínios da literacia em saúde – cuidados de saúde, prevenção da doença e promoção da saúde – e quatro modos de lidar com a informação – aceder, compreender, avaliar, aplicar/utilizar. Combinando os três domínios com os quatro modos, surge então uma matriz que define 12 subdimensões da literacia em saúde.

Este modelo aborda a literacia em saúde não só como um processo mas como um resultado. Além disto, paralelamente ao aumento da literacia em saúde, surge o conceito de *empowerment*, ou de reforço da autonomia: à medida que os doentes desenvolvem mais competências na área da literacia em saúde, tornam-se mais confiantes e mais activos, fazendo também um uso melhor e mais responsável dos serviços de saúde (Sørensen *et al.*, 2012; Edwards *et al.*, 2012).

Assim, como este modelo demonstra, melhorar a literacia em saúde é um processo contínuo que se vai desenvolvendo ao longo do tempo, por meio das várias experiências na área da saúde e encontro com diferentes contextos de saúde. Por exemplo, no contexto de recuperação ou reabilitação, uma maior literacia em saúde pode ajudar o doente a compreender e a aceitar um evento que tenha ocorrido previamente. No caso de doentes a quem foi recentemente diagnosticada uma doença crónica, um nível adequado de literacia em saúde ajuda-os a desenvolver competências de autocuidados. Por último, para indivíduos que se sintam inseguros quanto à sua saúde futura, melhorar a sua literacia em saúde pode fornecer maior esclarecimento acerca dos riscos e da importância da prevenção (Edwards *et al.*, 2012).

Uma literacia inadequada em saúde tem sido associada a um pior controlo de doenças crónicas e tem sido identificada como um determinante social chave dos resultados em saúde. Doentes com uma literacia limitada em saúde podem ter conhecimento e compreensão insuficientes da(s) sua(s) patologia(s), reduzindo a sua autonomia nos autocuidados e na tomada de decisões. De facto, pessoas com menor literacia em saúde têm um pior estado de saúde e maiores taxas de admissão hospitalar; é menos provável que adiram aos tratamentos prescritos e aos planos de cuidado, utilizem menos os serviços de prevenção e estejam sujeitos a maior risco de erro médico (Erlen, 2004).

Na verdade, um dos principais factores de insatisfação dos doentes é o de não se sentirem adequadamente informados e envolvidos no seu tratamento. Além disso, devido à compreensão limitada da informação que lêem ou que lhes é transmitida pelos profissionais de saúde, estes indivíduos tendem a assumir uma atitude mais passiva, sobretudo em consultas em que os médicos adoptem um papel mais paternalista. Portanto, o estilo de comunicação dos profissionais de saúde surge desde logo como um dos factores que influenciam a procura de informação pelos doentes; profissionais de saúde que encorajam os doentes a informarem-se devidamente antes de tomarem decisões assumem uma atitude mais facilitadora e promotora da literacia em saúde, enquanto outros que criam barreiras à comunicação diminuem a autonomia do doente, diminuindo as oportunidades de melhoria da literacia em saúde (Villaire, Gonzalez e Johnson, 2017).

Entre outros factores que predizem uma maior procura de informação relacionada com a saúde online, destacam-se a idade, o género, a escolaridade, a etnia e a experiência prévia com a Internet. Além disto, indivíduos que tenham doenças crónicas ou encontrem barreiras significativas no acesso aos cuidados de saúde (por exemplo, maior distância até ao hospital ou médico de família) são mais propensos a pesquisar informação online. Um estudo realizado com doentes com DPOC verificou a maior frequência do uso de Internet por doentes que relatam interacções menos satisfatórias com o sistema de saúde, o que pode indicar que recorrem à Internet para preencher lacunas de informação e orientação. Simultaneamente, os autores do estudo alertam para os potenciais riscos que advêm de doentes pouco esclarecidos e insatisfeitos serem expostos a informação sem qualidade. O uso eficaz da informação em saúde é, pois, determinante para a autonomização dos doentes e para a melhoria dos cuidados.

Em Portugal, o relatório «Literacia em Saúde em Portugal» (Espanha, Ávila e Mendes, 2016) permitiu conhecer o nível de literacia em Portugal e compará-lo com outros oito países europeus (Sørensen *et al.*, 2015). Deste relatório podemos concluir que os índices de literacia em saúde são sempre ligeiramente mais baixos em Portugal: 11% com um nível «inadequado» e cerca de 38% com um nível considerado «problemático», 50% dos Portugueses têm um nível de literacia «excelente» ou «suficiente», mas a percentagem no nível «excelente» (8,6%) é a mais baixa no conjunto dos países, logo seguida da Espanha e da Grécia, com 9,1% e 9,9%, respectivamente. Em Portugal (tal como noutros países), é entre a população mais idosa, com baixos níveis de escolaridade e menores rendimentos que se registam os níveis mais baixos de literacia em saúde.

Assim, melhorar os níveis de literacia é fundamental para melhorar os resultados dos cuidados prestados aos doentes crónicos e reduzir as desigualdades. Que estratégias são recomendadas para aumentar o nível de literacia? Uma delas é o fornecimento de informação escrita associado à consulta, utilização de websites e outras fontes electrónicas, apoio virtual e informação personalizada baseada no computador, programas de educação focados nos autocuidados e nos auxiliares de decisão, para tornar mais compreensível e articulada a navegação do cidadão no sistema de saúde. Complementarmente, é necessário incrementar a formação dos profissionais de saúde em estratégias de comunicação e de partilha de decisão, diversificar as estratégias de acordo com os níveis de competência em literacia, implementar iniciativas dirigidas aos grupos mais vulneráveis e monitorizar a literacia para a saúde a nível nacional (Espanha, Ávila e Mendes, 2016). Este é um desafio para os cidadãos, profissionais de saúde e decisores. É preciso desenvolver uma estratégia nacional e, finalmente, através do programa SNS+Proximidade, que definiu o aumento da literacia como uma das prioridades, vemos em Portugal a determinação para o fazer, pelo que temos esperança que o país se alinhe com aquilo que já é uma prioridade em muitos sistemas de saúde.

Referências e leituras recomendadas

ACSS, «Monitorização da Rede Nacional de Cuidados Continuados Integrados (RNCCI) – 2016», 2017. Disponível em: http://www.acss.min-saude.pt/wp-content/uploads/2016/07/RNCCI-Relatorio-Monitorizacao-Anual-2016.pdf [consultado em 7 de Janeiro de 2018].

Agus, D. B., *The End of Illness*, Londres, Simon & Schuster, 2011.

Berchet, C. Emergency Care Services: Trends, Drivers and Interventions to Manage the Demand, *OECD Health Working Papers* 83, Paris, OECD Publishing, 2015.

Blumenthal, D., Performance Improvement in Health Care: Seizing the Moment, *New England Journal of Medicine* 366, 2012: pp. 1953–1955.

Bodenheimer, T.; Wagner, E. H. e Grumbach, K., Improving primary care for patients with chronic illness: the chronic care model, *JAMA* 288, 2002: pp. 1775–1779.

BUNDORF, M. K. *et al.*, Who Searches the Internet for Health Information?, *Health Services Research* 41, 2006: pp. 819–836.

CAMPOS, L., Porquê o I Fórum Nacional sobre o doente crónico?, *Gestão Hospitalar*, 2006: pp. 28–33.

CAMPOS, L., O conceito e a necessidade da governação, *in* CAMPOS, L.; PORTUGAL, R. e BORGES, M. (org.), *A Governação dos Hospitais*, Lisboa, Casa das Letras, 2009b.

CAMPOS, L. *et al.*, Caracterização dos Utilizadores Frequentes do Internamento nos Hospitais do SNS em 2012, *Livro de resumos do 20.° Congresso Nacional de Medicina Interna 2014*, 2014, p. 367.

CENTERS FOR MEDICARE & MEDICAID SERVICES, *Chronic Conditions among Medicare Beneficiaries*, Baltimore: Maryland, 2012.

CRISP, N. *et al.*, *Um Futuro para a Saúde*, Lisboa, Fundação Calouste Gulbenkian, 2014.

DENSEN, P., Challenges and Opportunities Facing Medical Education, *Transactions of American Clinical and Climatological Association* 122, 2011: pp. 48–58.

DGS, Ministério da Saúde, «Portugal: The Nation's Health 1990–2016: An overview of the Global Burden of Disease Study 2016 Results», 2017. Disponível em: http://www.alzheimer-europe.org/var/plain_site/storage/original/application/a350b89f15ef255e6b6decd7314e5441.pdf [consultado em 2 de Janeiro de 2018].

EDWARDS, M. *et al.*, The development of health literacy in patients with a long-term health condition: the health literacy pathway model, *BMC Public Health* 12, 2012: pp. 1–15.

ERLEN, J. A., Functional health illiteracy: Ethical concerns, *Orthopedic Nursing* 23, 2004: pp. 150–153.

ESPANHA, R; ÁVILA, P. e MENDES, R. V., *Literacia em Saúde em Portugal*, Lisboa, Fundação Calouste Gulbenkian e Centro de Investigação e Estudos de Sociologia do Instituto Universitário de Lisboa, 2016.

INE, *Inquérito Nacional de Saúde 2005/2006*, Lisboa, 2009.

INE, «Projeções de população residente 2012–2060», 28 de Março de 2014. Disponível em: www.ine.pt [consultado em 9 de Março de 2014].

INE, *Inquérito Nacional de Saúde 2014*, Lisboa, 2016.

Machado, M. C. *et al.*, *A Morte e o Morrer em Portugal*, Coimbra, Almedina, 2011.

Mateus, C. *et al.*, Portugal: Geographic variations in health care, *in OCDE, Geographic Variations in Health Care: What Do We Know and What Can Be Done to Improve Health System Performance?*, Paris, OECD Publishing, 2014.

Mattke, S.; Seid, M. e Ma, S., Evidence for the effect of disease management: is $1 billion a year a good investment?, *American Journal of Managed Care* 13, 2007: pp. 670–676.

McCall, N. e Cromwell, J., Results of the Medicare Health Support Disease-Management Pilot Program, *New England Journal of Medicine* 365, 2011: pp. 1704–1712.

Morin, E., *Relier les connaissances: Le défi du XXIe siècle*, Paris, Éditions du Seuil, 1999.

Nolte, E. e McKee, M., Integration and chronic care: a review, *in* Nolte, E. e McKee, M. (org.), *Caring for people with chronic conditions: A health system perspective*, Maidenhead, Open University Press, 2008, pp. 64–92.

OECD, *Health at a Glance 2017: OECD Indicators*, Paris, OECD Publishing, 2017. Disponível em: http://www.oecd-ilibrary.org/social-issues-migration-health/health-at-a-glance-2017_health_glance-2017-en [consultado em 28 de Dezembro de 2017].

Rand Corporation, *DISMEVAL: Developing and validating disease management evaluation methods for European healthcare systems*, Nolte, Ellen e Hinrichs, Saba (org.), Santa Mónica: Califórnia, 2012.

Sørensen, K. *et al.*, Health literacy and public health: A systematic review and integration of definitions and models, *BMC Public Health* 12, 2012: pp. 1–13.

Sørensen, K. *et al.*, Health literacy in Europe: comparative results of the European health literacy survey (HLS-EU), *European Journal of Public Health* 25, 2015: pp. 1053–1058.

Villaire, M.; Gonzalez, D. P. e Johnson, K. L., Innovative Approaches in Chronic Disease Management: Health Literacy Solutions and Opportunities for Research Validation, *Studies in Health Technology and Informatics* 240, 2017: pp. 433–443.

WHO, «Health literacy and health behaviour». Disponível em: http://www.who.int/healthpromotion/conferences/7gchp/track2/en/ [consultado a 28 de Janeiro de 2018].

WHO, «Climate change: An opportunity for public health», 2014. Disponível em: https://www.who.int/mediacentre/commentaries/climate-change/en [consultado em 7 de Janeiro de 2018].

WHO, *Global Strategy on People-Centred and Integrated Health Services*, Genebra, 2015.

WHO, *World Health Statistics 2017: Monitoring Health for the SDGs, Sustainable Development Goals*, Genebra, 2017.

Wilson, E. O., *Consilience: The Unity of Knowledge*, Nova Iorque, Alfred A. Knopf, 1998.

Doença e vulnerabilidades

Jorge Costa Santos
Instituto Universitário Egas Moniz e Conselho Nacional de Ética para as Ciências da Vida (CNECV)

A vida é tão curta, a arte demora tanto a aprender, a oportunidade desaparece dentro de pouco tempo, a experiência é enganosa e a decisão difícil de tomar.

HIPÓCRATES (I Aforismo)

1. Definições

Quando nos referimos à doença, o que primeiro nos ocorre é que tal significa falta de saúde, episódica ou crónica. Afinal, todos já estivemos doentes, uma ou mais vezes; mais ou menos gravemente. Sabemos, por experiência própria, o que é estar ou sentirmo-nos doentes. Todos vivenciámos, em maior ou menor grau, as suas manifestações mais comuns: o mal-estar, a dor, o sofrimento, a perda de autonomia, a dependência de terceiros. Ainda que pouco ou nada saibamos sobre a doença ou sobre as doenças que nos afectaram ou afectam. A doença faz parte da vida e, no limite, representa o seu fim. A grande maioria das pessoas morre em consequência de uma qualquer doença. Assim acontecia no passado, tal como sucede no presente. É a chamada causa de morte natural. Natural, porque faz parte da natureza do ser vivo. Ainda que a morte possa ocorrer por causas não naturais, ditas violentas (por exemplo, acidente, suicídio e homicídio). Afinal, algo que – como lembra Fernando Pessoa[1] – todos sabem, mas não sentem: que iremos morrer.

Se quisermos saber mais sobre o significado de «doença», socorremo-nos de um dicionário, em que esta é definida como «alteração biológica do estado de saúde de um ser (homem, animal, etc.), manifestada por um conjunto de sintomas perceptíveis ou não; enfermidade, mal, moléstia; alteração do estado de espírito ou do ânimo de um ser; devoção excessiva; mania, obsessão, vício [...]»[2]. Daqui extraímos que o significado de doença não é uno, mas diverso. Uma diversidade que, todavia, pode ser reduzida à condição de «mal», a forma como tem sido entendida desde os primórdios da Humanidade. A doença é, sempre foi, um mal.

Por seu turno, «vulnerabilidade» é, literalmente[3], a «qualidade ou estado do que é ou se encontra vulnerável», ou seja, o «que pode ser fisicamente ferido; sujeito a ser atacado, derrotado, prejudicado ou ofendido», contendo em si a noção de risco de doença ou de dano. Doença e vulnerabilidade não são, pois, uma e a mesma coisa, mas condições estreitamente associadas. Se a doença torna, à luz da experiência, a pessoa vulnerável, pelo menos durante o seu curso, a vulnerabilidade,

---

[1] PESSOA, Fernando: «Todos nós sabemos que morremos; todos nós sentimos que não morremos.»

[2] *Dicionário do Português Atual Houaiss*, Vol. I, Lisboa, Círculo de Leitores, 2011, p. 871.

[3] *Dicionário do Português Atual Houaiss*, Vol. II, Lisboa, Círculo de Leitores, 2011, p. 2406.

ou melhor, as vulnerabilidades representam, neste contexto, factores de risco de doença ou de dano, enfim, de sofrimento.

2. A doença

2.1. As origens da doença

A história da doença confunde-se, desde os tempos mais longínquos, com a história da luta contra os males que atormentam a saúde do Homem, ou, o mesmo é dizer, com a história da medicina.

Os achados arqueológicos mais remotos, constituídos por restos humanos fossilizados, mostram vestígios de doenças como a artrite e a tuberculose, bem como deformações ósseas provocadas por traumatismos, não permitindo, todavia, ir além de meras conjecturas sobre o modo como o homem pré-histórico lidava com tais manifestações cujas causas ignorava. A explicação mais plausível reside na atribuição à acção de forças sobrenaturais malignas, porventura associadas aos espíritos dos mortos, que provocariam dor, sofrimento e morte. Tal crença teria levado à necessidade de granjear os favores desses poderes sobrenaturais através de rezas e sacrifícios, dando origem ao surgimento de feiticeiros que pretendiam conhecer o desígnio dos astros, as propriedades curativas das plantas, os venenos e o modo de apaziguar os maus espíritos.

A medicina primitiva, predominantemente mágica e instintiva, nem por isso descurava o empirismo, explorando o estudo da Natureza, especialmente as propriedades das plantas e dos venenos animais. Os feiticeiros foram os primeiros a utilizar produtos naturais, como a mandrágora, e a praticar a trepanação ou perfuração do crânio em seres vivos, possivelmente para extrair algo, talvez o demónio que atormentava o doente, uma operação tida, a um só tempo, como ritual e terapêutica.

As civilizações que lhe sucederam – como a civilização indiana, que atingiu o seu apogeu no período bramânico, por volta do século IX a. C.; a civilização suméria, que floresceu em Ur, na Mesopotâmia, há 6000 anos; a civilização dos Assírios e Babilónios que viria a absorver a anterior, por volta de 2000 a. C., tornando a Mesopotâmia no centro da Antiguidade; as civilizações do Médio Oriente, em especial a egípcia, que prosperou no Vale do Nilo a partir do século III a. C.; a civilização hebraica, cuja origem remonta sensivelmente à mesma época, e a civilização chinesa, sobretudo a partir do século III a. C. – possuíam conhecimentos mais ou menos elaborados sobre anatomia e várias doenças, tendo deixado descrições relativamente pormenorizadas de algumas delas – por exemplo, diabetes, tuberculose e doenças contagiosas, sobretudo varíola, difteria e lepra –, bem como dos meios, mais ou menos rudimentares, usados para observação dos doentes, e dos tratamentos administrados – purgativos, enemas, eméticos, sangrias, banhos e inalações. Surpreendentemente, já então os indianos sabiam que a malária era uma consequência das picadas de mosquito e que a peste era transmitida pelos ratos, admitindo a existência de humores morais cuja perturbação podia causar doenças, antecipando, de certo modo, o actual conceito de doenças psicossomáticas[4].

Ainda que se tratasse de uma medicina amplamente baseada na magia e nas religiões, exercida quase exclusivamente por sacerdotes que pretendiam interpretar a influência dos astros, a vontade dos deuses ou contrariar a intervenção de demónios, praticando rituais de exorcismo e expiação, existem registos que ilustram a atenção dedicada pelos médicos à observação

---

[4] MARGOTTA, Roberto, *História Ilustrada da Medicina*, *s.l.*, Centralivros – Edição e Distribuição Lda., 1996.

da Natureza e o contributo por estes dado para o desenvolvimento da medicina empírica.

Esta visão da doença e da medicina só viria a alterar-se no período helenístico, durante o qual a medicina se desenvolveu a par da filosofia pré-socrática e, em particular, dos ensinamentos da escola de Pitágoras, tornando-se pela primeira vez numa ciência e numa arte praticada não por sacerdotes, mas por leigos que substituíram a magia pela investigação. As mais antigas referências a práticas médicas surgem na obra de Homero, autor grego dos poemas épicos *Ilíada* e *Odisseia*, escritos por volta de 800 a. C., em que figuram não apenas registos de diversas estruturas anatómicas, mas também menções a lesões traumáticas e causas de morte, sobretudo resultantes de guerras[5].

Na Grécia Antiga, nos primeiros séculos a. C., a actividade médica coexistiria com o culto de divindades, como Apolo, Artemisa, Atena e Afrodite, e alguns deuses subterrâneos, todos capazes de curar doenças. O culto a Asclépio pode ter-se desenvolvido a partir da veneração a uma dessas divindades, dando lugar, por volta de 770 a. C., à criação de santuários que se viriam a multiplicar ao longo de vários séculos. Contudo, a religião entre os Gregos não conflituava com a sua liberdade, nem os sacerdotes se tornaram numa casta privilegiada. Quando os tratamentos feitos por médicos leigos falhavam, as pessoas recorriam aos santuários de Asclépio, tal como hoje os insatisfeitos ou desesperados com os resultados da medicina moderna recorrem às medicinas alternativas e aos curandeiros.

Empédocles de Agrigento (*c.* 500–430 a. C.) julgava que o mundo era constituído por quatro elementos inalteráveis, os quais descrevia como a base de todas as coisas – terra, ar, fogo e água –, desenvolvendo uma teoria sobre os sistemas circulatório

---

[5] Hajar, R., Learning Ancient Greek Medicine from Homer, *Heart Views* 3, 2002: p. 8.

e respiratório, que viria a ser posta em causa pelos ensinamentos de Hipócrates (460–377 a. C.), fundador da escola de Cós e considerado o «pai da medicina» pelo vasto e importante legado que nos deixou (o *Corpus Hippocraticum* e muitas outras obras, entre as quais o celebrado *Juramento de Hipócrates*, referência ética cuja actualidade tem resistido ao tempo).

Rompendo com a superstição e as práticas mágicas, Hipócrates inaugurou a concepção *fisiológica*, que atribui as origens das doenças a um desequilíbrio entre as forças da natureza que estão dentro e fora da pessoa, preconizando uma medicina centrada no paciente, como um todo – organismo, personalidade e estilo de vida –, e no seu ambiente. A saúde era, para Hipócrates, a expressão de um equilíbrio harmonioso (eucrasia) dos *humores* corporais – sangue, bílis negra, bílis amarela e linfa ou fleuma –, constantemente renovados pela comida que é ingerida e digerida, propondo uma relação directa entre os *humores* e os *elementos* concebidos por Empédocles atrás referidos. Ao invés, o seu desequilíbrio era fonte de doença e dor (discrasia). A doença evolui durante um certo tempo de forma silenciosa até atingir o momento crucial, designado por *krísis* (crise), em que esta se define, rumo à cura ou não. O bom médico deve saber identificar o momento oportuno (*kairós*) para intervir, uma vez que este momento tem uma curta duração (*khrónos*) que não pode ser desperdiçada.

A contribuição de Hipócrates, baseada na noção de *physis*, princípio organizador inerente às potências curativas da alma, no exame objectivo, no raciocínio dedutivo, na descrição rigorosa dos fenómenos observados e na importância da relação médico-doente, foi considerada por Ackerknecht[6], historiador médico, a «Declaração de Independência da Medicina».

---

[6] Ackerknecht, Erwin H., The history of psychosomatic medicine. *Psychological Medicine* 12, 1982: pp. 17–24.

A medicina foi, aliás, como recorda Maria Helena Rocha Pereira, citada por Silvério Marques[7], a primeira ciência a emancipar-se da filosofia.

Curiosamente, na península de Cnido, não muito longe da ilha de Cós, praticava-se uma forma de medicina que rivalizava com a hipocrática, baseada numa concepção *ontológica*, que defendia que as doenças eram *entidades* exteriores ao organismo, causadas por agentes que o invadem para se localizarem em várias das suas partes, pelo que o seu estudo incidia sobre a doença e as perturbações orgânicas associadas, e não sobre a pessoa doente, o que, de algum modo, corresponde ao modelo biomédico ainda dominante nos nossos dias.

Em síntese, e correndo o risco de uma generalização abusiva, pode dizer-se que os pontos de vista defendidos pelos médicos, nos últimos dois milénios, oscilam entre as doutrinas oriundas das Escolas de Cós e de Cnido, correspondendo a primeira a uma concepção holística e ecológica, e a segunda a uma concepção redutora, biológica ou física[8,9].

Os ensinamentos hipocráticos viriam a influenciar Galeno (130–210 d. C.), que resumiu e sistematizou, em numerosos tratados, todo o conhecimento médico da Antiguidade, tendo postulado que cada alteração de função é consequência de uma lesão e cada lesão implica uma alteração de função. Os trabalhos de Galeno, nomeadamente o desenvolvimento da teoria dos humores e as suas preparações terapêuticas à base de plantas, embora contendo algumas premissas falsas, mantiveram-se incontestados durante mais de mil anos.

---

[7] Marques, Manuel Silvério, *O espelho declinado*, Lisboa, Edições Colibri, 1999, p. 39.

[8] Reis, Joaquim da Cruz, *O Sorriso de Hipócrates*, Lisboa, Vega, 1998, p. 28; Nuland, Sherwin B., *Doctors: The Biography of Medicine*, Nova Iorque, Vintage Books, 1988.

[9] Nuland, Sherwin B., *op. cit.*

Entre as várias causas que levaram à queda do Império Romano, avultam uma série de epidemias e pestes (escarlatina, cólera, tifo e difteria), que provocaram uma elevada mortalidade. Os médicos dessa época mostraram-se impotentes perante tais catástrofes, que resultaram numa reacção quase universal contra os métodos científicos e racionais para tratar doenças, levando ao ressurgimento da superstição e ao recurso às práticas mágicas.

Na Idade Média, foram abundantes os textos correlacionando a medicina e a astrologia: o que acontecia em cada parte do corpo era determinado pela respectiva influência astrológica dos planetas e signos do zodíaco. O Sol governava o lado direito do corpo, a Lua o esquerdo, e Vénus o pescoço e abdómen, e assim por diante. Quando a Morte Negra (peste) chegou à Europa, os astrólogos foram unânimes em atribuí-la a uma conjunção entre Saturno, Júpiter e Marte. A era cristã testemunhou três epidemias, que dizimaram vários milhões de pessoas.

No Renascimento, viria a registar-se uma viragem em relação ao pensamento médico anterior, sobretudo devido aos trabalhos de Andreas Vesalius (1514–1564), celebrado como o pai da anatomia, que publicou o seu monumental estudo *De humani corporis fabrica libri septem* pondo em causa o conhecimento galénico até então dominante. Recebido com fortes críticas pela maior parte dos professores da universidade, adeptos de Galeno, esta obra revolucionária marca o início da medicina moderna[10], ainda que, em rigor, não se possa falar de medicina verdadeiramente científica senão por volta dos últimos anos do século XVIII – numa lenta evolução da «medicina mágica» para a magia da medicina.

Desde então, a medicina viria a registar, mais ou menos rapidamente, progressos notáveis baseados na razão, na obser-

---

[10] *Idem, ibidem.*

vação e na experimentação, princípios científicos que levaram, sobretudo a partir do século XIX, à descoberta de numerosas doenças, à explicação dos mecanismos anátomo-patológicos e fisiopatológicos subjacentes, e ao desenvolvimento de uma imensidade de tratamentos eficazes. Uma evolução que continua a desafiar a arte da medicina, tal como definida por Ambroise Paré (1510-1590): «Curar algumas vezes, aliviar o sofrimento quando possível, confortar sempre.[11]

2.2. *As doenças hoje*

Hoje, as doenças conhecidas estão codificadas na *Classificação Internacional de Doenças e Problemas Relacionados com a Saúde*[12], criada pela Organização Mundial de Saúde (OMS) para fins estatísticos e vulgarmente designada pela sigla CID, cuja 10.ª revisão (CID-10) data de 1993, estando já anunciada a 11.ª revisão, com importantes alterações.

É possível saber, através de um simples clique, quais as doenças e acidentes que, em 2015, mais vítimas mortais causaram em todo o mundo[13]: doença isquémica do coração, com 8,76 milhões; acidente vascular cerebral (AVC), com 6,24 milhões; infecções do aparelho respiratório inferior, com 3,19 milhões; doença pulmonar obstrutiva crónica (DPOC), com 3,17 milhões; cancro do pulmão, traqueia e brônquios, com 1,69 milhões; diabetes *mellitus*, com 1,59 milhões; doença de Alzheimer e outras demências, com 1,54 milhões; diarreias,

---

[11] PARKER, Steve: *Kill or Cure – An Illustrated History of Medicine.* New York, DK Publishing, 2013, p. 131.

[12] Disponível em: http://portalcodgdh.min-saude.pt/index.php/Classifica%C3%A7%C3%A3o_Internacional_de_Doen%C3%A7as.

[13] Disponível em: http://www.who.int/mediacentre/factsheets/fs310/en/.

com 1,39 milhões; tuberculose, com 1,37 milhões, e acidentes rodoviários, com 1,34 milhões. Um total superior a 30 milhões de mortos. Cerca de três vezes a população do nosso país.

Também é possível aceder facilmente ao registo das principais causas de morte em Portugal em 2015[14]: 32 443 por doenças do aparelho circulatório; 27 231 por tumores; 13 470 por doenças do aparelho respiratório; 6914 por doenças mal definidas; 5766 por doenças endócrinas e nutricionais; 4870 por causas de lesão externa e envenenamento; 4559 por doenças do aparelho digestivo; 4406 por diabetes; 5751 por doenças do sistema nervoso; 3267 por perturbações mentais, e 2245 por outras causas. Um total de 108 539 mortes em 2015 e de 110 573 em 2016[15], enquanto o número de nascimentos foi de 85 500 em 2015 e de 87 126 em 2016[16]. Um saldo demográfico negativo superior a 21% em ambos os anos.

Estas cifras, que espelham a realidade mensurável, têm uma inegável importância epidemiológica, suscitando, a um só tempo, preocupações de ordem sanitária, social e política, mas também ética.

2.3. Redefinir a doença

A doença sempre foi encarada como um mal, embora a sua origem e o modo como as diferentes culturas entendiam os critérios de saúde e de doença tenham variado ao longo dos tempos, numa história alicerçada na construção de significações

---

[14] Fonte: INE, 2015.

[15] Disponível em: https://www.pordata.pt/Portugal/%C3%93bitos+de+residentes+em+Portugal+total+e+no+primeiro+ano+de+vida-15.

[16] Disponível em: https://www.pordata.pt/Portugal/Nados+vivos+de+m%C3%A3es+residentes+em+Portugal+total+e+por+nacionalidade+da+m%C3%A3e-2512.

sobre a natureza, a estrutura e as funções do corpo, e no questionamento sobre as relações corpo-espírito e pessoa-ambiente.

Michel Foucault (1926–1984), cuja obra é sobretudo uma crítica histórico-filosófica das estruturas políticas e epistemológicas que presidem à racionalidade do mundo contemporâneo, faz notar, no seu livro *O Nascimento da Clínica*[17], o deslocamento histórico da medicina clássica – que tinha como objecto a doença considerada essência abstracta – para a medicina clínica – um saber sobre o indivíduo como corpo doente exigindo uma intervenção que dê conta da sua singularidade –, ao mesmo que se opera uma mutação paralela e complementar: o nascimento de uma medicina do espaço social, a consciência explícita da doença como problema político e do médico como autoridade administrativa fundada na competência do seu saber. Também aqui, a sua reflexão crítica incide sobre o espaço, a linguagem e o olhar, assinalando que «o que conta nas coisas ditas pelos homens não é tanto o que teriam pensado aquém ou além delas, mas o que desde o princípio as sistematiza, tornando-as, pelo tempo afora, infinitamente acessíveis a novos discursos e abertas à tarefa de transformá-los»[18].

A noção de doença, tradicionalmente centrada no indivíduo e no mal que o faz sofrer, abre-se, com o tempo, a outros olhares e a novas práticas discursivas. Os sociólogos anglo-saxónicos, tirando partido dos cambiantes da sua língua, distinguem várias espécies de doença: as entidades mórbidas reconhecidas pela ciência médica numa dada época, designadas pelo termo «disease»; a forma como um indivíduo organiza as suas representações da doença, dos seus sintomas, da etiologia suposta do mal e da sua evolução, expressa pelo vocábulo

---

[17] FOUCAULT, M., *O Nascimento da Clínica*, Rio de Janeiro, Editora Forense Universitária, 1987.

[18] *Idem, ibidem*, p. XVIII.

«illness»; e a representação social das doenças, ou seja, aquelas que a sociedade reconhece como tal, naturais (inerentes ao indivíduo, curáveis ou não) ou ambientais (por exemplo, poluição e doenças profissionais), designada por «sickness»[19]. Esta distinção ilustra bem a natureza multidimensional do fenómeno «doença», integrando a singularidade da experiência individual na teia mais vasta e complexa de ordem socioeconómica, cultural e política, em que esta se inscreve e de que é indissociável. Uma realidade que envolve, naturalmente, uma dimensão ética, porque, como refere Cassiano Reimão, na conjuntura actual, «só um sistema coerente de valores éticos pode garantir uma correcta unidade e funcionalidade à vida social»[20].

Com efeito, a história mostra claramente que a luta contra as doenças não é algo que dependa apenas ou sobretudo dos progressos da medicina. A constituição genética humana é hoje quase a mesma dos caçadores-colectores de há 100 mil anos, e há mil anos, numa altura em que os povos não se conheciam uns aos outros, as preocupações dos humanos se centravam na busca da sobrevivência e a esperança de vida de uma pessoa não ultrapassaria, em média, os 24 anos de idade. Angus Maddison (1926–2010), num vasto estudo[21], ilustra bem o crescimento económico e os níveis demográficos desde o ano 1000: no decurso de um milénio, a população mundial

---

[19] Le Goff, Jacques, *As Doenças têm história*, Mem Martins, TERRAMAR, pp. 96–97.

[20] Reimão, Cassiano, A Ética no contexto das Ciências Humanas, *in* Patrão Neves, M. C. (coord.), Ética: Dos Fundamentos às Práticas, Lisboa, Edições 70, 2016, p. 249.

[21] Maddison, Angus, *The World Economy: A Millennial Perspective, s.l.*, Development Centre, OECD, 2001. Disponível em: https://theunbrokenwindow.com/Development/MADDISON%20The%20World%20Economy–A%20Millennial.pdf.

multiplicou-se por 22, a expectativa de vida à nascença por 3, o produto interno bruto (PIB) por habitante por 13 e o PIB mundial por cerca de 300. A razão entre o país mais rico (Estados Unidos da América) e a região mais pobre (África) é agora de 20 para 1. Se, geneticamente, pouco nos distingue dos nossos antepassados mais remotos, as evoluções demográfica e económica registadas no último milénio ilustram claramente a disparidade abissal entre países ricos e países pobres. Ainda que poetas e moralistas proclamem que é o sonho e a ética que comandam a vida, a realidade é bem diversa: quem vive na abundância continua a ignorar as obrigações éticas que tem para com quem vive na pobreza extrema.

A transformação da saúde humana e o aumento da população a ela associado começaram mais de um século antes que fosse possível uma intervenção eficaz da medicina e têm de ser atribuídos, em larga medida, a melhorias das condições de vida. A descoberta, pela ciência médica, da natureza das doenças infecciosas e da possibilidade do seu tratamento e prevenção tem início no século XIX, mas só nestes poucos últimos decénios se reconhece que também a maior parte das doenças não transmissíveis tem origens ambientais e é potencialmente susceptível de prevenção mediante modificações das condições de vida e do comportamento das pessoas[22].

A OMS, em 1984, definiu a saúde como «um estado de completo bem-estar físico, mental e social, e não somente ausência de afecções e enfermidades»[23]. E o direito à saúde tem vindo a ser proclamado repetidas vezes como um direito fundamental da pessoa humana, que deve ser assegurado sem distinção de afiliação populacional, de religião, ideolo-

---

[22] McKeown, Thomas, *As Origens da Doença Humana*, Lisboa, Editorial Caminho, *s.d.*, p. 14.

[23] OMS, 1984. Disponível em: http://cemi.com.pt/2016/03/04/conceito-de-saude-segundo-oms-who/.

gia política ou condição socioeconómica, enfatizando-se a sua dimensão comunitária e solidária. A saúde é, nesta perspectiva, um valor colectivo, um bem de todos, devendo cada um gozá-la individualmente, sem prejuízo de outrem e, solidariamente, com todos.

Há que reconhecer os esforços que têm vindo a ser feitos a diversos níveis em prol de mais e melhor saúde para todos. Mas o panorama continua a ser globalmente desolador, tal a persistência de tantas e tão profundas desigualdades socioeconómicas e sanitárias que afectam a vida e a saúde de muitos milhões de pessoas em todo o mundo. Sem ignorar as doenças pré-natais, genéticas[24] e outras, determinadas por uma multiplicidade de factores, que ocorrem no momento da fecundação, durante a implantação e o começo do crescimento do embrião ou em fases mais tardias da vida intra-uterina, cuja frequência é considerável, a maioria das doenças pode ser classificada em duas categorias principais: doenças da pobreza e doenças da abundância[25].

As doenças da pobreza, que afligem sobretudo, mas não só, os países do Terceiro Mundo, resultam, hoje como no passado, da fome que perdurou durante séculos, acabando por se incorporar no regime biológico do ser humano e a fazer parte da sua vida quotidiana, com as vicissitudes que lhe estão associadas: a falta de alimentos, de água potável e de saneamento básico; as deficientes condições de higiene e de habitação; o analfabetismo; a carência de cuidados de saúde e de medidas de regulação dos nascimentos. A sua expressão mais evidente

---

[24] Disponível em: http://www.who.int/genomics/public/geneticdiseases/en/index2.html.

[25] *Ibidem.*

é a existência de 815 milhões de pessoas em todo o mundo vítimas de desnutrição[26].

As doenças da abundância, por sua vez, resultaram da industrialização e de fenómenos a esta ligados, como o crescimento da população e a evolução das cidades, os avanços tecnológicos em vários domínios, as alterações do regime alimentar, o controlo da natalidade, a vulgarização do consumo de substâncias (por exemplo, álcool, tabaco e drogas ilícitas), a modificação dos estilos de vida (por exemplo, diminuição do exercício físico e maior sedentarismo), o surgimento de novas doenças não transmissíveis – as «doenças ocidentais», assim designadas por serem raras em populações que tenham mantido as suas formas tradicionais de vida, como a doença coronária, a litíase biliar, as varizes, a doença diverticular do cólon, as hemorróidas, os cancros do intestino, da mama e do pulmão, e a cárie dentária[27]. Espelho da inadaptação e de excessos é a obesidade, que afecta 641 milhões de adultos, ou seja, cerca de 13% da população mundial, que pode chegar até 20% em 2025 se a tendência se mantiver[28].

A dicotomia assim esboçada, fundada na evolução socioeconómica e nas condições de saúde que lhe estão associadas, não pode, todavia, fazer esquecer as críticas de Ivan Illich (1926-2002) às instituições das sociedades contemporâneas, incluindo a prática da medicina. «Um P.N.B.[29] em aumento» – escreve ele – «é o ídolo que convém a pessoas que pedem ao

---

[26] WHO, 2017. Disponível em: https://twitter.com/WHO/status/945576641740320768.

[27] McKeown, Thomas, *op. cit.*, p. 199.

[28] NCD Risk Factor Collaboration (NCD-RisC), Trends in adult body-mass index in 200 countries from 1975 to 2014: a pooled analysis of 1698 population-based measurement studies with 19,2 million participants, *Lancet* 387, 2016: pp. 1377–1396.

[29] Produto nacional bruto (PNB).

médico, não que as ajude a curar, mas que as mantenha vivas. É o símbolo último dos valores de uma sociedade cuja crescente ansiedade se exprime numa riqueza adiposa»[30], assinalando ainda a existência de «uma profunda isomorfia entre a crença na economia do crescimento ilimitado e a esperança baseada numa medicina que encontra os seus principais resultados no facto de evitar a morte»[31].

Muito recentemente, o comissário europeu Andriukaitis, responsável pelas áreas da Saúde e da Segurança Alimentar, em entrevista concedida a um jornal de referência, mencionou as disparidades existentes nos vários países em matéria de saúde pública, nomeadamente no que diz respeito à análise dos factores de risco, e a necessidade de inverter a tendência de crescimento das doenças evitáveis e das mortes prematuras, e concluiu dizendo que a «União Europeia gasta 3% a prevenir e 80% a tratar»[32]. Uma declaração institucional que reconhece as distorções políticas, sociais, sanitárias e éticas de quem governa uma comunidade economicamente privilegiada, num mundo em que mais de 630 milhões de pessoas, ou seja, 8,3% da população, vivem em condições de pobreza extrema[33].

A par de tudo isto, os progressos das ciências biomédicas na sua constante luta contra as doenças crónicas e infecciosas continuarão a aumentar a expectativa de vida, o que tem vindo a acontecer desde o século XIX, mas não a vida útil máxima, que se tem mantido praticamente inalterável desde 1990,

---

[30] Illich, Ivan, *Inverter as Instituições*, Lisboa, Moraes Editores, 1972, pp. 50-51.

[31] *Idem, ibidem*, p. 51.

[32] Andriukaitis, Vytenis, *Diário de Notícias*, 24 de Novembro, p. 15.

[33] Disponível em: http://worldpoverty.io/.

reforçando a ideia de que a longevidade humana se encontra sujeita a restrições naturais[34].

3. As vulnerabilidades

A despeito da linearidade da sua definição, «vulnerabilidade» é, porventura, uma das palavras que melhor exprime a condição humana. Nascemos totalmente vulneráveis e dependentes dos cuidados de terceiros durante os primeiros anos de vida; as experiências da infância e da adolescência, o amor, as frustrações pessoais e profissionais, a perda, a doença, a violência multiforme a que estamos sujeitos e a proximidade da morte tornam-nos mais ou menos vulneráveis. A vulnerabilidade é a expressão de reacções, sentimentos e emoções próprios do ser humano, pelo que, sob uma ou outra forma, vivenciada mais ou menos intensa e duradouramente, é indissociável da vida e das suas vicissitudes. Não raras vezes ainda identificada como fraqueza ou fragilidade individual, com a qual pode coexistir, a vulnerabilidade não é, em si mesma, uma característica pessoal, é um sentimento de si que faz apelo à resiliência e ao cortejo de significações e representações que lhe está associado. É um processo que, do nascimento à morte, nos liga sem cessar com o meio que nos rodeia, que nos abre aos outros e que nos permite levantarmo-nos após cada queda. Tudo isto num mundo errático, marcado pela crise de valores, de palavras e de imagens, que tende a facilitar a emergência e a reforçar as vulnerabilidades pessoais.

As privações físicas, como a fome, a sede, o frio, a fadiga, a tensão sexual, ou os traumatismos (por exemplo, por acidente ou agressão) constituem fontes comuns de frustração, que

---

[34] Dong, Xiao; Milholland, Brandon e Vijg, Jan, Evidence for a limit to human lifespan, *Nature* 538, 2016: pp. 257–259; Santos, Jorge Costa, A Morte do Corpo, separata da *Revista de História das Ideias*, 2012, 24 pp.

geram habitualmente ansiedade, dor, medo, raiva e agressividade, cujas manifestações variam consideravelmente com os indivíduos e as circunstâncias. Mas estas vulnerabilidades, que surgem associadas à sobrevivência, não esgotam o vasto leque das necessidades pessoais, que incluem a capacidade de amar e ser amado, a compreensão, a possibilidade de escolha e de decisão, e o direito, senão à felicidade, pelo menos à harmonia e ao bem-estar. Também a não satisfação destas necessidades ou a não concretização das aspirações gera frustração, instabilidade psíquica e sofrimento que se exprimem das mais diversas formas, muitas delas semelhantes às referidas anteriormente. O *stress* multiforme, inescapável, que a todos afecta, de um modo ou outro, desperta ou agrava as tensões da vida pessoal, familiar, social e profissional, a relação com os outros e com o mundo, fazendo apelo a recursos que, não raras vezes, excedem as competências do indivíduo e a sua capacidade para lidar com as adversidades, traduzindo-se em comportamentos perturbados ou destrutivos.

Ainda neste âmbito, é comum distinguir vulnerabilidades individuais, sociais e ambientais. A vulnerabilidade individual refere-se à literacia, educação e comportamentos da pessoa, e ao grau e qualidade de informação de que esta dispõe sobre a saúde e a doença, bem assim como à capacidade de elaborar essas informações e de as utilizar de forma consequente na sua vida diária (por exemplo, cultivar hábitos saudáveis e evitar comportamentos de risco). A vulnerabilidade social diz respeito a um conjunto de factores sociais que determinam o acesso a informações, serviços, benefícios culturais, mas também às restrições ao exercício da cidadania, à exposição à violência, aos investimentos políticos tendentes a melhorar as condições de habitação, trabalho e educação, e a proporcionar o acesso a cuidados de saúde. A vulnerabilidade ambiental relaciona-se, sobretudo, com as medidas dependentes não apenas do poder público, mas também da iniciativa privada e de organizações da sociedade civil, visando a melhoria do ambiente (por exemplo, redução da poluição, controlo da qualidade da água e tratamento de resíduos) e, consequentemente, a diminuição do risco de doenças, bem assim como a gestão dos recursos e a elaboração e monitorização de programas e cuidados assistenciais.

Ora, esta nossa leitura não pode, todavia, fazer-nos esquecer que a OMS (2002) tem um entendimento bem mais restritivo de vulnerabilidade, definindo-a como «o grau em que uma população, indivíduo ou organização é incapaz de antecipar, lidar, resistir e recuperar dos impactos das catástrofes»[35]. Neste contexto, a OMS considera particularmente vulneráveis as crianças, mulheres grávidas, idosos, malnutridos e doentes ou imunodeficientes, que, perante a ocorrência de desastres, representam uma parcela consideravelmente elevada das doenças associadas a emergências. Sem deixar de assinalar a pobreza, com as consequências que lhe estão ligadas – a desnutrição, a falta de habitação, os sem-abrigo e o desemprego –, como um dos principais factores de vulnerabilidade, tal definição minimiza, ainda assim, os efeitos da pobreza, que representa, por si só, uma tragédia quotidiana para a generalidade dos pobres e para a sua saúde, e não apenas para os grupos tidos por mais vulneráveis.

Todavia, é preciso ter presente que a doença constitui, em si mesma, um factor de vulnerabilidade incontornável, nomeadamente a doença crónica, como, por exemplo, a doença de Alzheimer, a esclerose lateral amiotrófica, o cancro e certas perturbações mentais. Estas requerem cuidados personalizados e suscitam questões éticas que, não sendo alheias à prática

---

[35] WHO, *Environmental health in emergency and disasters: a practical* guide, 2002. Disponível em: http://apps.who.int/iris/bitstream/handle/10665/42561/9241545410_eng.pdf?sequence=1&isAllowed=y.

médica, assumem aqui contornos particularmente delicados, em especial os que se prendem com a autonomia de decisão do paciente e a capacidade deste para dar o seu consentimento informado, livre e esclarecido. O paciente tem o direito de ser informado do diagnóstico, mas também o direito de decidir não ser informado, de que é exemplo a recusa de cuidados médicos, nomeadamente no que se refere a cuidados de fim de vida e a medidas de suporte e futilidade de tratamento.

Existem dispositivos legais que procuram acautelar os direitos dos doentes, sobretudo os que se encontram em situações de especial vulnerabilidade, tais como a Lei n.º 25/2012, de 16 de Julho, que regula as directivas antecipadas de vontade (DAV), designadamente sob a forma de testamento vital, e a nomeação de procurador de cuidados de saúde, criando, além disso, o Registo Nacional do Testamento Vital (RENTEV)[36]. Este registo, acessível a todos os adultos considerados capazes, tem a validade de cinco anos e permite a cada um determinar os cuidados assistenciais que deseja ou não que lhe sejam prestados em fases avançadas de doenças físicas ou mentais. Por seu turno, a Proposta de Lei n.º 110/XIII (3.ª)[37], recentemente aprovada, estabelece o regime do maior acompanhado, em substituição dos institutos da interdição e da inabilitação, tendo como objectivo permitir «uma protecção condigna das pessoas idosas e de pessoas de qualquer idade em estado de vulnerabilidade duradoura, que careçam de protecção». O propósito é que a pessoa mantenha «o maior grau de autonomia possível», atendendo a que o actual regime tem uma rigidez

---

[36] Lei n.º 25/2012, de 16 de Julho. Disponível em: https://dre.pt/pesquisa/-/search/179517/details/normal?q=Lei+n.%C2%BA%2025/2012+de+16+de+julho.

[37] Regime do Maior Acompanhado, Proposta de Lei n.º 110/XIII (3.ª). Disponível em: http://debates.parlamento.pt/catalogo/r3/dar/s2a/13/03/070/2018-02-10/11?pgs=11-42&org=PLC.

que não permite «adaptar as respostas à concreta necessidade de apoio dos cidadãos deles carenciados». A aprovação implica alterar ainda o modelo de substituição para o de acompanhamento, «em que a pessoa incapaz é simplesmente apoiada na formação e exteriorização da sua vontade e não substituída na sua vontade». Estas questões não são, naturalmente, alheias às preocupações dos médicos, cujo Código Deontológico[38] contém disposições que contemplam as implicações éticas do exercício profissional. Contudo, a despeito da sua inegável importância, nenhum destes instrumentos permite, por si só, resolver problemas que, não raramente, se configuram como verdadeiros dilemas, cuja solução, visando o superior interesse dos doentes, faz apelo não apenas à ética e à capacidade de negociação dos médicos, mas também ao diálogo com as famílias.

4. O direito à saúde

É certo que a Constituição da OMS foi o primeiro instrumento internacional a consagrar o gozo do mais alto padrão possível de saúde como um direito fundamental de todo o ser humano – «o direito à saúde» –, representando um conjunto de compromissos plasmados em convenções internacionais sobre direitos humanos, envolvendo instituições, leis e diversas outras medidas e instrumentos tendentes à sua plena concretização[39]. Reconhecendo as restrições de recursos, aponta para a sua realização progressiva, sem por isso deixar de impor várias obrigações imediatas, vinculativas dos Estados, que as

---

[38] Regulamento n.º 707/2016, Regulamento de Deontologia Médica, *Diário da República* n.º 139/2016, Série II de 21 de Julho de 2016.

[39] Disponível em: http://www.who.int/topics/human_rights/en/.

importaram, com maior ou menor sucesso, para os respectivos ordenamentos jurídicos. Portugal possui numerosos dispositivos legais visando assegurar a saúde e a assistência na doença à generalidade dos cidadãos, incluindo, naturalmente, os mais vulneráveis, entre os quais se contam também as pessoas sujeitas, por variadas razões, a condições de vida adversas (por exemplo, reclusos, migrantes, refugiados).

Mas se, graças a essas medidas, alguns indicadores da saúde têm vindo a evoluir favoravelmente, outros há que geram justificada preocupação ética, social e política. Em Portugal, como em outros países desenvolvidos, a descida da mortalidade infantil e o aumento da esperança média de vida possibilitaram que um número crescente de pessoas chegasse à terceira (mais de 65 anos) e à quarta (mais de 75 ou 80 anos) idades, fazendo aumentar exponencialmente o peso da população vulnerável às doenças crónicas e degenerativas associadas à velhice[40], com impactos nos serviços assistenciais públicos, na qualidade dos cuidados de saúde e no acesso aos medicamentos.

Além disso, como referem Cabral e colaboradores[41], a subida geral do nível de vida e do maior acesso aos bens de consumo levaria a uma progressiva transposição da responsabilidade assistencial do Estado e das instituições da sociedade civil para a responsabilidade individual e para os comportamentos de risco associados ao consumo de determinados produtos (por exemplo, tabaco e excesso de álcool, sal e açúcar) e à inobservância de outros hábitos de vida saudável (por exemplo, a prática de exercício físico regular).

Doença e vulnerabilidades fazem parte integrante da socialidade e, portanto, da ética, que procura definir as normas de

---

[40] Cabral, M. V. (coord.); Silva, P. A. e Mendes, H., *Saúde e Doença em Portugal*, Lisboa, Imprensa de Ciências Sociais, 2002, p. 30.

[41] *Idem, ibidem*, p. 31.

acção que asseguram a harmonização das condutas do indivíduo com a vida de toda a sociedade. E ainda que inspiradas em tradições culturais distintas, não é possível ignorar as traves-mestras do edifício ético contemporâneo: o respeito da dignidade da pessoa humana, o princípio da beneficência, o princípio da justiça e o dever da solidariedade. O nosso mundo é o da cultura que criámos, uma cultura que enuncia princípios universais respeitáveis, mas ainda amplamente desrespeitados por quem governa o mundo. Uma realidade que remete para a judiciosa observação de Delfraissy: «Il n'y a pas d'**éthique** déconnectée du réel»[42].

Referências e leituras recomendadas

BAUDRILLARD, J., *A Ilusão do Fim ou a Greve dos Acontecimentos*, Lisboa, TERRAMAR, 1995.

CABRAL, M. V. (coord.); SILVA, P. A. e MENDES, H., *Saúde e Doença em Portugal*, Lisboa, Imprensa de Ciências Sociais, 2002.

FINKIELKRAUT, A., *A Humanidade Perdida: Ensaio sobre o Século XX*, Porto, Edições ASA, 1997.

FOUCAULT, M., *O Nascimento da Clínica*, Rio de Janeiro, Editora Forense Universitária, 1987.

FUKUYAMA, F., *A Grande Ruptura: A natureza humana e a reconstituição da ordem social*, Lisboa, Quetzal, 2000.

GADAMER, H-G., *O Mistério da Saúde: O Cuidado da Saúde e a Arte da Medicina*, Lisboa, Edições 70, 1997.

HARARI, Yuval Noah: *21 Lições para o Século XXI.* Lisboa, Elsinore, 2018.

LIPOVETSKY, G., *A Era do Vazio*, Lisboa, Relógio D'Água, 1989.

---

[42] DELFRAISSY, Jean-François, entrevista por Eric Favereau, *Libération*, 15 de Outubro de 2017. Disponível em: http://www.liberation.fr/debats/2017/10/15/jean-francois-delfraissy-il-n-y-a-pas-d-ethique-deconnectee-du-reel_1603365.

MARQUES, M. S., *O espelho declinado: Natureza e Legitimação do Acto* Médico, Lisboa, Edições Colibri, 1999.

OSSWALD, W., *Da Vida à Morte: Horizontes da Bioética*, Lisboa, Gradiva, 2014.

PATRÃO NEVES, M. C. (coord.), *Ética: Dos Fundamentos às Práticas*, Lisboa, Edições 70, 2016.

PEGORARO, O., *Ética É Justiça*, Petrópolis, Editora Vozes, 2009.

RICOEUR, P., *Vivo até à Morte*, Lisboa, Edições 70, 2011.

SCRUTON, R., *A Natureza Humana*, Lisboa, Gradiva, 2017.

SINGER, P., *Ética Prática*, Lisboa, Gradiva, 2000.

Saúde e inclusão

Vítor Feytor Pinto

Pastoral da Saúde

A sociedade actual está marcada profundamente pela exclusão de pessoas que, muitas vezes, não são bem aceites pelas comunidades humanas que deveriam acolhê-las.

Este fenómeno não é recente e agudizou-se, a partir da década de 60 do século XX, quando muitos portugueses sentiram necessidade de emigrar para países onde poderiam sobreviver em melhores condições de vida. Curiosamente, depois do 25 de Abril, Portugal tornou-se país de acolhimento de muitos povos que aqui puderam encontrar refúgio para as suas dificuldades. Se os emigrantes portugueses atingiram vários milhões espalhados por todo o mundo, os imigrantes de outros países ultrapassaram os 500 mil em Portugal.

Foi neste contexto que surgiram várias iniciativas para proporcionar aos migrantes as condições de vida indispensáveis à sua realização de vida e felicidade. Além de um trabalho ingente realizado pela Igreja Católica, com a Comissão Episcopal da Mobilidade, houve um esforço enorme por parte do Estado para acompanhar estas pessoas, proporcionando-lhes todos os direitos que legitimamente lhes são devidos.

Importa sublinhar duas iniciativas. Em 1991, Roberto Carneiro, ao tempo ministro da Educação, criou a Comissão de Entreculturas, destinada a proporcionar a todas as crianças, filhos de imigrantes, legalizados ou não, o acesso à escola, como forma indispensável da educação e formação humanas. Desde então, o Ministério da Educação tudo faz para que não haja crianças excluídas do seu crescimento normal, a partir da frequência do ensino básico. Ao criar esta Comissão de Entreculturas, o ministro da Educação teve o cuidado de afirmar que há virtudes sociais que jamais podem ser esquecidas: a tolerância perante o outro que é diferente, a convivência necessária a uma sociedade aberta, o diálogo com a indispensável aceitação do outro com as suas opiniões e a solidariedade como elemento fundamental para considerar o outro, quem quer que ele seja, um verdadeiro irmão. Esta comissão tem desenvolvido, ao longo de décadas, um trabalho notável para a inclusão de todas as crianças no ensino e na educação, obrigatórios e necessários ao seu desenvolvimento.

Por sua vez, o ministro da Saúde do XII Governo Constitucional, Arlindo de Carvalho, teve sensibilidade idêntica, promovendo formas de inclusão para todos os imigrantes com prementes necessidades na saúde. Os hospitais com as suas urgências e as outras unidades de saúde acolhem indistintamente as pessoas que os procuram. A falta de uma legalização suficiente não é impeditiva dos cuidados primários, dos cuidados diferenciados e dos cuidados de acompanhamento a que qualquer cidadão tem direito. Na prática, nem sempre está assegurado este apoio à saúde consagrado no artigo 25.º da Declaração Universal dos Direitos Humanos. Mas um cuidado de humanização não pode deixar de garantir uma atenção concreta para com qualquer doente, independentemente da sua cor, etnia, língua ou religião.

Justifica-se, pois, que o problema da inclusão seja da maior actualidade entre os estudos éticos em saúde. Sobretudo no caso da maternidade, no apoio materno-infantil à mãe quando tem um filho, como também nas graves doenças que afectam hoje a humanidade, como é o caso de neoplasias, doença de Alzheimer, doença de Parkinson e outras doenças de fim de vida. Ninguém pode ficar à beira do caminho, desprezado pela sua diferença. Todos têm de ser acolhidos, protegidos, promovidos e acompanhados, como recentemente dizia o Papa Francisco ao referir-se aos emigrantes e refugiados.

1. Ética e inclusão

A ética é a ciência dos comportamentos. Pode assim colocar-se a questão: como se comporta a cidade perante os estrangeiros que chegam para pedir apoio? À exclusão é urgente responder com uma inclusão integral. Nem todos os sistemas éticos têm a preocupação de receber os que chegam e os servir para que a sua dignidade seja completamente respeitada e promovida. Se o tradicionalismo ético privilegiava os conhecidos e os amigos, se o utilitarismo ético até defendia que «o Inferno são os outros» (como na *Huis clos* de Jean-Paul Sartre, em 1943), o personalismo ético impõe-se como o único sistema que respeita plenamente a pessoa humana na sua dignidade e liberdade.

A inclusão é um direito indispensável. Através dela, respeita-se a vida, a liberdade e a segurança de cada um (Declaração Universal dos Direitos Humanos, artigo 3.º); promove-se a justiça dando a cada pessoa aquilo a que tem direito; desenvolve-se a autonomia em todos os seus campos; afirma-se a importância da educação, da saúde e do trabalho, e convidam-se todos a participar no bem comum, na sociedade em que se está envolvido.

Na sociedade actual estão permanentemente em confronto a exclusão e a inclusão. Lamentavelmente, porque se perdeu o sentido do outro, a exclusão tornou-se muitas vezes numa cultura. Aquele que chega, migrante ou refugiado, concorre com o cidadão residente do país, luta por um trabalho remunerado em terra onde há desempregados, pede uma habitação na cidade onde há tantos sem-abrigo, chega a considerar-se que constitui um perigo para a segurança de todos. A esta cultura de exclusão é urgente contrapor a cultura da inclusão. «Cada homem é meu irmão», proclamava Paulo VI em 1971, no IV Dia Mundial da Paz. Esta noção de fraternidade transforma a comunidade humana numa autêntica família, na qual todos se sentem felizes por fazerem felizes os outros.

Poderá dizer-se que nas relações humanas o amor tem o primeiro lugar. É preciso, porém, definir o que é o amor. Ajuda-nos nisso Erich Fromm (*A Arte de Amar*, 1956), quando diz que amar é «sair de si próprio para ir ao encontro do outro, na preocupação de o fazer feliz». O outro pode ser o conterrâneo, mas pode ser também um estrangeiro. Só se ama de verdade quando se pretende dar ao outro a felicidade a que se tem direito.

Em termos éticos, todo o ser humano, quem quer que seja, sem discriminação, tem direito à sua dignidade e à sua liberdade, em todas as circunstâncias.

2. A inclusão universal

2.1. A inclusão como direito humano

Todos os seres humanos nascem livres e iguais em dignidade e direitos. Esta afirmação da Declaração Universal dos Direitos Humanos, no seu artigo 1.º, não permite nenhuma discriminação. Se em teoria estes direitos são indiscutíveis, na prática há inúmeras razões pelas quais se excluem as pessoas: as simples relações humanas carregadas de reticências, a deslocação das pessoas para regiões onde o acolhimento é mais difícil, a condição social e muitas outras.

As simples relações humanas estão condicionadas pela classe social a que se pertence, pelos grupos económicos de que se faz parte, pelas ideologias políticas que se perfilham, ou até pelas religiões que se professam. Na sociedade actual vive-se em pequenos grupos. Se a diferença de géneros já foi de alguma maneira ultrapassada, as outras diferenças mantêm-se como fonte de exclusão para muitos e muitos grupos.

A deslocação de pessoas, fenómeno hoje classificado como migração, leva a que tantas vezes os estrangeiros sejam mal recebidos. Nos últimos anos tem-se assistido a movimentos de milhares e milhares de pessoas que, com os maiores riscos, procuram lugar onde possam sobreviver. Também há muitos que fogem dos regimes políticos que os atrofiam e maltratam, sendo hoje milhões a procurar a Europa como lugar de salvação possível. Há também aqueles que, por dificuldades inerentes à sua própria história ou condição de vida, sentiram necessidade de procurar lugares diferentes para viver ou se realizar.

Depois, há grupos sociais cuja situação se agrava cada vez mais provocando o aumento da exclusão. Aqui, estão em primeiro lugar os pobres, num mundo em que a pobreza aumenta e a riqueza está confinada a pequenos grupos. Entre estes pobres estão sem dúvida os sem-abrigo, os expulsos (despejados) das suas casas, os que não têm salários justos ou têm em risco o seu posto de trabalho.

Exclusão por razões de saúde acontece também muitas vezes. Quantos idosos são abandonados nos hospitais, deixados ali pela própria família; quantos doentes terminais que a sociedade se recusa a tratar, com o alívio do sofrimento; quantos deficientes que a sociedade exclui. Esta área da saúde é campo no qual a exclusão constitui também um comportamento frequente.

Curiosamente, os vários países criam legislação que permite a inclusão de todos na vida comum da sociedade. Acontece, porém, que depois da formulação de leis justas, a prática da inclusão se torna difícil pelas circunstâncias pontuais que envolvem cada situação. Muitas vezes, o desejo de inclusão aparece como concorrência para os povos que acolhem, provocando reticências quase sempre inultrapassáveis. É neste contexto que se mantém em muitos lugares a xenofobia, que traz consigo a infelicidade de multidões. Sente-se este fenómeno bem presente sobretudo nos bairros periféricos das grandes cidades.

2.2. *A inclusão em prol de uma cidadania alargada*

A inclusão é muito mais do que uma atitude política. É uma exigência humanitária que salva pessoas da marginalidade e as introduz num ambiente comum de esperança, de realização e de felicidade.

A inclusão, realidade social da maior importância, implica uma série de atitudes fundamentais no mundo de hoje. Antes de mais, pela inclusão todas as pessoas são inseridas na comunidade, como cidadãos portadores de direitos e de deveres. O ser humano é um ser social, por isso mesmo não pode ser posto à margem do convívio humano. A inclusão permite a inserção de cada um na vida social com todas as suas dimensões.

Por outro lado, a inclusão desafia todos os cidadãos a viverem segundo os grandes parâmetros que, no dizer de Leão XIII, provocam o desenvolvimento. Esses valores são o culto absoluto pela dignidade humana, a constante procura do bem comum, a importância da subsidiariedade e o dinamismo fraterno da solidariedade. Estes são elementos indispensáveis à inclusão.

Também João XXIII, ao definir os grandes pilares da paz, fala da luta pela verdade, da afirmação sistemática da justiça, do culto da verdadeira liberdade e do amor indispensável às relações fraternas. Estes pilares são a base para a inclusão de todos, numa sociedade de justiça e de paz, qualquer que seja o lugar de onde provenham.

Não é por acaso que os grandes organismos internacionais, ao referirem os desafios ao desenvolvimento humano – o direito universal ao trabalho, a afirmação da igualdade da mulher, o respeito pelas crianças e tantos outros elementos indispensáveis à harmonia da sociedade –, sublinham os fundamentos para um desenvolvimento sustentável. Migrantes ou residentes, todos são chamados a participar no desenvolvimento, com uma inclusão suficientemente assumida.

A inclusão pressupõe e exige a igualdade entre todas as pessoas, quem quer que sejam. De facto, todos somos iguais, todos somos diferentes, todos somos complementares. A diferença de ADN não compromete a igualdade humana consagrada na Declaração Universal dos Direitos Humanos. Cada um pode sempre realizar-se, desde que lhe seja concedida a inclusão necessária ao seu projecto de vida. Depois disso, é fácil compreender que todo o ser humano é decididor, é simbolizador e tem direito a ser ajudado nas suas necessidades fundamentais.

Porém, para estabelecer a inclusão total, há elementos que não podem deixar de ser assegurados. O primeiro deles é, sem dúvida, o respeito pela cultura de quantos chegam e devem continuar a afirmar os seus valores, as suas tradições, as suas crenças e até a sua religião. Este respeito pelas características do povo donde se provém enriquece a comunidade inteira, que descobre nos que chegam valores que abrem a porta a uma criatividade altamente enriquecedora. Hoje, cada homem e cada mulher são cidadãos do mundo e o cruzamento com outras culturas é sempre fonte de verdadeiro enriquecimento.

A inclusão na sociedade de todos os seres humanos, venham de onde vierem, constitui a abertura à verdadeira cidadania, em que todos responsavelmente participam do bem comum.

3. O acesso aos cuidados de saúde

A inclusão universal exige, para todos, o acesso aos cuidados de saúde. É certo que a saúde não é um direito, pois não depende muitas vezes da vontade de cada um quando surpreendido por uma doença inesperada. O direito é a assistência em saúde com a prestação de todos os cuidados para se conseguir uma saúde integral. Estes cuidados devem ser prestados a qualquer cidadão, quer na prevenção das doenças, quer no tratamento diferenciado para cada enfermidade, quer até no acompanhamento na etapa final da vida.

Poderá perguntar-se o que é a saúde. A Organização Mundial de Saúde (OMS) diz que saúde «é uma situação de bem-estar bio-psico e social». A realidade, porém, é que em situação alguma se pode ter este bem-estar integral. Há sempre pequenos problemas que perturbam o bem-estar desejado. Foi por isso que o Conselho Pontifício para a Pastoral da Saúde, a pedido do Papa João Paulo II, redefiniu saúde nestes termos: «saúde é a harmonia integral do ser humano, apesar dos limites bio-psico-sociais e culturais e espirituais, em ordem à realização da pessoa, na idade da vida que é a sua». Esta definição apresenta quatro dimensões muito interessantes: em todas as circunstâncias, pode encontrar-se uma certa harmonia na vida humana; há acidentes limitativos do comportamento humano, limites esses que, a serem assumidos, valorizam até a qualidade de vida; o que está em questão na saúde é a realização da pessoa no seu próprio projecto de vida; a harmonia proporcionada pela saúde é diferente em cada idade da vida.

Quando se refere a inclusão, necessariamente está em causa o acompanhamento da pessoa em todos os momentos da sua vida: ao nascer, a assistência pediátrica; ao desenvolver-se, o apoio diferenciado em cada situação; na idade avançada, as normais doenças crónicas ou outras; na etapa final da vida, o acompanhamento do doente. Há algumas características deste direito à assistência em saúde que a todos são devidas. Quem o afirma é a Declaração Universal dos Direitos Humanos, sobretudo nos artigos 3.º (que afirma o direito à vida com segurança) e no artigo 25.º, que, numa formulação verdadeiramente exaustiva, reclama o direito à assistência:

> 1. Toda a pessoa tem direito a um nível de vida suficiente para lhe assegurar e à sua família a saúde e o bem-estar, principalmente quanto à alimentação, ao vestuário, ao alojamento, à assistência médica e ainda quanto aos serviços sociais necessários, e tem direito à segurança no desemprego, na doença, na invalidez, na viuvez, na velhice ou noutros casos de perda de meios de subsistência por circunstâncias independentes da sua vontade.
> 2. A maternidade e a infância têm direito a ajuda e a assistência especiais. Todas as crianças, nascidas dentro ou fora do matrimónio, gozam da mesma proteção social.

Dentro deste contexto, a inclusão exige para todos uma série de atitudes assumidas pela sociedade.

O acesso universal aos cuidados de saúde é um direito indiscutível de qualquer cidadão, seja nas unidades de urgência, seja nos hospitais, com cuidados proporcionados e mesmo cirurgias indispensáveis, seja nos centros de saúde ou nas unidades de saúde familiar. Qualquer cidadão deve ter acesso a estes apoios indispensáveis à qualidade da sua própria vida.

Impõem-se assim todos os cuidados indispensáveis como sejam os cuidados primários para prevenir doenças e para ajudar à educação dos cidadãos; depois, os cuidados diferenciados que supõem resposta em todas as especialidades; ainda os cuidados específicos perante doenças consideradas raríssimas; e, finalmente, os cuidados continuados e paliativos, indispensáveis nos momentos de grande sofrimento que qualquer cidadão pode estar a viver.

São indispensáveis, ainda, os cuidados de compaixão. Em última análise, longe de ter pena do doente, o profissional de saúde tem de o acompanhar em toda a situação clínica. Os cuidados de compaixão são hoje indispensáveis numa medicina e enfermagem humanizadas.

Quando os cuidados se exercem sobre os estrangeiros que chegaram ao país por um fenómeno de migração, ou de refúgio, num momento de perseguição, há que ter em conta as características culturais do país de origem e que se mantêm na pessoa que emigrou. Neste âmbito, não se pode deixar de ter em conta a alimentação, que, por razões culturais ou religiosas, tem proibições expressas. No falar, isto é, na linguagem, deve ter-se em mente uma série de palavras que podem ter sentido diferente no país de origem ou no país acolhedor. Não respeitar estes pequenos pormenores pode trazer problemas difíceis de ultrapassar.

Também faz parte dos cuidados de saúde a assistência religiosa. Compreende-se, por isso, que o respeito pela liberdade religiosa de cada um é imprescindível. O judaísmo, o islamismo, o budismo, tantas outras religiões têm práticas religiosas que exigem atenção dos cuidadores de saúde, para que a pessoa em inclusão se sinta atendida nos seus valores pessoais.

A inclusão supõe uma série de atitudes que, em última análise, revelam o respeito pelos direitos de cada cidadão e os deveres que cada um tem de assumir.

4. Princípios éticos em saúde

A inclusão em saúde exige que a medicina, a enfermagem, a investigação científica, a clínica e até os serviços administrativos estejam ao serviço de todos. Ninguém pode ser excluído. Migrantes ou refugiados, reclusos ou sem-abrigo, pessoas com doenças mais complicadas, sejam crianças, adultos ou idosos, todos têm direito ao Serviço Nacional de Saúde (SNS). É dentro desta perspectiva que se pode dizer, nos termos da Constituição da República Portuguesa, que o acesso aos cuidados de saúde é universal e tendencialmente gratuito. É claro que está estabelecida a forma de contribuição de cada um, com taxas moderadoras, que devem ser assumidas pelo doente. Isso não impede que os cuidados sejam prestados de maneira igual a todos os cidadãos. Ninguém pode ser secundarizado por mais pobre que seja, mesmo que não tenha os documentos necessários que cumpram as exigências legais. É que no acesso à saúde, independentemente de estar ou não regularizada oficialmente a sua presença de cidadania, a prestação de cuidados torna-se indiscutivelmente necessária. As instâncias burocrática e administrativa podem ser oficializadas depois. Por vezes, na prática, há situações de exclusão que é necessário ultrapassar. As relações humanas exigem um tratamento igual, mesmo para pessoas diferentes.

A origem, a etnia, a cultura, o processo de entrada no país e qualquer outra situação não podem ser causa de exclusão nos serviços de assistência em saúde.

Defender a vida e promover a sua qualidade é um direito de qualquer cidadão. Curiosamente, a qualidade de vida não se limita às condições materiais e às formas de bem-estar que em todas as situações se vão conseguindo. Além disso, o Papa João Paulo II afirmou que «para a qualidade de vida se exige a atenção às relações interpessoais, espirituais e mesmo sobrenaturais» (EV 23). Este tipo de qualidade, inserido num quadro de humanização, é devido a todos sobretudo nos momentos de dor e sofrimento.

Os cuidados continuados e paliativos, apesar de não serem economicamente fáceis, não podem deixar de ser prestados a todos os cidadãos. Quando não estão assegurados a quem deles carece, essas pessoas são, de facto, marginalizadas, desprezando-se a qualidade de vida a que qualquer doente, mesmo na fase terminal, tem direito.

É de reter uma afirmação do Papa Paulo VI, que, ao afirmar os direitos de cidadania, refere «ser fundamental acolher e compreender toda a gente, ser solidário, sobretudo com os mais pobres e viver em comunhão de vida e de destino com o povo de que se faz parte» (*Evangelii Nuntiandi*, 21). Esta afirmação aplica-se também àqueles que habitualmente são marginalizados em sociedade. Por isso, o Papa Francisco reafirma constantemente os direitos de cidadania que devem estar garantidos aos migrantes e aos refugiados.

Tudo isto tem como fundamento os grandes princípios éticos em saúde: o respeito pela dignidade de cada pessoa; a plena igualdade dada aos cidadãos no acesso aos cuidados e aos medicamentos; o tratamento com a maior qualidade de que se é capaz, com a garantia de que, quando se não pode curar, se mantém, em saúde, o dever de cuidar; o respeito pela liberdade do doente, que pode recusar cuidados ou medicamentos que lhe são propostos; uma visão integral do cuidar sabendo que o ser humano não tem apenas uma saúde física e mental, mas que a estas estão ligadas também a saúde psicoafectiva, a cultural, a social e, finalmente, a indispensável saúde espiritual e religiosa. Todos têm direito aos cuidados globais, que não excluem nada nem ninguém.

5. Profissionais de saúde e humanização dos cuidados

As relações profissionais são indispensáveis no tratamento igual e universal. Nos cuidados de saúde, tem hoje uma importância extraordinária a humanização. Nas clínicas, sejam elas quais forem, a relação com o doente deve ser sempre humana. Podem usar-se todos os meios de informática, todos os exames complementares de diagnóstico, todos os instrumentos técnicos de apoio, mas a relação humana do profissional com o doente é sempre prioritária, uma vez que o doente confiou na unidade de cuidados e pôs no médico a esperança de ver ultrapassado o seu problema.

A) A relação médico-doente tem necessariamente em conta o acolhimento da pessoa que procura uma unidade de saúde. O médico não pode marginalizar ninguém.

Ao médico, na sua relação com o doente, exige-se uma competência global, o que implica o rigor científico para um diagnóstico seguro, a prática clínica suficiente para um diagnóstico esclarecido, o conhecimento terapêutico para a indicação da terapia a proporcionar a partir de medicamentos experimentados e, finalmente, o acompanhamento daquele doente que não pode ficar só.

A discriminação de quem quer que seja é absolutamente inaceitável. Por vezes, nos serviços há doentes que ficam para segundo plano, pela idade ou pelo tipo de doença de que sofrem, ou simplesmente porque são migrantes, refugiados ou de uma classe social pobre. Na própria linguagem encontram-se formas de discriminação. Tal acontece quando certos doentes são tratados por «tu», quando se atribuem vocábulos discriminatórios (por exemplo, chamar a uma doente, «aquela velhota») ou quando, num inaceitável «toca e foge», se passa depressa de mais pelo doente sem estatuto social suficientemente reconhecido. Todo e qualquer doente tem direito, por parte do médico em quem confiou, a uma relação científica e competente, a uma eficaz relação social, humana e de conforto.

B) A relação enfermeiro-doente é de extraordinária relevância. Enquanto o médico «passa pelo doente», o enfermeiro faz a assistência continuada ao enfermo que lhe foi confiado. O enfermeiro tem uma relação personalizada com o doente, relação essa que permite conhecer a história clínica do doente, as suas alegrias e esperanças, a expectativa de cura. Há, pois, uma confiança ilimitada no enfermeiro que está sempre perto. É evidente que o enfermeiro não pode excluir ninguém nos serviços onde exerce a sua prática. Muitas vezes dá-se conta do doente que está mais só, que não tem visitas ou que tem uma enfermidade mais grave e, então, justifica-se uma especial atenção a estes casos que não é discriminatória, mas, bem pelo contrário, inclusiva, para que aquele doente se sinta bem no ambiente em que está inserido.

Ao enfermeiro, perante o doente que lhe é confiado, pede-se uma atenção global, isto é, não se preocupar apenas com o caso clínico que está a acompanhar, mas com a saúde global, com todos os outros elementos que permitem a harmonia do ser humano. É dentro desta perspectiva que se refere a assistência holística, a qual não dispensa aspecto nenhum dos cuidados a prestar. Numa doença biológica, deve estar-se atento às outras fragilidades a que o doente pode estar sujeito. Esta atenção à pessoa no seu todo é tarefa muito nobre da enfermagem, também nesta visão global não pode haver pessoas excluídas.

Qualquer profissional de saúde, mas muito especialmente o enfermeiro, não pode ceder às tentações de «fuga». Muitas vezes, o profissional foge de uma presença continuada ou porque se sente ineficaz no tratamento em que opera, ou porque não quer imaginar aquela situação em si próprio (é a chamada tentação de espelho), ou porque toda a crise em saúde é um profundo mistério que tantas vezes se não entende, ou, até, porque prefere deixar o doente sozinho, mergulhado nos seus próprios conflitos. A «fuga» do profissional de saúde, enfermeiro ou outro, revela sempre uma atitude de exclusão. O doente fica em solidão, quando lhe era importante uma presença eficaz.

C) A relação dos administrativos com o doente ou com as suas famílias implica o dever de ser humanizada. É frequente a família do doente ou ele próprio sentir-se excluído numa teia burocrática completamente inaceitável. O preenchimento de papéis, a apresentação de cartões, a citação de artigos de diversas leis constituem, *per se*, uma forma de marginalização do doente ou da sua família. Também o administrativo tem de ser perito em relações humanas. Por vezes, o administrativo é o cartão-de-visita do hospital ou dos serviços de saúde. Assim sendo, ninguém pode sentir-se marginalizado, posto de lado, numa espera que parece não ter fim. Por isso, numa unidade de saúde, também os serviços administrativos e complementares devem ser preenchidos por pessoas com uma especial formação humana. Sem ela, não é possível a atenção ao doente ou à sua família, atenção esta que integra todos no processo clínico e no projecto terapêutico. Para estes profissionais é necessária uma formação específica:

- para saberem acolher, escutar, responder, acompanhar o doente e a sua família, no labirinto de uma unidade de saúde;
- para saberem dar informação com a qualidade técnica e humana imprescindível.

A ausência destes critérios provoca exclusões emocionais completamente inaceitáveis.

6. Todas as pessoas têm direito à assistência em saúde

É também essencial a sensibilidade ética em toda a assistência em saúde para não provocar exclusões absolutamente desnecessárias. Repete-se o que atrás se disse, que o sistema ético indispensável em saúde é o personalismo, porque só ele, na defesa intransigente da pessoa humana, tem em conta a dignidade e a liberdade de cada um.

Há algumas características da ética em saúde que favorecem a inclusão de todos os cidadãos e que médicos, enfermeiros, auxiliares, administrativos, assistentes sociais ou outros profissionais em contexto de prestação de cuidados de saúde devem respeitar.

O consentimento informado é a expressão da não exclusão de quem quer que seja quando sujeito aos cuidados de saúde. O doente é livre, pode aceitar ou recusar o tratamento que lhe é proposto. Para exercer a sua liberdade, tem de ter uma informação suficiente e acessível, caso contrário fica excluído de decisão no processo clínico que lhe é proposto. Infelizmente, o consentimento informado é muitas vezes dado com uma vaga informação oferecida pelos serviços, com a assinatura de um simples papel que muitas vezes pouco significa. O consentimento informado permite a inclusão do doente em todo o processo clínico em que intervém.

A recusa de um tratamento é legítima, sobretudo quando se trata de uma série de cuidados muito agressivos, ou que tenham eventualidade de consequências graves. O doente mantém sempre a liberdade de dizer não às propostas terapêuticas que lhe são apresentadas. É este um direito do doente estabelecido em todos os códigos de ética em saúde.

O direito a ter médico de família faz parte da sensibilidade ética indispensável na vida do cidadão. Independentemente das unidades especializadas a que possa recorrer, o cidadão não pode prescindir do médico que o assiste, o acompanha e o orienta em situações mais difíceis que tem de enfrentar. Lamentavelmente ainda há muitas pessoas, alguns milhares, que não têm médico de família. Viver sem médico de família é indiscutivelmente uma forma de exclusão.

O direito a uma morte assistida nada tem que ver com a eutanásia. De facto, a assistência integral é devida a todo o doente, seja ele quem for. Há três ou quatro campos em que a assistência a um doente, mesmo em situação terminal, é indispensável. É o caso da assistência terapêutica e medicamentosa, prestada pela equipa clínica; também o caso da assistência económica, para que o doente possa sempre dispor dos seus bens, através de testamento ou de carta de últimas disposições; o caso da assistência afectiva proporcionada pela presença dos familiares e amigos; e ainda o caso da assistência religiosa no âmbito da opção religiosa de cada doente.

Quando há uma eventual proposta de interrupção voluntária da gravidez, a mulher grávida tem sempre o direito de recusar o que lhe é indicado e aceitar os riscos de uma gravidez continuada, exigida aliás pelas convicções culturais ou religiosas que marcam a vida da grávida. Não respeitar o desejo de ouvir outra equipa clínica, ou de aceitar os riscos de uma gravidez problemática, é indiscutivelmente um caso de exclusão, uma vez que a mulher em causa não pode decidir por sua vontade. Acrescente-se que também devem respeitar-se todas as decisões legais que a mulher grávida venha a assumir perante a equipa clínica. Os médicos mantêm, porém, o seu direito à objecção de consciência.

O testamento vital ou declaração antecipada da vontade constitui também um direito em saúde. De facto, o doente em fase terminal pode não ter oportunidade de dizer que recusa o prolongamento exagerado da vida, ou seja, a distanásia ou obstinação terapêutica, com a recusa de meios fúteis, inúteis ou desproporcionados. O testamento vital, quando verdadeiro, não contém nunca o pedido de eutanásia. Compreende-se, todavia, que pretenda evitar o prolongamento exagerado da vida. A obstinação terapêutica tira ao doente o direito de participar livremente na qualidade de vida na sua fase terminal. Recusar a distanásia é de alguma maneira uma forma de exclusão.

O suicídio assistido constitui também, *per se*, uma visão errada de autonomia. O ser humano tem uma dimensão social. Enquanto tal, a sua vida é indisponível, isto é, não pode cada um dispor dela segundo o seu próprio gosto. Aceitar o suicídio é excluir a própria sociedade da defesa e da promoção da vida. Por vezes pede-se a morte porque a sociedade não fez ao doente o acompanhamento a que ele tinha direito. Quando o acompanhamento integral acontece posteriormente, o desejo de morrer desaparece.

Em todas as situações, ninguém pode ser excluído dos cuidados de saúde, uma vez que estes são pelo menos universais e tendencialmente gratuitos.

Também todos os cidadãos têm direito aos subsistemas de apoio à saúde, seja a Assistência na Doença aos Servidores Civis do Estado (ADSE) para os funcionários públicos ou outros subsistemas a que possam aceder os cidadãos.

Quando se reflecte sobre a inclusão e a exclusão em saúde, o que está em causa é a garantia dos direitos de cidadania para todos. Migrantes ou refugiados, pobres ou remediados, crianças, jovens ou adultos, deficientes, doentes crónicos e muitos outros, todos têm direito à assistência em saúde. Não podem excluir-se nem ser excluídos.

7. A concluir

Numa sociedade que, em termos legais, defende a inclusão de todos na assistência em saúde, acontece por vezes que, na prática, e até por palavras ocasionais ou pequenos gestos, se magoam as pessoas colocando-as «à margem do caminho».

Vale a pena recordar, no Evangelho de S. Lucas, a Parábola do Bom Samaritano (Lc 10): o homem assaltado e caído na estrada não podia ficar excluído da sociedade e o samaritano, sendo estrangeiro, não podia sentir-se excluído da comunidade em que participava. O samaritano viu, parou, fez-se próximo daquele homem maltratado, cuidou dele, levou-o à estalagem, assumiu a responsabilidade e prometeu voltar para saldar as despesas da sua acção generosa. Ao reler esta parábola, compreende-se o que é a exclusão e o que é a inclusão nas diversas situações em que cada um se encontra.

A inclusão em saúde é elemento fundamental para a qualidade de vida de qualquer cidadão. A ética em saúde é inclusiva para um bem-estar e uma harmonia completa na vida de cada um e de todos em sociedade.

Referências e leituras recomendadas

André, João Maria, *Diálogo Intercultural, Utopia e Mestiçagens em Tempos de Globalização*, Coimbra, Ariadne Editora, 2005.

Azevedo, Joaquim, Santos Silva, Augusto e Fonseca, António Manuel, *Valores e Cidadania: a Coesão, a Construção Identitária e o Diálogo Intercultural*, Lisboa, Ministério da Educação, 1999.

Carneiro, Roberto, *A Educação Primeiro*, Lisboa, Fundação Manuel Leão, 2004.

Cunha, Pedro da, *Entre Dois Mundos*, Lisboa, Secretariado Entreculturas, 1997.

Finuras, Paulo, *Gestão Intercultural: Pessoas e Carreiras na Era da Globalização*, Lisboa, Sílabo, 2007.

Magalhães, Ana Maria e Alçada, Isabel, *Cidadania e Multiculturalidade*, Lisboa, Editorial do Ministério da Educação, 2003.

PERES, Américo Nunes, *Educação Intercultural: Utopia ou Realidade?*, Porto, Profedições, 2000.

PEROTTI, Antonio, *A Apologia do Intercultural*, Lisboa, Secretariado Entreculturas, 1997.

PINTO, Vítor Feytor, *Saúde para Todos*, Lisboa, Paulus, 1999.

ROCHA-TRINDADE, Maria Beatriz (coord.), *Interculturalismo e Cidadania em Espaços Lusófonos* (Conferências do Convento n.º 5), Mem Martins, Publicações Europa-América, 1998.

SANTOS, Boaventura de Sousa (org.), *Reconhecer para Libertar: os Caminhos do Cosmopolitismo Multicultural*, Porto, Edições Afrontamento, 2004.

O processo de envelhecimento[1]

António Leuschner

Instituto de Ciências Biomédicas Abel Salazar da Universidade do Porto
e Hospital de Magalhães Lemos, EPE, Porto

O envelhecimento é o processo que decorre ao longo da vida e que está mais intimamente ligado com a saúde: seja a montante, porque a preservação da saúde condiciona a sua duração; seja a jusante, porque quanto maior essa duração, maior o impacto no seu estado.

O envelhecimento é um processo universal que respeita não apenas aos seres vivos, mas a todos os sistemas, como os materiais, as instituições e, até, as ideias. Em qualquer dos casos, decorre de factores extrínsecos e intrínsecos: dentre os primeiros se destacando o factor tempo, de incidência em todas as situações; e nos segundos – no caso dos seres vivos –, os factores genéticos.

Mas atente-se na situação particular das pessoas, dos seres humanos, objecto desta publicação. Em princípio, trata-se

---

[1] Ao longo deste capítulo, será usada a designação «pessoas mais velhas» ou «pessoas de (mais) idade», em substituição de «idosos», seguindo a Resolução n.º 50/141 da Assembleia-Geral da ONU (1996).

de um processo de desenvolvimento, de uma mais-valia, que respeita a todos os sobreviventes do curso da vida, não sendo exclusivo dos que ultrapassam uma determinada barreira, seja ela aos 50, aos 65 anos ou qualquer outra.

Resguardemo-nos, todavia, na sequência editorial e prestemos especial atenção aos que venceram todas as etapas do desenvolvimento característico da espécie, do nascimento à vida adulta, adaptando-se (resistindo) a todas as formas de sofrimento/doença e ultrapassando quer as vulnerabilidades quer a exclusão.

Comecemos por clarificar alguns conceitos ligados a esta temática. Desde logo, a distinção entre envelhecimento individual e envelhecimento populacional ou demográfico. O primeiro tem que ver com o que atrás foi dito, isto é, com a sobrevivência ao passar do tempo, evitando todas as causas de morte prematura. O segundo, ainda que dependendo em parte daquele, está também condicionado por variáveis como a taxa de natalidade, com efeito na relação quantitativa entre os diferentes grupos etários, como é o caso do índice de dependência dos mais velhos em relação à população activa.

Por outro lado, mesmo a nível individual, podem distinguir-se quatro ópticas distintas: a cronológica, a biológica, a psicológica e a social. Se a primeira decorre da passagem do tempo, a segunda resulta do impacto dessa passagem no indivíduo, tendo em conta as múltiplas determinantes internas e externas, das genéticas às ecológicas, ambas não individualmente controláveis, passando pelas que o indivíduo pode condicionar, como os hábitos de vida e outras formas de exposição ao risco. Por sua vez, o envelhecimento psicológico depende não só das consequências decorrentes do envelhecimento do sistema nervoso central, mas também da percepção que o indivíduo tem da qualidade da sua vida e do bem-estar de que usufrui; o social relaciona-se especialmente com a evolução dos papéis do indivíduo ao longo da vida. Como é evidente, muitas vezes não coincidem, havendo grande variabilidade entre os diferentes indivíduos.

Também será importante deixar clara a diferença entre «longevidade» e «esperança de vida» – termos frequentemente usados como sinónimos –, uma vez que o primeiro respeita à idade máxima atingida pelos indivíduos de uma determinada população, ou pela própria espécie, enquanto o segundo tem que ver com a expectativa do tempo de sobrevida de um indivíduo ou população, numa determinada idade.

Exemplificando, quando se refere que, no nosso país, a esperança média de vida ao nascer duplicou no último século, tal não se ficou a dever a um aumento da longevidade da espécie – que se mantém praticamente constante –, mas em especial à diminuição do número de mortes prematuras, considerando-se como tal as ocorridas antes dos 70 anos.

Consideremos ainda dois outros conceitos, relativamente próximos: o de «envelhecimento saudável» e «envelhecimento sem incapacidade», referindo-se este ao número de anos que o indivíduo pode esperar viver sem nenhuma incapacidade, e aquele aos que pode viver de boa saúde (com bem-estar, tomando parte activa na sociedade a que pertence e gozando de uma vida autónoma, independente e de qualidade).

Envelhecimento: impacto demográfico

Por fim, atentemos com mais detalhe na evolução demográfica, no efeito que o processo de envelhecimento tem na estrutura populacional, condicionando muitos dos impactos nas famílias e nas políticas públicas, de que falaremos mais à frente.

O nosso país é um dos mais envelhecidos da Europa e da Organização para a Cooperação e Desenvolvimento Económico (OCDE), obtendo bons resultados na comparação relativa à esperança de vida ao nascer e aos 65 anos, mas perdendo muito quando se tem em conta a qualidade desses anos acrescentados à vida, nomeadamente quanto aos anos vividos sem nenhum tipo de incapacidade.

Tabela 1

	M	F
Esperança de vida		
ao nascer	76,7	82,6
aos 65 anos	16,9 (81,9)	20,3 (85,3)
Esperança de vida sem nenhum tipo de incapacidade		
ao nascer	60,7	58,6
aos 65 anos	7,8 (72,8)	6,3 (71,3)
Período médio estimado de incapacidade*		
ao nascer	16	24
aos 65 anos	9,1	14

(Fonte: INE)

* Diferença entre a esperança de vida total e a esperança de vida sem nenhum tipo de incapacidade
Legenda: M = masculino, F = feminino.

Como pode ver-se na Tabela 1, considerando o ano do último censo (2011), a esperança de vida ao nascer estava estimada em 76,7 e 82,6 anos, respectivamente, nos homens e mulheres, e aos 65 anos essa expectativa era de 16,9 (81,9) e 20,3 (85,3) anos. Já quando se consideram os valores referentes à vida sem nenhum tipo de incapacidade, eles reduzem para 60,7 e 58,6 anos, à nascença, e para 7,8 (72,8) e 6,3 (71,3) anos, aos 65 anos, também respectivamente, nos homens e nas mulheres, sendo estas as mais penalizadas, com um período médio estimado de incapacidade de 24 e 14 anos, numa e noutra das situações consideradas (contra 16 e 9,1 anos nos homens).

Mais preocupante é a percepção do estado de saúde dos portugueses com 65 anos ou mais, quando comparada com a média dos países da União Europeia (UE) (Tabela 2):

Tabela 2

Autopercepção do estado de saúde, por sexo, 65 anos ou mais						
	Portugal			**UE (28 países)**		
Estado de saúde percebido	**M**	**F**	**T**	**M**	**F**	**T**
Bom ou muito bom	15,8	7,7	11,1	39,8	33,1	36,0
Razoável	44,6	39,7	41,7	39,9	40,9	40,5
Mau ou muito mau	39,6	52,6	47,2	20,2	26,0	23,5

Legenda: M = masculino, F = feminino, T = total. (Fonte: Eurostat)

Sendo verdade que o extraordinário progresso na esperança de vida à nascença – mais do que duplicou desde 1920, recorde-se – não se deve apenas aos avanços na área da saúde, mas à acção conjugada das áreas da protecção social, da educação, do ambiente e da economia, como da colaboração do sector privado, não se pode, porém, deixar de enfatizar o papel da saúde, seja pela redução das mortes prematuras, seja na minimização das consequências das doenças e dos acidentes.

Como evidência deste facto, nota-se (Tabela 3) que o número de óbitos ocorridos no país abaixo dos 65 anos diminuiu, entre 1991 e 2016, de 26 238 para 16 583, representando 25,3% e 14,9% do total de óbitos, respectivamente, 103 882 e 110 970.

Tabela 3

Número de óbitos	1991	2016
Total	103 882	110 970
< 65 anos ou mais	26 238	16 583
% < 65 +	25,3	14,9

(Fonte: INE)

Importará agora analisar o desenvolvimento demográfico esperado nas próximas décadas – baseado nas projecções fornecidas pelo Instituto Nacional de Estatística (INE) –, uma análise indispensável para uma apreciação correcta das suas consequências sobre a população residente em Portugal e, assim, também sobre cada cidadão em particular, e ainda sobre as políticas públicas a adoptar (Tabela 4).

Entre 2015 e 2080, de acordo com o cenário central de projecção, Portugal perderá população, dos actuais 10,3 para 7,5 milhões de pessoas, baixando do limiar de 10 milhões em 2031.

Tabela 4

População residente	2015	2080*
Total	10,3 milhões	7,5 milhões
65 anos ou mais	2,1 milhões	2,8 milhões
% 65 +	20,4	37,3
< 15	1,5 milhões	0,9 milhões
%	14,6	12,0
Índice de envelhecimento [65+/<15]	147	317
15–64 (idade activa)	6,7 milhões	3,8 milhões
%	65,0	50,7
Índice de sustentabilidade [15–64/65+]	315	137

(Fonte: INE)

* cenário central

O número de pessoas com 65 anos ou mais passará de 2,1 para 2,8 milhões, enquanto o número de jovens diminuirá de 1,5 para 0,9 milhões, resultado de uma diminuição do número de nascimentos, em parte motivada pela redução das mulheres em idade fértil.

Perante o decréscimo da população jovem, a par do aumento da população mais velha, o índice de envelhecimento mais do que duplicará, passando de 147 para 317 pessoas mais velhas, por cada 100 jovens, em 2080.

O índice de envelhecimento só tenderá a estabilizar na proximidade de 2060, quando as gerações nascidas num contexto de níveis de fecundidade abaixo do limiar de substituição das gerações já se encontrarem no grupo etário dos 65 e mais anos.

A população em idade activa diminuirá de 6,7 para 3,8 milhões de pessoas, o que acarretará uma baixa acentuada do índice de sustentabilidade (quociente entre o número de pessoas em idade activa e o número de pessoas com 65 e mais anos) de 315 para 137 pessoas em idade activa, por cada 100 de 65 anos ou mais, entre 2015 e 2080.

Como é dito no *Relatório Mundial de Envelhecimento e Saúde* da Organização Mundial de Saúde (OMS), sabemos não só que as populações estão a ficar mais velhas em geral, como também que o envelhecimento da população está a acontecer muito mais rapidamente do que no passado. Por exemplo, enquanto a França dispôs de quase 150 anos para absorver uma mudança de 10% para 20% na proporção da população de mais de 60 anos, países como o Brasil, a China e a Índia terão um pouco mais de 20 anos para fazer essa mesma adaptação.

Envelhecer: uma oportunidade

Uma vida mais longa traz consigo oportunidades não só para as pessoas mais velhas e suas famílias, mas também para as sociedades como um todo. Anos adicionais proporcionam a oportunidade de prosseguir novas actividades, tais como a educação, uma nova carreira ou perseguir uma paixão durante muito tempo negligenciada. As pessoas mais velhas também contribuem de várias maneiras para as suas famílias e comunidades, seja apoiando logisticamente as gerações mais novas, seja como transmissores de cultura, hábitos e saberes, por exemplo.

No entanto, a extensão dessas oportunidades e contribuições depende fortemente de um factor, a saúde, que, na idade mais avançada, não é inteiramente aleatória: apenas uma pequena parte dos factores é devida a herança genética e a maioria deriva de interacções entre as características genéticas das pessoas e os ambientes em que vivem.

As características pessoais incluem factores étnicos e de género, bem como a ocupação, o nível de escolaridade e a riqueza, que contribuem para a posição social e para a capacidade de acesso aos recursos. Os ambientes incluem a casa, a vizinhança e a comunidade. Factores que influenciam o envelhecimento incluem onde vivemos, as nossas opções de transporte e os sistemas de saúde e de cuidados de longa duração a que podemos aceder. As influências do ambiente muitas vezes são enviesadas por estas características, conduzindo a diferenças na forma como as pessoas envelhecem que, quando evitáveis, se tornam injustas na imposição de desigualdades na saúde.

Mais importante ainda, estes factores começam a interagir uns com os outros e a influenciar o envelhecimento a partir da infância. Na verdade, uma proporção significativa da vasta diversidade de capacidades e circunstâncias que vemos na velhice dependerá do impacto cumulativo das interacções pessoa-ambiente ao longo da vida.

Por outro lado, convém lembrar que o envelhecimento biológico está apenas vagamente associado à idade da pessoa em anos. Alguns octogenários têm capacidades físicas e mentais semelhantes a muitos indivíduos na quarta década da vida. Outros, porém, experimentam declínios na capacidade física e mental em idades muito mais jovens.

Os estereótipos desactualizados e idadistas são barreiras a um envelhecimento saudável, assim como também políticas inadequadas, falta de acesso a cuidados e serviços inexistentes ou desapropriados. Por exemplo, os sistemas de saúde são frequentemente concebidos para curar doenças agudas, sendo os problemas de saúde muitas vezes geridos de forma desconexa e fragmentada, carecendo de coordenação entre os prestadores de cuidados, os contextos, etc. Em muitos países, não existem ou são incipientes os sistemas de cuidados de longa duração, o que constitui um fardo insustentável para as famílias e quase sempre para as mulheres.

Embora não haja uma pessoa mais velha «típica», a sociedade muitas vezes vê os idosos de maneiras estereotipadas, podendo levar à discriminação contra indivíduos ou grupos simplesmente com base na idade. Esta atitude tem sido rotulada de preconceito de idade ou «idadismo», podendo ser actualmente uma forma ainda mais generalizada de discriminação do que o sexismo ou o racismo.

1. O envelhecimento: a perda de capacidades físicas e cognitivas

O processo de envelhecimento, vimo-lo atrás, é um processo multideterminado, contínuo, ainda que sujeito a intercorrências disruptivas, evolutivo, com progressos e retrocessos, que resulta em impactos múltiplos sobre o organismo e o indivíduo no seu todo.

Na verdade, ele é mais do que o somatório de todos os processos a nível celular, dos tecidos, dos órgãos e dos sistemas, ou mesmo das suas interacções. Dele resultam igualmente alterações que podemos designar de «ecológicas», neste conceito incluindo não apenas as referidas ao meio físico, mas também à envolvente sociopsicológica, seguramente as mais complexas e a que voltaremos mais adiante.

No sentido estritamente biológico, o conceito de envelhecimento está associado a uma certa forma de declínio ou perda (*dessintonia*) de adaptação por degenerescência fisiológica interna, com o aumentar da idade. Como facilmente se perceberá, tais consequências repercutem-se nas diferentes áreas do organismo – das células aos sistemas, dos mais simples aos mais complexos – com ritmos diversos e impactos igualmente distintos.

Se as consequências físicas são bem conhecidas e muitas vezes aparentes, as de natureza orgânico-funcional, e em particular as que respeitam ao sistema nervoso central, determinam perdas muito significativas, não só das funções isoladas, como também das suas interacções a nível do indivíduo, das relações interpessoais e de outras funções superiores.

A maioria das funções biológicas relacionadas com a idade atinge o seu máximo na terceira década da vida e vai declinando gradual e lentamente a partir daí. Esse declínio pode ser crítico em situações de *stress*, mas em geral é pouco afectado pelas actividades do dia-a-dia. Por essa razão se considera que a causa primária das perdas funcionais na idade avançada são as doenças e não o envelhecimento normal.

À medida que se envelhece, constata-se que os nossos corpos não funcionam tão bem quanto na terceira e quarta décadas da vida, quando se está no auge. Pouco a pouco, tão lentamente que mal percebemos, os principais órgãos – coração, pulmões, pele e músculos – tornam-se menos eficazes.

Alguns dos sinais são, no entanto, óbvios e deles se tem plena consciência. Por exemplo:

- audição, com perdas, principalmente para frequências mais altas;
- visão, com maiores dificuldades de visão, em particular ao perto (presbiopia), que podem começar pelos 40 anos. A partir dos 50 anos, dificuldade crescente em ver com baixos níveis de iluminação, diminuindo a capacidade de distinguir os detalhes finos a partir dos 70;
- ossos, articulações e dentição, num desgaste das articulações, com um terço dos homens e metade das mulheres com mais de 65 anos com artrose; diminui a altura por encurtamento da coluna vertebral (devido à perda de cálcio e achatamento) e cerca de metade das pessoas com 65 anos perdeu todos os dentes;
- forma e tamanho do corpo, com a perda de peso (devido à perda de massa muscular e óssea), perda também de força e potência; a gordura é redistribuída do tecido subcutâneo para áreas mais profundas do corpo. As mulheres são mais propensas a armazená-la na parte inferior do corpo (ancas e coxas), os homens, no abdómen;
- perturbações do sono, o qual se torna mais superficial, por períodos mais curtos e frequentes;
- função sexual, com os homens a terem mais dificuldade em alcançar e manter uma erecção, e as mulheres a deixarem de ovular por volta dos 50 anos; os níveis de hormonas sexuais caem drasticamente e instalam-se as mudanças da menopausa;
- continência, com a capacidade da bexiga a diminuir, aumenta a frequência urinária, podendo haver outros sintomas urinários, como a incontinência. Os homens podem ter dificuldade em urinar devido à hipertrofia benigna da próstata.

Por outro lado, há as mudanças que não notamos de todo, ou apenas vagamente. Por exemplo:

- a tensão arterial aumenta, devido ao estreitamento das artérias;
- o coração fica um pouco maior (porque precisa de bombear contra uma tensão arterial mais alta);
- a capacidade pulmonar diminui, devido à perda de elasticidade do tecido pulmonar, com maior sensibilidade ao esforço;
- os rins não funcionam tão bem, tornando-se menos eficazes na eliminação de resíduos das funções corporais;
- o sistema imunitário torna-se menos eficaz, sendo mais provável adoecer;
- o metabolismo diminui, sentindo-se mais o frio;
- perdem-se células cerebrais: os tempos de reacção diminuem, a memória de curto prazo pode deteriorar-se, dificuldade de concentração e maior propensão para enganos.

Porém, a idade em que essas mudanças se iniciam varia muito. Nalgumas pessoas elas começam perto dos 50 anos, enquanto outras podem atingir os 70 sem se aperceberem dos efeitos do envelhecimento. Essa variação tem muito que ver com factores genéticos, mas também com a forma como se «gere» o envelhecimento.

A perda de mobilidade pode ser outro desenvolvimento problemático: não se podem praticar desportos com a mesma facilidade de antes. Há maior propensão para quedas e, quando acontecem, as consequências são mais sérias (ossos mais frágeis e mais sujeitos a fracturas).

Os maus hábitos de vida (fumar, beber de mais, comer alimentos menos adequados), que se foram perdendo no passado, regressam por vezes. Os danos que provocam acumulam-se ao longo dos anos e, dependendo do risco devido à história familiar, é-se mais propenso a doenças cardiovasculares (ataques cardíacos e derrames), cancro e diabetes.

E, ainda a piorar, está-se também mais propenso a doenças degenerativas como a osteoartrite, osteoporose, doença de Alzheimer e outras demências, doença de Parkinson e doenças degenerativas da retina.

Convém referir que associados ao estereótipo «idadista» há uma série de mitos e equívocos a respeito das pessoas mais velhas com um efeito muito prejudicial na atitude da sociedade para com elas, resumidos na tabela que se segue, com impacto na forma como são encaradas e no desenho das políticas públicas:

	MITOS	REALIDADES
1.	**Todas** as pessoas de mais idade são **iguais**.	Há mais variedade entre os mais velhos do que em qualquer outro grupo etário.
2.	As **necessidades** básicas dos mais velhos são **diferentes** das dos mais novos.	As necessidades não mudam quando se envelhece.
3.	Mais de metade dos mais velhos está **senil** (isto é, tem problemas de memória, desorientação e comportamentos bizarros).	Cerca de 80% dos adultos mais velhos são suficientemente saudáveis para desempenhar as suas actividades normais.
4.	Todos os mais velhos são **incompetentes**.	Muitos dos mais velhos, mesmo nas fases iniciais de demência, podem manter a sua capacidade para compreender e avaliar a informação que recebem e raciocinar para tomar decisões importantes. Muitas vezes, as incapacidades físicas são confundidas com défices intelectuais.
5.	As pessoas mais velhas têm **falta de produtividade**.	A maioria das pessoas mais velhas não tem empregos pagos, podendo, no entanto, ter papéis importantes como avós, cuidadores, voluntários ou em actividades cívicas e sociais.

	MITOS	REALIDADES
6.	Todas as pessoas mais velhas têm **pensamento rígido**.	Há uma crença de que os mais velhos se coíbem de usar as novas tecnologias, como os computadores ou a Internet. Mais de 41% dos 65+ usam a Internet.
7.	À medida que se envelhece, **perde-se a capacidade de aprender**.	Os padrões de aprendizagem podem mudar e a velocidade pode diminuir, mas a capacidade de aprender mantém-se.
8.	É **mais fácil aprender coisas novas** do que recordar coisas do passado.	Pelo contrário, é mais fácil recordar coisas antigas do que aprender coisas novas.
9.	O **esquecimento fácil** é provável **indicador** de início de **demência**.	A perda de memória pode ser causada por medicações, situações clínicas ou por depressão relacionada com *life-events*. Pode ser um sinal precoce de demência, mas não significa necessariamente que venha a ser diagnosticada uma demência.
10.	**Todas** as pessoas que envelhecem **virão** a ter demência.	Só 6–8% das pessoas 65+ têm demência e só cerca de 1/3 dos 85+ têm um qualquer sintoma de demência.
11.	**Todas** as pessoas mais velhas ficam **deprimidas**.	A maioria dos mais velhos não está deprimida na maior parte do tempo. A depressão NÃO é uma componente normal do envelhecimento, mas uma doença que precisa de ser tratada. A idade, por si só, não é um factor de risco para a depressão.
12.	A depressão na idade tardia é **mais duradoura e difícil de tratar** do que nos mais novos.	O curso da depressão nos mais velhos é idêntico ao dos mais novos. A resposta ao tratamento parece ser tão positiva como nas outras idades.
13.	A depressão tardia é **tipicamente atribuída a factores psicológicos**.	A depressão tardia é frequentemente co-mórbida com doença física como o acidente vascular cerebral (AVC), doença cardíaca, diabetes e fractura da anca. Se os cuidadores interpretarem mal a natureza e as diferentes formas da depressão, podem não procurar o diagnóstico e o tratamento.

	MITOS	REALIDADES
14.	Se uma pessoa de muita idade **não parece** deprimida, **não se sente deprimida**.	A depressão muitas vezes provoca problemas físicos, como perda de energia, baixa de apetite e de peso, problemas de sono, retirada social e queixas de dor. A depressão pode também causar agitação e delírio.
15.	Se uma pessoa de muita idade **parece** deprimida, **deve sentir-se deprimida**.	A depressão é muitas vezes confundida com apatia, que constitui uma entidade distinta da depressão.

Os efeitos do envelhecimento podem ser menos dramáticos do que habitualmente se pensa e pode ser possível um envelhecimento mais saudável para muitas pessoas. Hoje, os maiores de 65 anos têm uma melhor saúde do que as gerações antecedentes e mantêm-se saudáveis durante mais tempo.

Em muitas situações, o declínio que acompanha o envelhecimento deve-se aos estilos de vida, aos comportamentos, aos hábitos alimentares e ao ambiente, podendo por isso ser modificado. Por exemplo, o exercício aeróbico pode prevenir ou inverter parcialmente uma quebra na capacidade máxima de exercício (consumo de oxigénio por unidade de tempo), na força muscular e na tolerância à glicose em pessoas de idade saudáveis, mas sedentárias.

Se é verdade que não é possível parar o tempo, podem minimizar-se alguns dos impactos da sua passagem tomando algumas medidas que retardem o declínio, de alguma maneira ajudando a proteger dos danos do envelhecimento:

– exercício: é uma das melhores opções a fazer, mantendo-se activo. O exercício retarda a velocidade a que a massa muscular e os minerais ósseos são perdidos. Estudos têm demonstrado consistentemente que as pessoas que estão em forma e se mantêm fisicamente activas – envolvidas em actividades como caminhar, dançar, fazer jardinagem, natação ou aeróbica – vivem mais e têm taxas mais reduzidas de doenças como cancro e doenças cardíacas. Também protege contra a demência;

– manter a mente activa: é um caso de a usar ou perder. Há alguma evidência de que a manutenção de actividade mental melhora o funcionamento do cérebro na velhice e retarda o aparecimento de sinais de demência. Ler jornais, revistas e livros, jogar jogos que obriguem a «pensar», como o *Scrabble* e o *Trivial Pursuit*, ter um *hobby*, frequentar um curso ou aprender uma língua. Investigadores da Universidade de Stanford, nos Estados Unidos da América, descobriram que a perda de memória pode ser melhorada 30% a 50% com exercícios mentais;

– socializar: é outra maneira de evitar os efeitos do envelhecimento mantendo bons contactos sociais. Estudos têm mostrado que pessoas mais velhas com melhores redes familiares e de amigos são mais saudáveis do que aquelas que as não têm e é porque as mantêm activas que a sua saúde mental e física é melhor;

– comer bem: é muito importante, sendo que as pessoas mais velhas são frequentemente desnutridas. Estudos mostraram que a adição de proteínas e suplementos energéticos à dieta reduz a probabilidade de morte precoce em pessoas mais velhas e melhora a sua saúde. Por isso, é importante que tenham uma dieta equilibrada e adequada, com baixo teor de gordura saturada e hidratos de carbono suficientes para manter a energia;

– não tomar medicamentos desnecessários: é fundamental, sabendo-se que, à medida que se envelhece e nos tornamos mais sujeitos a doenças degenerativas, o número de medicamentos que se toma tende a aumentar, podendo, por vezes, interagir uns com os outros e contribuir para sintomas como confusão mental e sensação de fraqueza. Portanto, é essencial conferir com o médico regularmente possíveis efeitos colaterais e se alguns medicamentos poderão ser suspensos.

Só cerca de 10% dos mais velhos participam em actividades físicas durante mais de meia hora em, pelo menos, cinco dias por semana (como é geralmente recomendado). Entre 35% e 45% têm uma actividade mínima, sendo os mais velhos tendencialmente menos activos do que os outros grupos etários, por muitas razões, em particular porque muitas lesões limitam a sua actividade física.

Os benefícios da actividade física para os mais velhos são variados e excedem os riscos (quedas, roturas de ligamentos e estiramentos musculares, por exemplo), neles se incluindo:

- redução da taxa de mortalidade, mesmo para os fumadores e os obesos;
- preservação da força dos músculos esqueléticos, da capacidade aeróbica e da densidade óssea, contribuindo para uma maior mobilidade e independência;
- redução do risco de obesidade;
- prevenção e tratamento das doenças cardiovasculares (incluindo a recuperação pós-enfarte), diabetes, osteoporose, cancro do cólon e perturbações de humor;
- prevenção das quedas e das lesões secundárias, devido ao aumento da força muscular, da coordenação motora, das funções articulares e de resistência;
- melhoria da actividade funcional;
- mais oportunidades de interacção social;
- reforço da sensação de bem-estar;
- melhoria da qualidade do sono.

Note-se que a actividade física é uma das poucas intervenções que podem restaurar a capacidade fisiológica depois de ter sido perdida.

2. Famílias e instituições de acolhimento

O reconhecimento dos Direitos Humanos, consagrados na Declaração Universal da Organização das Nações Unidas e na Constituição da República Portuguesa, aplicáveis a todos os cidadãos sem discriminações, mormente de idade, visa garantir a preservação da individualidade e o direito à identidade, autonomia e independência, no pressuposto da garantia da dignidade da pessoa e como condição de melhoria da sua qualidade de vida.

Ao longo da vida, os indivíduos vão, desejavelmente, construindo as suas redes de comunicação e afecto, a maioria das vezes com um ponto de partida na família de origem, considerada por muitos a célula primordial da rede social que rodeia cada pessoa. Em geral, esta rede primária arrasta consigo elementos de confiança entre os seus membros que os tendem a acompanhar durante a sua existência. Daí que não seja de estranhar que, quando a idade avança, os indivíduos procurem depositar nesses elementos grande parte da confiança de que necessitam para se sentir seguros. Há, porém, situações em que tal mecanismo não funciona, como é o caso dos que se isolam, gozando de uma aparente independência total, mas sem sustentação, ou quando sobrevém uma ruptura que conduz a um caminho semelhante.

As respostas a este problema passarão por garantir um conjunto de requisitos que ofereçam, aos que deles venham a beneficiar, condições que respeitem os princípios das Nações Unidas para os mais velhos: Independência, Participação, Acesso a Cuidados, Auto-realização e Dignidade. De igual forma, devem ser tidos em conta os objectivos das políticas sociais na União Europeia (UE) para melhorar a qualidade de vida dos mais velhos (Autodeterminação, Autonomia e Vida Independente), sem esquecer a prioridade, proclamada pela OCDE, de envelhecer no lugar, devendo os serviços e os cuidados ser levados às pessoas mais velhas em vez de levar as pessoas aos serviços. Dados recentes sobre a distribuição dos mais de dois milhões de pessoas com 65 anos ou mais no nosso país permitiram apurar que cerca de um quinto vive só, dois quintos vivem com outra(s) pessoa(s) da mesma faixa etária e só 40% vivem em residências multigeracionais, familiares ou não. Da totalidade dos dois milhões, pouco mais de 10% recebem um qualquer apoio institucional, seja residencial (lares), centros de dia ou no domicílio.

Em qualquer caso, impõe-se a garantia do respeito pela opinião da pessoa quanto ao local em que deseja viver o seu envelhecimento. Mesmo nas situações em que a pessoa perde o seu discernimento, importará tanto quanto possível seguir a sua vontade, de preferência antecipadamente manifestada pelas vias legalmente previstas. Seja na sua própria casa, sozinho ou acompanhado, ou numa instituição residencial, haverá que procurar salvaguardar a maioria dos direitos fundamentais à opinião, à livre escolha, à expressão da vontade e à satisfação das necessidades sentidas e expressas, devidamente identificadas.

As poucas ou inexistentes acessibilidades à habitação, transporte e equipamentos sociais, devidamente adaptados, limitam a capacidade de participação das pessoas mais velhas. Por sua vez, a falta de auscultação, participação e envolvimento dos mais velhos nas decisões que afectam as suas vidas é outro dos problemas com impacto negativo na qualidade de vida no envelhecimento.

A autonomia demonstrou ter uma influência poderosa na dignidade, integridade, liberdade e independência das pessoas mais velhas, e tem sido repetidamente identificada como um componente central do seu bem-estar geral. Fundamentalmente, os mais velhos têm o direito de fazer escolhas e assumir o controlo sobre uma série de questões, incluindo onde vivem, os relacionamentos que têm, o que usam, como passam o tempo e se são submetidos a um tratamento.

Pode ser necessário haver mudanças no contexto, como seja em casa, adicionando corrimãos, superfícies antiderrapantes, rampas ou iluminação adicional, ou recorrendo a ajudas técnicas para caminhar. Pode significar pedir ajuda aos serviços comunitários domiciliários (incluindo enfermagem e alimentação), para aliviar a sobrecarga do cuidador informal; ou pode ser necessário mudar o alojamento – de casa, de bairro, ou mesmo de localidade –, de forma a poder usufruir dos diferentes serviços necessários.

A boa notícia é que com a idade vem uma maior compreensão da vida e da condição humana, tornando-se as pessoas mais ciosas da sua dignidade, enquanto de posse de suficiente discernimento. À medida que as pessoas envelhecem, tendem a tornar-se mais felizes e mais satisfeitas com as suas vidas. Ao longo dos anos, as pessoas podem diminuir ou alterar as suas expectativas, tornando mais provável o sucesso e a felicidade, ficando mais adaptáveis; mais propensas a acentuar o positivo e minimizar o negativo em qualquer situação. As pessoas mais velhas muitas vezes têm mais tempo para relacionamentos, *hobbies* e actividades de estilo de vida, e para ajudar os outros.

As alternativas que se colocam às pessoas e os momentos em que elas são chamadas a fazer opções devem ter em conta o respeito pelos princípios referidos, garantindo o maior número de requisitos para que possam ser cumpridos. Dentre estes, a liberdade e o esclarecimento na escolha são decisivos, para o que a solidez da confiança no apoio à decisão é fundamental. Nesta função, a família, em particular, ou outros com grande proximidade afectiva têm um papel importante a desempenhar.

A solidariedade entre as gerações deverá constituir um pano de fundo nesta ajuda a uma decisão que permita alcançar as condições necessárias a um envelhecimento de qualidade, em que o bem-estar seja o objectivo central, a par da segurança e da protecção contra todos os tipos de abuso.

3. As responsabilidades da sociedade e do Estado no apoio às pessoas mais velhas

Referirmo-nos à saúde é reportarmo-nos ao bem-estar e qualidade de vida, conceitos que muito frequentemente se sobrepõem. Tanto mais que neles se detectam duas vertentes, uma subjectiva e outra objectiva, esta mais fácil e obviamente avaliada e mensurável.

O aumento da esperança de vida, entendido no seu sentido mais comum, é considerado social e culturalmente um ganho civilizacional, como demonstra a circunstância de constituir uma tendência de todos os países mais desenvolvidos, patente na evolução demográfica dos países da UE e da OCDE, e o facto de ser, com a escolaridade e o rendimento *per capita*, um dos pilares em que assenta o Índice de Desenvolvimento Humano (que com os Índices de Bem-estar e de Felicidade procura alargar o conceito demasiado estreito de PIB *per capita*).

Na verdade, esse ganho só tem sido possível graças a sucessivas vitórias dos sistemas de saúde e social contra as principais causas de morte prematura, não apenas pela erradicação de muitas doenças e de outras causas directas de morte, mas também pela melhoria das condições de vida e da luta contra a pobreza.

Não se pense, porém, que essa luta está a caminhar para o fim. A constatação de que, em muitos daqueles países, se tem vindo a acentuar as diferenças de rendimento e de condições de vida no seio da população (corrigindo em baixa aquele índice) não deixa grande margem para optimismos excessivos.

As sociedades, independentemente das culturas e dos sistemas políticos, têm-se organizado no sentido de alargar ao maior número possível dos seus membros as condições de vida que lhes permitam, nem sempre com os objectivos mais cristalinos, usufruir de maiores níveis de bem-estar. Por vezes, tão-só para que sejam mais produtivos e melhores consumidores.

O envelhecimento demográfico está identificado como um dos principais problemas com que se defronta a sociedade portuguesa em geral, tendo o Estado e o Serviço Nacional de Saúde (SNS) uma responsabilidade muito particular na sua assunção. E, ao contrário do que muitas vezes se pensa, o problema não é apenas, porventura nem sequer maioritariamente, de natureza económico-financeira, mas de organização das respostas que são desenhadas para lhe fazer face. Importa, aliás, assinalar que as despesas de saúde e assistência social, visando garantir um envelhecimento saudável, são um investimento, não um custo, pois trazem benefícios para as pessoas mais velhas e retorno para a sociedade como um todo, uma vez que elas contribuem muito positivamente para a sociedade.

O objectivo do envelhecimento saudável é ajudar as pessoas a desenvolver e manter a capacidade funcional, essencial para o seu bem-estar, o que requer um esforço continuado para manter as capacidades físicas e mentais ao longo de toda a vida e garantir o apoio de que uma pessoa precisa para compensar as perdas dessas capacidades que, provavelmente, irão ocorrer ao longo do tempo.

O envelhecimento saudável pode ser promovido através de acções em diferentes áreas e tal investimento significa ajudar a criar um futuro que dá às pessoas mais velhas a liberdade de viver uma vida que as gerações anteriores nunca poderiam ter imaginado.

Um estereótipo «idadista» generalizado das pessoas mais velhas é que elas são dependentes ou um fardo. Isso pode levar a pressupostos durante a elaboração de políticas, em que os gastos com os mais velhos são simplesmente vistos como um sorvedouro das economias e para enfatizar a necessidade de contenção de custos.

O combate ao «idadismo» deve estar no centro de qualquer resposta de saúde pública ao envelhecimento da população. Embora esse seja um desafio difícil, as experiências de combate a outras formas de discriminação, como o sexismo e o racismo, mostram que as atitudes e normas podem ser mudadas.

É necessário garantir que todos possam envelhecer em ambientes amigáveis para os mais velhos, cuja criação requer uma acção em muitos sectores – saúde, cuidados de longa duração, transportes, habitação, trabalho, protecção social, informação e comunicação –, por muitos actores, desde os vários níveis do governo, prestadores de serviços, sociedade civil, pessoas de idade e suas organizações, família e amigos.

É notório, do que fica dito sobre as causas e consequências do envelhecimento, que a procura das melhores respostas terá de ser sempre multissectorial, envolvendo não só a saúde, a segurança social e as autarquias, como também outros sectores do Estado, forças de segurança incluídas, e uma forte participação da sociedade civil.

Numa época em que a utilização racional dos recursos se impõe, não pode haver lugar a sobreposições de competências, antes se devendo procurar a melhor integração entre os diversos actores, única forma de maximizar a cooperação e articulação entre eles, garantindo o melhor aproveitamento dos recursos disponíveis.

Serão necessários programas integrados de promoção da saúde, envolvendo diferentes ministérios e parcerias sociais, para assegurar o envolvimento conjunto e a responsabilidade do Estado e da sociedade, envolvendo escolas, locais de trabalho, autoridades locais, agricultura e desenvolvimento territorial, economia e finanças, e baseando-se numa estratégia bem definida e legitimada.

Tendo os avanços nas ciências ligadas à saúde tido um papel determinante nesse progresso, permitindo hoje que um número muito significativo de indivíduos atinja idades muito superiores à tradicionalmente considerada idade da reforma, sem estimular suficientemente a manutenção da actividade (física, mental e social) após a «retirada», estamos a assistir a um debate quase permanente sobre a sustentabilidade dos sistemas de saúde e de segurança social, com uma preocupante tendência quase-acusatória sobre os mais velhos.

Cada geração é fruto da(s) anterior(es). Os progressos que permitiram alcançar os índices de envelhecimento que se verificam e continuarão a verificar nas próximas décadas têm de ser creditados a esse *continuum* biopsicossocial. Se, paralelamente, se atentar na circunstância de o progresso tender a desviar da actividade manual e física para a intelectual grande parte das exigências laborais, fácil será constatar que os rácios que actualmente medem a dependência dos mais velhos (e dos mais novos) da população activa continuarão a aumentar, colocando enorme pressão sobre as contabilidades do sector público, mas também do social e do privado.

Num país como Portugal, em que as condições de saúde da população nascida na primeira metade do século passado, mau grado um bom rácio de sobrevivência, não têm o nível de outros países, quer objectiva quer subjectivamente, determinando a necessidade de cuidados assistenciais, de saúde e apoio social muito significativa, é fundamental que estes dois sectores maximizem as áreas de confluência, evitando redundâncias supérfluas e consequentes desperdícios. E em que também sejam empenhados outros componentes da organização social, das autarquias às associações de cidadãos que potenciem os mecanismos de entreajuda, deles tirando o maior partido, sempre numa base de grande proximidade.

Para tudo poder evoluir num sentido de progresso, é fundamental aumentar o nível de literacia dos cidadãos, que lhes permita obter do sistema as respostas de que careçam, nos momentos e nos locais certos, da promoção da saúde à reabilitação e reinserção, passando pela prevenção da doença e pelo diagnóstico e terapêutica atempados. As novas tecnologias, cada vez mais amigáveis, vieram trazer um novo alento ao acesso à informação, ao mesmo tempo que favorecem a capacidade de intervenção do cidadão no que directamente lhe diz respeito.

Importará sem dúvida que a sociedade portuguesa deixe claro que opta por considerar como objectivo a criação de condições para o aumento não só da esperança de vida, mas da sua qualidade e da redução do nível de incapacidade dos mais velhos, organizando-se de forma a garantir a sustentabilidade dos sistemas que permitam prosseguir com aquele objectivo.

As sociedades – e as suas organizações mais complexas, os Estados – têm a responsabilidade de criar as redes facilitadoras que proporcionem à generalidade dos cidadãos, em particular aos mais frágeis, incluindo os mais velhos, e com a sua participação, numa base de acessibilidade, proximidade e equidade, a atenção e os cuidados a que têm direito, visando alcançar aquele objectivo, em condições de segurança e de protecção contra todos os tipos de abuso.

Responsabilidades também éticas, seguramente!

Referências e leituras recomendadas

European Commission, «The 2018 Ageing Report: Underlying Assumptions & Projection Methodologies», 2017. Disponível em: https://ec.europa.eu/info/sites/info/files/economy-finance/ip065_en.pdf.

Eurostat, Population and social conditions: http://ec.europa.eu/eurostat/data/database.

INE, Informação estatística: www.ine.pt.

OCDE, *Health at a Glance 2017: OECD Indicators*, OECD Publishing, 2017a. Disponível em: http://dx.doi.org/10.1787/health_glance-2017-en.

OCDE, *Pensions at a Glance 2017: OECD and G20 Indicators*, OECD Publishing, 2017b. Disponível em: http://dx.doi.org/10.1787/pension_glance-2017-en.

OECD, *Preventing Ageing Unequally*, OECD Publishing, 2017c. Disponível em: http://dx.doi.org/10.1787/9789264279087-en.

OMS/FCG, *Guia Global das Cidades Amigas das Pessoas Idosas*, 2009.

Paúl, Constança e Ribeiro, Óscar, *Manual de Gerontologia*, *s.l.*, Lidel, 2012.

PORDATA, População: www.pordata.pt.

Rosa, Maria João Valente, *O Envelhecimento da Sociedade Portuguesa*, *s.l.*, Fundação Francisco Manuel dos Santos, 2012.

The Reducing Premature Mortality Programme in The Department of Health, *Living Well for Longer*, Reino Unido, 2014. Disponível em: https://www.gov.uk/government/uploads/system/uploads/attachment_data/file/307703/LW4L.pdf.

WHO, *World Report on Ageing and Health*, 2015. Disponível em: http://apps.who.int/iris/bitstream/10665/186463/1/9789240694811_eng.pdf?ua=1.

WHO, *Global strategy and action plan on ageing and health*, Genebra, 2017. Disponível em: http://www.who.int/ageing/WHO-GSAP-2017.pdf?ua=1.

O processo de morte: directivas antecipadas de vontade e outras questões do fim de vida

Lucília Nunes

Escola Superior de Saúde do Instituto Politécnico de Setúbal

1. Anotações sobre a morte e o morrer

A nossa existência tem, desde o seu início, um horizonte definido: terminará, seja qual for a causa. Esta afirmação, ainda que elementar, parece difícil de integrar no quotidiano, não obstante dela termos conhecimento (o que, em bom rigor, difere de termos consciência).

Mesmo reconhecendo que a morte possa estar presente nas notícias e nas conversas, no dia-a-dia comportamo-nos como se fôssemos imortais; contudo, uma finitude certa desenha os contornos da nossa vida. Como escreveu Hannah Arendt, somos seres mortais que pensam o eterno[1].

A realidade da morte impõe-se-nos mais fortemente quando sabemos que uma pessoa com uma idade próxima da nossa ou mais nova, alguém que conhecíamos, adoeceu gravemente ou morreu; ou quando (nos) morre alguém chegado. E por mais

---

[1] ARENDT, Hannah, *A Condição Humana*, Lisboa, Relógio D'Água Editores, 2001, p. 72.

que se associe a idade e o tempo vivido, sabemos que a morte não se refere apenas ao envelhecimento, ao declínio; evoca também um mundo «da confusão, do caos, do ininteligível, onde não existe mais nada nem ninguém»[2], que nos afecta de forma indiscriminada, «não só é certa mas perpetuamente eminente»[3].

Morrer não é coisa de velhos nem de doentes – dizia Montaigne –, que não morremos por estar doentes, mas por estarmos vivos. A nossa temporalidade marca a nossa finitude ou, dito de outra forma, a morte e o morrer são inerentes à existência humana (KÜBLER-ROSS, 2000). Por isso, mesmo que a ignoremos, é uma presença constante que acompanha a nossa vida.

A morte, enquanto fenómeno, e o morrer, enquanto processo, foram encarados de formas diversas ao longo dos tempos – na sociedade ocidental, no decurso do século XX, ocorreram cada vez mais em contexto institucional, mais concretamente no hospital[4]. Os estudos revelam que, num longo período na História, a vivência da morte se dava em âmbito familiar e se aceitava a *ordem natural das coisas*[5].

Mas a morte tornou-se progressivamente *objecto de interdição*, transformou-se em tabu e iniciou-se um *jogo de esconder* – primeiro, escondeu-se do doente a morte iminente, sendo que os parentes do moribundo passaram a ocultar a gravidade do seu estado, numa lógica de *poupar* o doente de assumir a sua provação, tornando-o *naquele que não deve saber*; depois, escondeu-se

---

[2] VERNANT, Jean-Pierre, *L'individu, la mort, l'amour: Soi-même et l'autre en Grèce ancienne*, Paris, Gallimard, 1996, p. 89.

[3] SAVATER, Fernando, *As Perguntas da Vida*, Lisboa, Publicações Dom Quixote, 2000, p. 35.

[4] ARIÈS, Philippe, *Sobre a História da Morte no Ocidente desde a Idade Média*, Lisboa, Teorema, 1989, pp. 309–358.

[5] *Idem, ibidem*, p. 65.

a morte da sociedade, retirando o doente para o hospital. Edgar Morin apontou que a *interdição* atingiu também os ritos funerários[6] – a cerimónia deve ser discreta, as condolências breves, o luto abreviado.

Neste aspecto, muitos autores concordam que hospitalizámos e medicalizámos a morte, desritualizámos o luto e passámos a usar eufemismos. E deslocámos o «lugar de morrer»: a morte foi afastada da casa para o hospital e, gradualmente, silenciou-se, perdeu poder de evocação ao tempo em que deixou de ser vivenciada.

Vale a pena recolocar na equação que a morte faz parte da vida e que é imperativo conferir qualidade ao processo de morrer, com cuidados que visem paliar e preservar a dignidade humana. Naturalmente, considerando as suas raízes, o século XXI terá de lidar com as reconfigurações dos processos de morrer, com o desvelar da temática da morte e do fim de vida.

2. Fim de vida

Admitamos que a expressão «fim de vida» tem dois aspectos-chave: «1) uma perspectiva centrada na doença, baseada num período de irreversível declínio antes da morte e 2) uma perspectiva baseada no tempo, de seis meses ou menos de expectativa de vida»[7]. Assim, supõe «a presença de uma doença ou sintomas crónicos ou de incapacidade funcional persistente que necessitem de cuidados formais ou informais e que conduzam à morte, associada a último ano de vida»[8].

---

[6] MORIN, Edgar, *O Homem e a Morte*, Mem Martins, Publicações Europa-América, 1988.

[7] LAMONT, E. B., A demographic and prognostic approach to defining the end of life, *Journal of Palliative Medicine* 8, 2005: pp. S12–S21.

[8] FERREIRA, Pedro Lopes *et al.*, Cuidados de fim de vida: Portugal no projeto europeu PRISMA, *Revista Portuguesa de Saúde Pública* 30, 2012: pp. 62–70.

Um olhar rápido para o processo de morrer aponta-nos duas possibilidades, como se pensássemos num algoritmo: pode-se morrer inesperadamente, de repente, como acontece numa doença súbita, num acidente rodoviário; ou pode-se ter uma doença durante algum tempo e ir decaindo, como acontece numa doença crónica, numa doença de evolução prolongada, com episódios de agudização. Numa «epidemiologia» dos modos de morrer, ou morreremos de morte inesperada ou, na larga maioria dos casos, de «morte anunciada»[9].

Em bom rigor, a nossa esperança média de viver, em termos de probabilidade, aumentou bastante nos últimos anos, existindo uma grande diferença na esperança de vida entre homens e mulheres (os dados de 2016 apontam 80,8 anos de esperança de vida à nascença, sendo 77,7 no sexo masculino e 83,4 no feminino). Ao mesmo tempo, a incidência das doenças oncológicas tem registado um aumento de cerca de 3% ao ano, constituindo a segunda causa de morte depois das doenças cardiovasculares, de acordo com o relatório do Programa Nacional para as Doenças Oncológicas 2017.

Como referia o relatório *Um Futuro para a Saúde*, em «2011, mais de 70% das mortes em Portugal foram causadas por doenças crónicas, em especial doenças cardiovasculares, cancros, doenças do sistema respiratório e diabetes. Calcula-se que em Portugal 5,4 milhões de pessoas tenham uma ou mais doenças crónicas»[10].

No quotidiano, conforme as nossas necessidades e/ou interesses, realizamos escolhas sobre saúde e cuidados de saúde de diversas formas, quanto a opções de tratamento, de

---

[9] Osswald, Walter, A Morte Anunciada, *Cadernos de Bioética* 12, 1996.

[10] Crisp, Nigel (coord.), *Um Futuro para a Saúde*, Lisboa, Fundação Calouste Gulbenkian, 2014, p. 48. Disponível em: https://gulbenkian.pt/project/um-futuro-para-a-saude/ https://gulbenkian.pt/project/um-futuro-para-a-saude/.

comportamento, de estilo de vida, da forma de aceder a cuidados. Provavelmente, estaremos mais familiarizados com as escolhas realizadas no momento presente, as que vamos fazendo conforme a situação se coloca e a que podemos chamar *actuais* – pois há outra forma de expressar a vontade, antes que as situações se coloquem, como veremos a seguir.

3. As directivas antecipadas de vontade: decidir sobre si quando pode, enquanto pode

A expressão «directivas antecipadas de vontade (DAV)» formalizou-se entre nós com a publicação da Lei n.º 25/2012, de 16 de julho, que as regulou, designadamente sob duas formas: o testamento vital e a nomeação de procurador de cuidados de saúde, criando, ao mesmo tempo, o Registo Nacional do Testamento Vital (RENTEV).

As DAV são, todavia, mais conhecidas como «testamento vital», o «documento unilateral e livremente revogável a qualquer momento pelo próprio, no qual uma pessoa maior de idade e capaz, que não se encontre interdita ou inabilitada por anomalia psíquica, manifesta antecipadamente a sua vontade consciente, livre e esclarecida, no que concerne aos cuidados de saúde que deseja receber, ou não deseja receber, no caso de, por qualquer razão, se encontrar incapaz de expressar a sua vontade pessoal e autonomamente»[11]. Este documento é redigido com a finalidade de formular uma vontade projectiva relativamente aos cuidados futuros, quando o próprio não puder decidir sobre os mesmos.

Estas duas formas – a do testamento vital e a da nomeação de um procurador de cuidados de saúde, a quem são atribuídos

[11] Lei n.º 25/2012, de 16 de julho, artigo 2.º, n.º 1.

«poderes representativos para decidir sobre os cuidados de saúde a receber, ou a não receber»[12], quando se encontrar incapaz de expressar a sua vontade – correspondem a expressões antecipadas de vontade, de um *agora* para *quando for preciso.*

Na Portaria n.º 104/2014, de 15 de Maio, num proposto texto-modelo facultativo (que pode ou não ser seguido mas que aqui reproduzimos, com intenção de o explicitar), especifica-se que «Quando me encontrar incapaz para expressar a minha vontade autonomamente, em consequência do meu estado de saúde física e/ou mental, e se verificarem uma ou mais das seguintes hipóteses»: ter sido diagnosticada doença incurável em fase terminal; não existirem expectativas de recuperação na avaliação clínica feita pelo médico responsável pelos cuidados, de acordo com o estado da arte; inconsciência por doença neurológica ou psiquiátrica irreversível, complicada por intercorrência respiratória, renal ou cardíaca. Estas três condições não esgotam todas as possibilidades, pelo que quem redige um testamento vital pode acrescentar outras condições.

E é na sequência da consciência sobre um tempo em que não conseguirá decidir que a pessoa antecipa a sua expressão de vontade e a manifesta formalmente, podendo optar pelos termos seguintes (conforme constam da referida Portaria):

«☐ Não ser submetido a reanimação cardiorrespiratória

☐ Não ser submetido a meios invasivos de suporte artificial de funções vitais

☐ Não ser submetido a medidas de alimentação e hidratação artificiais que apenas visem retardar o processo natural de morte

---

[12] *Ibidem,* artigo 11.º, n.º 1.

- ☐ Participar em estudos de fase experimental, investigação científica ou ensaios clínicos
- ☐ Não ser submetido a tratamentos que se encontrem em fase experimental
- ☐ Recusar a participação em programas de investigação científica ou ensaios clínicos
- ☐ Interromper tratamentos que se encontrem em fase experimental ou a participação em programas de investigação científica ou ensaios clínicos, para os quais tenha dado prévio consentimento

- ☐ Não autorizar administração de sangue ou derivados
- ☐ Receber medidas paliativas, hidratação oral mínima ou subcutânea
- ☐ Serem administrados os fármacos necessários para controlar, com efetividade, dores e outros sintomas que possam causar-me padecimento, angústia ou mal-estar

- ☐ Receber assistência religiosa quando se decida interromper meios artificiais de vida (crença: ________________)

- ☐ Ter junto de mim, por tempo adequado e quando se decida interromper meios artificiais de vida, a pessoa que aqui designo: (nome), (contacto).

- ☐ Outras: Outras considerações pessoais ou eventuais motivações das minhas decisões»[13].

Em suma, nesta matéria, a pessoa dispõe de três possibilidades: redigir um testamento vital com instruções específicas; nomear um procurador para que o substitua na tomada de

---

[13] Portaria n.º 104/2014, de 15 de Maio, modelo facultativo.

decisão em matéria de saúde quando o próprio estiver impossibilitado de o fazer; ou ambas as modalidades. Qualquer pessoa maior de idade, competente e capaz para decidir pode formalizar a sua vontade dentro dos parâmetros expressos, cumprindo os procedimentos burocrático-administrativos associados.

3.1. Fundamentos e particularidades das DAV

A expressão antecipada da vontade funda-se no respeito pela autonomia da pessoa ou, dito de outra forma, a directiva antecipada de vontade é uma materialização da protecção da liberdade e da autodeterminação da pessoa, dentro dos limites de acção dos profissionais de saúde. Por não se tratar de uma vontade expressa no momento, pode ser perspectivada como uma participação diferida por antecipação, no planeamento dos cuidados de saúde.

Se reconsiderarmos as prerrogativas pelos termos no formulário do testamento vital, constatamos que a maioria é relativa a recusas: não ser reanimado, não ser submetido a meios invasivos de suporte artificial de funções vitais, não ser submetido a medidas de alimentação e hidratação artificiais que apenas visem retardar o processo natural de morte, não ser submetido a tratamentos que se encontrem em fase experimental, recusar a participação em programas de investigação científica ou ensaios clínicos, não autorizar administração de sangue ou derivados, etc. – em suma, uma recusa antecipada de algumas intervenções ou tratamentos.

Mas as DAV também afirmam o que se quer, incluindo: receber medidas paliativas, hidratação oral mínima ou subcutânea, os fármacos necessários para controlar dores e outros sintomas; participar em estudos de fase experimental, investigação científica ou ensaios clínicos; receber assistência religiosa; ter junto de si a pessoa significativa. Além do expresso, há um espaço de escolha singular, um «campo em branco» a ser preenchido conforme as preferências de cada um, em que tanto recusas como solicitações se podem expressar como, por exemplo, morrer em casa ou ser assistido com cuidados paliativos no domicílio. Um testamento vital que cumpra os requisitos formais ou uma expressão de vontade substitutiva do procurador de cuidados de saúde deve ser respeitado pelos profissionais de saúde.

A pessoa que se escolhe para procurador de cuidados de saúde, para representar o próprio quando este já não estiver capaz, tende a ser alguém em quem se confia, que conhece bem quem o nomeia, os seus valores e as escolhas que o próprio faria se pudesse. Por isso, as decisões do procurador de saúde é como se fossem do próprio, assim devendo ser respeitadas. Se a opção tiver sido a de redigir um testamento vital e, simultaneamente, designar um procurador e, porventura, se vier a verificar um conflito entre o que ficou escrito no documento e o que o procurador diz, prevalece a palavra escrita pelo próprio.

Está, também, previsto que sejam sem efeito as DAV «contrárias à lei, à ordem pública ou determinem uma actuação contrária às boas práticas»[14], aquelas cujo cumprimento «possa provocar deliberadamente a morte não natural e evitável»[15] e aquelas em que a expressão da vontade não seja clara e inequívoca ou ainda se se «verificar evidente desactualização face ao progresso dos meios terapêuticos»[16] entretanto ocorrido.

A vontade expressa, em testamento vital, é válida por cinco anos, renovável e também modificável, no seu todo ou em parte, em qualquer momento.

---

[14] Lei n.º 25/2012, de 16 de Julho, artigo 5.º, alínea a).

[15] Lei n.º 25/2012, de 16 de Julho, artigo 5.º, alínea b).

[16] Lei n.º 25/2012, de 16 de Julho, artigo 6.º, n.º 2, alínea b).

Nenhum profissional de saúde está autorizado a desrespeitar a vontade expressa, livre e esclarecida da pessoa (sob pena de estar a cometer *intervenções arbitrárias*), sendo necessário que esta conceda o seu consentimento informado (sendo que a pessoa pode decidir em vários sentidos: o que quer, o que recusa, o que aceita, o que suspende para decidir mais tarde, o que não quer saber) para um profissional de saúde poder intervir. Não obstante, é igualmente verdade que há situações que não requerem consentimento, como se verifica no caso da emergência.

Por isso, do princípio da protecção da pessoa decorre a obrigação de os profissionais agirem no sentido do melhor interesse do doente, pelo que, em caso de emergência ou de perigo imediato para a vida, a equipa responsável pela prestação de cuidados de saúde «não tem o dever de ter em consideração as directivas antecipadas de vontade, no caso de o acesso às mesmas poder implicar uma demora que agrave, previsivelmente, os riscos para a vida ou a saúde»[17], o que nos parece especialmente relevante no caso da emergência pré-hospitalar. É evidente que não se pode adiar uma reanimação em situação de paragem cardiorrespiratória até recolher informação sobre uma eventual DAV, pois o tempo realmente conta e tornaria inviável intervir se fosse essa, afinal, a decisão previamente expressa.

Salvaguardou-se o direito à objecção de consciência por parte dos profissionais de saúde que prestam cuidados e a não discriminação àqueles que decidam aderir ao testamento vital.

Finalmente, as DAV podem ser anuladas pelo próprio, em qualquer momento – facto que transmite alguma segurança a quem subscreve as directivas, para contrabalançar as dúvidas e incertezas da nossa vontade *amanhã*.

---

[17] Lei n.º 25/2012, de 16 de Julho, artigo 6.º, n.º 4.

3.2. As DAV na rede de conceitos do fim de vida

Associadas ao fim de vida estão questões e temáticas complexas, que nem sempre são claras na sua formulação e se adensam nas situações concretas: é o caso de expressões como suspensão de medidas terapêuticas, decisão de não reanimação, distanásia, obstinação terapêutica, suicídio ajudado, eutanásia. Para reduzir equívocos, esclareçamos algumas, se bem que de forma necessariamente breve.

Ante o desenvolvimento das ciências, das tecnologias e das terapêuticas, o processo de morrer pode prolongar-se, excedendo o tempo ou o decurso de uma «morte natural» (o que sabemos não ser boa prática), especialmente quando os meios se encontram disponíveis e a deliberação profissional vai no sentido do investimento curativo. Neste caso, costuma usar-se a expressão *distanásia*, ou *obstinação terapêutica*, que actualmente substitui a expressão primeiramente utilizada de *encarniçamento terapêutico* (decorrente da tradução de uma expressão francesa e que nos parece muito explícito). Pode acontecer que as famílias solicitem «façam tudo o que for possível», talvez por vontade de adiar a morte do ente querido, talvez para não serem julgadas como desinteressadas. No nosso país, as realidades sociais são muito diversas e, ainda assim, parece estar particularmente disseminado o sentido de que «é preciso fazer alguma coisa», relatado nas queixas de insatisfação dos cidadãos: «foi à urgência e não lhe fizeram nada», «nem puseram um soro», «nem fizeram um raio-x». Faz sentido lembrar que nem tudo o que é tecnicamente possível é eticamente aceitável, que os recursos terapêuticos não devem ser utilizados apenas porque existem ou estão disponíveis, mas quando são efectivamente benéficos. Tentar prolongar a vida a qualquer custo, sem ponderação da relação custos-benefícios e sem benefícios para a pessoa, é inadequado e censurável.

Quando existe uma decisão de não iniciar ou de interromper tratamentos porque não trazem benefícios à pessoa e implicam sofrimento, designa-se *abstenção de terapêuticas inúteis ou desproporcionadas*. A grande questão que pode ser colocada é a de saber o que é de facto inútil e como medir os riscos e benefícios. Frequentemente, esta questão prende-se com a decisão de iniciar ou não manobras de reanimação cardiorrespiratória em doentes terminais, mas também com a suspensão de tratamentos e terapêuticas fúteis perante a situação concreta da pessoa. E não obstante não iniciar ou suspender uma acção assentarem ambas no mesmo fundamento de recusa da futilidade, parece ser menos complicado não iniciar do que suspender, eventualmente também por razões de educação e integridade das profissões da saúde ou por ser mais simples explicar, em termos culturais.

Talvez por isso, no debate sobre as DAV emergiu, frequentemente, o argumento de estas se poderem constituir como um instrumento de recusa de intervenções desproporcionadas ou fúteis. Compreende-se o argumento ainda que se considere que o evitar da distanásia não é exactamente o propósito mais meritório para as DAV.

Quando é proposta uma intervenção diagnóstica ou terapêutica, de tratamentos ou de cuidados, a pessoa, estando informada sobre a doença, tratamento e consequências e tendo compreendido a informação, pode, de forma livre e esclarecida, recusar (tal como pode consentir ou pretender segunda opinião ou dispensar-se de ser informada). Há quem pense que a *recusa de tratamento*, quando este oferece alguma possibilidade científica de manter a vida, corresponde a um modo de escolher caminhar para a morte. Note-se que a pessoa não solicita (e muitas vezes não quer) morrer, mas privilegia valores e convicções pessoais que a impelem a recusar o prolongar da vida. Um exemplo seria a recusa de um tratamento, cirurgia ou cuidado encarado como inaceitável pela pessoa, como acontece no caso da recusa de transfusão de sangue e hemoderivados por convicções religiosas.

Consideramos que a recusa livre e esclarecida pertence à mesma esfera do consentimento livre e esclarecido, ou seja, a da decisão sobre os cuidados que uma pessoa adulta e na posse das suas faculdades toma sobre si mesma. Esta decisão, para ser livre e esclarecida, requer informação cabal, pelo que importa considerar as condições necessárias para cada um decidir sobre si e sobre a sua vida, quer em termos da informação de que se dispõe, quer da capacitação para tal. Ou seja, é fundamental que se tenha, em quantidade e qualidade, informação que permita decidir sobre si e o seu *hoje* e *amanhã*. De qualquer forma, pode bem ser – e, na maioria dos casos, até será – expressão para recusas de tratamento.

Outro conceito que importa clarificar é o de *eutanásia* (voluntária, activa ou directa), o processo em que uma pessoa pede formalmente que seja terminada a sua vida e um profissional de saúde realiza o acto, no quadro de um conjunto de requisitos e procedimentos. O processo de morrer é deliberadamente provocado, num enquadramento específico – acontece nos países (Bélgica, Holanda, Luxemburgo) em que foi despenalizada ou legalizada a acção que termina a vida de alguém que se encontra próximo da morte ou numa situação irreversível e que pede a morte.

Quando uma pessoa solicita ajuda para o processo de pôr termo à sua vida e um terceiro proporciona os meios, sendo a acção da própria pessoa, trata-se de *suicídio ajudado (assistido)*.

Em Portugal, a declaração antecipada de vontade não inclui eutanásia nem suicídio ajudado (não são permitidos mesmo face à expressão de uma vontade actual). E se alguém pede para morrer, é importante que os profissionais de saúde estejam despertos para o que se pode ocultar num pedido para morrer (do doente ou da família), já que, muitas vezes, a solicitação não é um verdadeiro pedido (como afirmou Hennezel, «querer não é desejar») e pode esconder dores e sofrimento, o medo de continuar a sofrer, o medo de continuar a ter dores, o medo de se tornar «num fardo» para a família, pode corresponder a exaustão pelo sofrimento e pode até reflectir um erro de comunicação. E a questão da dor – que é, tantas vezes, sofrida desnecessariamente – não é de somenos nas questões do fim de vida.

3.3. Perplexidades e limitações na construção da vontade antecipada

Sabemos já que, ante uma proposta de cuidados ou de tratamentos, a pessoa, no exercício da sua autonomia, pode aceitar ou recusar, sendo que o critério fundamental é o da sua vontade actual. A esta prática acrescentou-se, em 2012, a possibilidade de expressar a vontade antecipada – as DAV, que incluem o testamento vital e o procurador de cuidados de saúde –, estando-se, neste caso, perante uma autonomia prospectiva, que afirma hoje para o futuro. Exige-se que, no momento em que é realizada, a pessoa tenha capacidade para decidir, pelo que podemos falar do exercício do direito à autodeterminação. Ainda assim, pode ser relevante a diferença entre uma recusa actual, perante o que se coloca, e a antecipada, em abstracto, numa antevisão do que pode vir a ser.

Uma das questões que nos parecem eticamente pertinentes é a de ter a certeza de que aquela seria a vontade real e actual da pessoa, no momento em que é preciso tomar decisões, ou seja, no futuro em que a pessoa está incapaz e se torna *actual* a sua vontade *antecipada*. Não se trata, pois, de uma *vontade actual*, expressa em situação, mas de uma *vontade antecipada*, prevista pelo próprio, imaginada, antes de a situação verdadeiramente se colocar, o que suscita três questões principais.

A primeira corresponde à dúvida recorrente sobre se a pessoa manteria a mesma posição se se encontrasse consciente e capaz de verbalizar a sua vontade. Esta ideia tem sido apresentada como limitação da construção da vontade antecipada, mas, curiosamente, pode também ser colocada ao contrário. Isto é, quem delibera fazer uma DAV, quem se dá ao trabalho de seguir os procedimentos, ir ao notário, etc., não o faz sem um exame minucioso do que pretende. Pode até pensar-se que se não fosse a DAV o processo de reflexão acerca da vontade relativamente ao fim de vida não teria sido tão ponderado e amadurecido, ou ainda ver a DAV como parte de um conjunto de processos que promove a capacitação das pessoas, a expressão da sua visão própria sobre a sua qualidade de vida e o que desejam para si.

Podemos interrogar se estar inscrito no Registo Nacional do Testamento Vital (RENTEV) interessará a todos os cidadãos: é um direito ao dispor para ser exercido, e não um dever que tenha de ser cumprido. Podemos interrogar se interessa especialmente aos que sabem ter uma doença degenerativa ou crónica: particularmente, o caso de alguém que tem uma doença progressiva para a qual não há tratamento e cuja evolução será no sentido do agravamento. Alguns estudos apontam para a existência de uma relação directamente proporcional entre o redigir uma declaração antecipada de vontade e o tempo de diagnóstico de uma doença, ou seja, o doente que se encontra em tratamento há mais tempo demonstra também uma vontade maior de decidir sobre o seu processo de morrer.

Uma segunda questão principal pode colocar-se a partir do assumir que se tem convicções sólidas, capacidade de decidir sobre o futuro e de realizar a declaração antecipada da nossa vontade, estabelecendo uma ponte mais segura entre o hoje e o amanhã que viveremos. Até porque, para algumas pessoas, parece inaceitável viver em determinada situação que projectam ou imaginam e a DAV não tem de ser realizada em situação de doença ou perspectiva de fim de vida, podendo ser feita por uma pessoa saudável, sem outro sentido que não seja o de expressar o que considera ser a sua vontade.

Sabemos que a capacidade humana de fazer face às adversidades é verdadeiramente extraordinária: pessoas que tiveram acidentes, perderam funções, conseguiram reabilitar capacidades e alteraram a sua compreensão sobre si, desenvolvendo novos papéis, contentes consigo e com a vida. A resiliência humana, a capacidade de encontrar sentido no meio da adversidade são singulares, específicas das situações e dos envolvidos e, muitas vezes, surpreendentes. Sabemos mesmo o que queremos recusar quando o nosso padrão de compreensão hoje de uma vontade futura não percepciona, não vive a realidade?

Uma terceira questão pode colocar-se desta feita a partir do legítimo assumir de que a DAV estabelece o que se aceita ou recusa, o que se pretende para manter o conforto ou o que se expressa para suspensão ou interrupção de tratamentos, na fase terminal da vida. Nos últimos tempos, foi-se tornando claro que há muito a fazer do ponto de vista do acompanhamento e dos cuidados, quando nada existe a fazer do ponto de vista do tratamento e da cura. Assim, o objectivo dos cuidados é paliar, proporcionar a melhor qualidade de vida no tempo de vida que resta, e a DAV permite escolher receber cuidados paliativos.

Torna-se, também, pertinente perguntar pela exequibilidade da vontade antecipadamente expressa, aliás como em bom rigor ocorre com a expressão actual de vontade: quando um doente quer ir para casa, receber cuidados paliativos no domicílio e não há meios ou recursos para tal; quando um doente requer cuidados paliativos, e os serviços disponíveis cobrem uma parte ínfima das necessidades. Portanto, e podendo ter-se questionado se é preciso escrever uma DAV para querer o que se sabe serem os cuidados que humanizam o processo de morrer, a própria realidade nacional, a escassez de resposta às necessidades em cuidados paliativos, reergue a relevância da questão de declarar querer o que parece óbvio que se queira.

De acordo com estudos recentes, as preferências dos doentes apontam para «não ser mantido vivo com medidas de suporte quando há pouca probabilidade de uma recuperação significativa», ser «informado de forma honesta», poder terminar tarefas e preparar-se para o fim da vida, resolver conflitos, despedir-se... Estes estudos, especificamente sobre as preferências dos doentes para o seu fim de vida, também revelaram que poucos tinham conhecimento sobre a trajectória da doença e apenas alguns tinham discutido questões de fim de vida com a equipa de saúde. A larga maioria preferia tratamento focado no conforto e no alívio da dor e morrer em casa (apenas um terço, em média, queria morrer no hospital). Na nossa realidade, de acordo com o Instituto Nacional de Estatística (INE), «em 2012, cerca de 64% das mortes ocorreram em estabelecimento Hospitalar, enquanto 28% ocorreram no domicílio»[18].

4. Tormentas do fim de vida

Uma pessoa pode ver interrompido o seu projecto de vida, a sua trajectória planeada, pelo irromper de uma «má notícia», a informação de uma doença que altera drasticamente a sua vida. Naturalmente, cada um, na sua circunstância, vive o seu próprio processo de gestão de si de forma singular, ainda que possamos ter em conta que, de acordo com vários autores, a pessoa tende a seguir estádios no luto, na vivência dos fenómenos, nomeadamente os cinco estádios enunciados por

---

[18] INSTITUTO NACIONAL DE ESTATÍSTICA, Portugal, óbitos por local de residência, 2012.

Kübler-Ross[19]: a negação (a reacção de recusa em acreditar), a raiva, a negociação (tentar ganhar tempo para finalizar projectos incompletos), a depressão e, por fim, a aceitação ou resignação. Mas, além da doença, também a experiência de hospitalização pode ser bastante fragilizadora. E as doenças irreversíveis, de mau prognóstico, afectam pessoas em todas as idades e nas diferentes fases da vida, de recém-nascidos e crianças a adolescentes, adultos e idosos. Situações de fim de vida ocorrem em qualquer momento do ciclo da vida.

Por vezes, o choque e as formas individuais de reagir podem pôr em causa a capacidade da pessoa para tomar decisões e, nessas alturas, tem de ser apoiada, acompanhada, respeitada. Compreender-se-á que os doentes têm a especial necessidade e o direito de viver o fim da sua vida, de continuarem a ser reconhecidos como pessoas e não se transformarem em doenças, processos, números e codificações.

E se dizemos que o fim da vida faz parte da vida, também percebemos que a morte não costuma ser abordada, por exemplo, na história clínica, em que não se pergunta ao doente se tem medo, se está triste, se quer falar sobre o que o preocupa. Mesmo quando se sabe que é um doente terminal, parece ser mais frequente o evitamento do que a abordagem compassiva, pois claramente a morte (nos) incomoda.

Uma das áreas de tormenta, no fim de vida, é a da informação e o processo de comunicação interpessoal. Como vimos brevemente no início, e muitos autores documentam, foi-se assumindo ao longo dos anos um padrão de omissão da verdade ou de subterfúgio, muito evidente no acordo tácito ou explícito entre profissionais e familiares de encobrir o diagnóstico,

---

[19] KÜBLER-ROSS, Elisabeth, *On Death and Dying*, Iorque, Touchstone, 1997; KESSLER, David e KÜBLER-ROSS, Elisabeth, *On Grief and Grieving*, *s.l.*, Simon & Schuster, 2005.

de ocultar a gravidade da situação, frequentemente designado «conspiração do silêncio»[20]. Na verdade, trata-se de uma situação complexa que não pode ser encarada leviana ou burocraticamente e em relação à qual não se pode nem destruir a esperança (Twycross, 2003), nem transmitir um delírio optimista. A informação de saúde é devida à pessoa, a menos que esta não queira saber ou existam situações excepcionais (previstas sob a figura de «privilégio terapêutico»[21]) – por isso, a regra é informar com veracidade sendo importante considerar que a informação é um meio para a pessoa poder escolher, decidir, participar no plano de cuidados. Considere-se que o processo é mutável, não se fixa num único instante, e que a informação pode ser dada de modo gradual, dando tempo para a pessoa se ajustar às más notícias, se for caso disso.

A pessoa que se encontra num processo de morrer tem de ter assegurados e protegidos aspectos que considere relevantes para essa etapa da sua vida, como sejam: a escolha das pessoas que deseja que a acompanhem; o respeito pelas suas crenças e valores, pelas suas escolhas pessoais; o alívio da dor e dos sintomas desagradáveis; e uma prestação de cuidados que responda às suas necessidades, incluindo além da dimensão física

---

[20] Bermejo, J. C. *et al.*, Conspiración del silencio en familiares y pacientes al final de la vida ingresados en una unidad de cuidados paliativos: nivel de información y actitudes observadas, *Medicina Paliativa* 20, 2012: pp. 49–59. Disponível em: http://www.sciencedirect.com/science/article/pii/S1134248X1200078X.

[21] Código Penal Português, artigo 157.°; Lei n.° 12/2005, de 26 de Janeiro, artigo 3.°, n.° 2. Utiliza-se a expressão «privilégio terapêutico» para referir a decisão de não informar uma pessoa quando os factos a comunicar ponham «em perigo a sua vida ou seriam susceptíveis de lhe causar grave dano à saúde, física ou psíquica». Sendo considerada situação de excepção à regra do consentimento informado (ou livre e esclarecido), ainda assim levanta questões éticas importantes, desde logo o direito da pessoa a ser informada, quando quer, sobre a sua situação.

também a psicológica, a emocional, a espiritual. Ainda assim, esta não é uma «lista» que possa ser generalizada, ou universal, pois os cuidados só valem se tiverem em conta *aquela pessoa* como uma totalidade única, integrada numa família e numa comunidade, clarificando o que tem sentido ou contribui para dar sentido à sua vida.

Em situações de fim de vida, existem referências frequentes à dor e ao sofrimento como experiências de impotência, de angústia, de vulnerabilidade, de perda de controlo e de ameaça à integridade do Eu. O alívio da dor é um dos aspectos que requer mais formação dos profissionais e sensibilização dos cidadãos. Atendendo à quantidade de métodos e intervenções de alívio da dor (quer farmacológicos, quer não farmacológicos) que temos hoje disponíveis, não é aceitável que pessoas sofram dor devido a um insuficiente plano analgésico, que sofram dor não tratada ou aliviada. Numa aproximação singela a Kübler-Ross, Peter Singer concedeu: «Talvez seja actualmente possível eliminar a dor. Em quase todos os casos pode mesmo ser possível fazê-lo de uma forma tal que deixe os pacientes na posse das suas faculdades racionais e livres de vómitos, náuseas ou outros efeitos secundários indesejáveis. Infelizmente, só uma minoria de pacientes em estado terminal recebe hoje esse tipo de cuidados»[22].

No «2015 Quality of Death Index»[23], o Reino Unido mantém-se à cabeça da lista dos países onde se tem a melhor qualidade no morrer, seguido da Austrália, Nova Zelândia, Irlanda, Bélgica e Taiwan. Estes países têm em comum um forte

---

[22] Singer, Peter, Ética *Prática*, Lisboa, Gradiva, 2002, p. 218.

[23] The Economist Intelligence Unit, «The 2015 Quality of Death Index: Ranking palliative care across the world, 2015. Disponível em: http://www.lienfoundation.org/sites/default/files/2015%20Quality%20of%20Death%20Report.pdf. Não obstante ser de 2015, é o relatório mais recente nesta matéria.

investimento na área da formação e treino dos profissionais de saúde, disponibilidade de analgésicos opióides e uma forte consciência do público quanto aos cuidados paliativos. «Portugal ocupa o 24.º lugar no geral (variamos entre o 33.º lugar no que diz respeito ao ambiente de cuidados de saúde e paliativos, 41.º na capacidade de prestação de cuidados paliativos, 37.º em recursos humanos, 25.º em acessibilidade dos cuidados, 22.º na qualidade dos cuidados e 22.º no envolvimento da comunidade). Fala-se, cada vez mais, em humanizar os processos de morte, protegendo a dignidade das pessoas até ao fim»[24].

Os cuidados de saúde prestados têm de ser competentes e adequados à situação, respeitar a vontade das pessoas e basear-se na melhor evidência científica. Importa lembrar que, quando a pessoa não pode decidir sobre si, nem tem redigida uma declaração antecipada de vontade, cabe aos profissionais de saúde tomar as decisões que enformem o melhor interesse da pessoa, de acordo com as boas práticas clínicas. As estruturas, meios, recursos e práticas relacionados com os processos de morrer devem merecer a melhor atenção ética, incluindo o cuidado, a solicitude com o Outro, o respeito pela dignidade de cada pessoa e também a compreensão sobre a precariedade da autonomia em situações de vulnerabilidade e incerteza.

Os tópicos abordados neste capítulo não cobrem o domínio relativo à problematização ética no processo de morrer, no processo de fim de vida. Dada a natureza necessariamente confinada do presente contexto, muitos e complexos temas ficaram por referir, como as preocupações éticas específicas no fim de vida pediátrico, as controvérsias em torno da sedação paliativa, o fim de vida em cuidados intensivos, o aprofundamento em torno da eutanásia e suicídio ajudado, a fadiga por

---

[24] NUNES, Lucília, *E Quando Eu Não Puder Decidir?*, Lisboa, Fundação Francisco Manuel dos Santos, 2016, p. 111.

compaixão dos profissionais de saúde, o papel e necessidades dos cuidadores informais em fim de vida, a formação e a investigação, o trabalho com grupos e comunidades para fortalecer a resiliência e o luto, a solidariedade no fim de vida em situações de catástrofe, entre outros. Mas que *quem* lê se sinta tentado a procurar, a ir à descoberta, a pesquisar, por exemplo, a partir das *leituras recomendadas.*

Referências e leituras recomendadas

ABIVEN, Maurice, *Para Uma Morte mais Humana,* Loures, Lusodidacta, 2001.

BATTIN, Margaret, *Ending Life: Ethics and the Way We Die, s.l.*, Oxford University Press, 2005.

BRITO, José Silveira (coord.), *Ética, Justiça e Cuidados de Saúde,* Braga, Publicações da Faculdade de Filosofia, 2009.

GADAMER, H.-G., *O Mistério da Saúde: O Cuidado da Saúde e a Arte da Medicina,* Lisboa, Edições 70, 2009.

GAWANDE, Atul, *Being Mortal,* Nova Iorque, Metropolitan Books, 2014.

JOHNSON, S. *et al.*, Advance Care Planning: is quality end of life care really that simple?, *Internal Medicine Journal* 47, 2017: pp. 390–394. doi: 10.1111/imj.13389.

JOHNSTON, E. E.; ROSENBERG, A. R. e KAMAL, A. H., Pediatric-Specific End-of-Life Care Quality Measures: An Unmet Need of a Vulnerable Population, *Journal of Oncology Practice* 13, 2017: p. 704.

KÜBLER-ROSS, Elisabeth, *Sobre a Morte e o Morrer,* São Paulo, Martins Fontes, 2000.

MAGALHÃES, José Carlos, *Cuidar em Fim de Vida,* Lisboa, Coisas de Ler, 2009.

MORIN, Edgar, *O Homem e a Morte,* Mem Martins, Publicações Europa-América, 1988.

NUNES, Lucília, *E Quando Eu Não Puder Decidir?,* Lisboa, Fundação Francisco Manuel dos Santos, 2016.

Raus, K.; Chambaere, K. e Sterckx, S., Controversies surrounding continuous deep sedation at the end of life: the parliamentary and societal debates in France, *BMC Medical Ethics* 17, 2016: p. 36. doi: 10.1186/s12910-016-0116-2.

Spranzi, M. e Fournier, V., The near-failure of advance directives: why they should not be abandoned altogether, but their role radically reconsidered, *Medicine, Health Care and Philosophy* 19, 2016: pp. 563–568. doi: 10.1007/s11019-016-9704-7.

Twycross, Robert, *Cuidados Paliativos,* Lisboa, Climepsi Editores, 2003.